U0944469

姐妹

丁阿虎/著

文汇出版社

一切的一切都源自一个男人对一个女人的算计……

1

“丫丫，进去看看吧！”石狗提议，但口气中分明透出固执与倔强。

这是一个颇具规模的手机大卖场，透过晶亮的落地玻璃，可以看到里面带“回”字形的柜台，一圈又一圈，棋盘似的布满了商场。日光灯非常炫亮，各色手机，红的、黑的、白的、银灰的全都闪烁着迷人的光彩，就像丽人的眼波。

丫丫睇视着石狗：“进去干什么？”

石狗表情局促而迟疑，目光游离，有点支吾：“给你，买，买手机呀！”

丫丫的眼睛立刻爆满惊讶与狐疑，盯着石狗看，石狗明显在躲避着丫丫那探究质询的目光。

今天的石狗怎么啦？

今天，早早的，石狗就把丫丫拉到港城最繁华的沙山路步行街。挺立在步行街上的是两排高高的富有海派风情的棕榈树，一溜正敲击着打击器乐、跳着街舞的青铜雕像群点缀在街道一侧，充满了动感和韵律，透射出这座城市的开放和活力。漫步在步行街上，石狗挑挑拣拣帮丫丫买了发夹、耳环、戒指、手链，当然，都不是品牌的，但都闪亮闪亮，耀人眼目。服装买了两套，一套是春装，一套是夏装，是丫丫以前从来没有上过身的，非常时尚。丫丫怀疑自己有没有胆量穿上这两套怪怪的服装。她感到，胸衣的领口太低，裤腰的尺寸太短，袒胸露脐的，太那个了。更不可思议的是石狗还给她买了一支口红、一瓶香水，尽管只是50多元钱一瓶，不是500多元钱一瓶的那种。丫丫用过红药水、紫药水、蚊子药水、碘药水、消毒药水……所有这些药水丫丫从开始会走路时就用过，而且用得很多。因为丫丫出生在山村，山村的孩子是伴随着树枝、棘荆、乱石长大的，用惯了各式各样的刀叉钉耙锄头；狗、猫、老鼠、兔子、蜜蜂、蜈蚣、蛇就是她的伙伴。从头到脚，手上腿上，丫丫全身可以说是无处没涂过药水，可就是从来没有和香水有缘，没有，从来没有过。可是，今天，石狗就给她买了，买了这么一大堆花花绿绿闪闪烁烁的奢侈品，两个人的手里都没空着。丫丫重新审视石狗的脸，和在家里相比，石狗的脸变白变胖了，到底是江南，到底是有钱赚的地方，山野俗人都变秀气了，变帅了。石狗被丫丫长时间凝眸，有点窘，两眼不自然地望着天空，天空中飘来一朵水墨样的云朵，遮住了早春尚显朦胧的太阳，石狗的脸更显迷离。

“石狗，你发财啦？”

见丫丫说这话，石狗有点惶恐，忍不住闪视了一下丫丫。不错，丫丫的脸色有点黄有点灰，头发也没有光泽，穿着更是土气，一看就是个山妹子。但是，丫丫身材好，特别是胸脯，非常丰满。她的嘴唇有点厚，微微翘着，特别是丫丫上唇有一层细细的绒毛，给人无限的遐思。石狗在对丫丫的闪视瞬间，似乎已经看到了一个港城未来的佳丽：年轻、时尚、美丽，而且特别性感迷人，是的，不错，会的，港城会多出一个诱人的出众的丽人，就在不久以后。这个未来的丽人就在我的眼前，她的名字叫丫丫。

石狗这样想着，心也定了，胆也大了，拉住丫丫的袖子说：

"走，进去吧！"

丫丫甩掉石狗的手，面露愠色，转身要走。

石狗此时没有羞赧和犹豫，他用身子挡住丫丫："就进去看看吧！"

"你是不是发疯啦，买手机有什么用，我根本就用不上手机，你有神经病！"丫丫说得很愤怒。

石狗却面带笑容："买了手机就能派上用场啦！没尝到手机的甜头，手机是个好东西啊！"

"你钱多啊，戳破你泡泡啦！"

"没有没有，有了手机，就能用来赚钱！"

"我不要！"

"现在捡垃圾的要饭的都有手机，不稀罕，就买一个吧。我出钱，送给你！"

丫丫有点生气了，口气很生硬："我不要！"说着，转身就走。

石狗用身子挡住丫丫，用手将丫丫往手机店里推。

丫丫几乎是被石狗推进了手机大卖场的玻璃大门。就这样，一个山妹子，一个挟带着泥土和清风的山妹子，一个原本像山林一样清新纯朴的山妹子，不经意间被强行推进了市场，被推到了光怪陆离、诡奇怪异的社会一角，走上了一段鲜花与荆棘丛生的歧路……

2

像往日一样，石狗在中午十一点准时蹬上他的人力三轮车去港城做生意。

这是一个地处长江三角洲的江南小城。长江在这里突然变得异常开阔，大量的泥沙随着舒缓的水流不断在这里沉积，形成了今天的小城。

小城居民世世代代以捕鱼、养蚕、种稻麦棉花为生，是长江改变了小城的命运，也改变了小城居民的生活。小城三面临江，近三十公里的江水簇拥着它的岸线。在小城中心的江面上，鬼斧神工般地矗立着一座山，人称沙山，不高，却很美，高高低低绵延数公里，把江面一劈为二。这里水深及岸，又有沙山作为天然屏障，建港口可说是得天独厚。在改革开放滚滚大潮的带动下，小城占尽了天时地利人和的优势，建成了远近闻名的天然良港，取名沙山港。人们习惯称它为小港。

小港的建立为小城带来了滚滚财源，一如滚滚的江水。沙山港迅速在长江三角洲崛起，成为长江下游一颗璀璨的明珠，吸引了国内外的许多富商巨贾，也引来了全国各地的兄弟姐妹纷纷慕名来沙山港淘金。

石狗很轻快地蹬着他的三轮车。马路很宽阔，六车道，非常光洁平整，轮胎在柏油路面上几乎是悄无声息地滑过。石狗感到美中不足的是马路上没有树阴，没有树阴的马路就像是沙漠，风雨烈日轻而易举就倾泻到石狗的身上。沙山港人太有魄力了，他们能在一年之内矗立起几十幢大厦高楼，却没本领让马路两边新种的梧桐树一年之内长成浓荫匝地的参天大树，树是要一年一年才能长出枝叶来的。因此，沙山港市的城市建设看起来就有点别扭，有点畸形。给外人的印象就像是一个暴发户：马路很宽，大厦很多，市区很大，树也不少，就是根不深，叶不茂，少了一点绿阴，没有绿阴的城市就成了由钢筋混凝土浇铸成的人造沙漠，也就少了一点文化和内涵。好在石狗的三轮车有顶篷，能挡些烈日和风雨，没有树阴，石狗也不是太计较。

小港的市中心马路石狗是不敢去的，他只能在远离市中心的环城马路上转悠。好在城东城西两个汽车站都在环城路上，又是去港口的必经之路，生意还不错。石狗慢悠悠地蹬车，链子通过齿轮发出很悠闲的“嘎嘎”声，那样子像是在遛狗。他的眼睛不时地在马路两边梭巡着，期盼着会有人向他挥起他们高高的手臂，也就是说，生意来了。奇怪的是，石狗在向后看的次数要比向前看的次数多得多。每次向后看，都显得有点紧张，贼溜溜，神经兮兮的。当石狗再次向后看时，他突然发现一个戴着大盖帽、穿着蓝制服的城管队员向他追来，手上还挥着一根警棍。石狗立刻翘起屁股猛蹬，身子剧烈地左右摇晃着，脑袋像水中的游蛇一样高高昂起，上身前倾，一边猛蹬，一边掉头朝后看。城管队员却越追越近了，不时挥着手中的警棍，嗷嗷地叫着。石狗的屁股早已离开坐凳，快如腾云驾雾似的，用屁滚尿流来形容他毫不为过。

“糟糕，今天难逃一劫了！”石狗情急之下一个急转弯，转入一条岔路，岔路两边的夹竹桃十分繁密，前后有一个小花圃。石狗将三轮车隐藏在花圃里，自己钻进了一个厕所，压抑着，大口大口地吐气。

待了一会儿，听听没有动静，石狗溜出厕所，却见城管队员正站在门口等他。石狗拔脚想逃，那人开口了：“我要用车，正急呢！”石狗这才发现这人不是城管队员，是建筑工地上的一个技术员，他手里拿的也不是警棍，而是一卷图纸。石狗喜出望外，正想转身去取车，突然从厕所里冲出了一个胖女人，一把揪住石狗，喝道："流氓，你钻进女厕所想干什么，走，到派出所去！"原来，刚才石狗慌不择路，躲进女厕所去了。那个技术员看车夫被胖女人一把揪着，只好转身走了……

石狗终于又蹬着他的三轮车在环城路上从容前行了。他向那位胖女人不知鞠了多少躬，叫了多少声阿姨，赔了多少礼，说了多少好话，胖女人才很不情愿地放了他。石狗将车子蹬得很慢，将衣服全部敞开了，露出结实的胸脯。现在是早春，天气已经有点儿热了。石狗挺直腰杆，用衣襟扇着风，气稍稍有点儿顺了。

"大哥，大哥，玩玩吧！"石狗没有在意，眼前已经站着一位小姐：画了眉，嘴唇鲜红，酥胸半露，皮肤白皙，穿着短裙，露出雪白的大腿，屁股上挂着个包。石狗盯住小姐横看竖看，总觉得她那两条眉毛也画得太粗太黑了点。

"多少钱？"

"50！"

"怎么玩？"

"到我住的地方。"

石狗翻开空空的口袋："这样吧，咱们先玩，待我赚到钱后再给，可以吗？小妹！"

"可以啊。"小姐的口气非常认真非常坦然。

石狗噎住了，窘在那里，过了一会才说："不了，还是等我赚到了钱再玩吧！"说着连忙蹬车离去。

"大哥，等赚了钱别忘了小妹。"小姐并不生气，还在热情地招呼他，"我认识你，大哥！"

石狗回头看看这位花枝招展的小姐，很开心地笑了。对她们，石狗是再熟悉不过了。在这条路上他们经常碰面。不过石狗从来没有真和她们有过什么关系。不是没想过，不是没有冲动，有过，想过，因为她们太有诱惑，和她们发生关系也太容易了。作为长期在外独生的年轻男子，没有这种欲念和冲动是虚假的。但是石狗就是没有一次和妻子以外的女人有过肉体的接触。为什么？石狗自己也说不清。是挣钱太难，有时一天只能挣上六元八元，而人在外面要吃要喝要付房租付水电费要寄钱回去，钱总是不够化；是精神太紧张，一天到晚担心被城管抓住，抓住就完了，车子没收，还要罚款，这辆车子380元钱呢，开始还是向大表姐借钱买的，思想负担一直很重；是怕对不起老婆？老婆是自己费神费力追来的，像自己这样无钱无家的人讨个老婆太不容易了，得到了就千万不能失去……所有这些都混在一起，都有一点，说不清。就这样熬着，一天一月浑浑噩噩也就过去了。

“大哥，带我一程，好吗？”一个娇滴滴的声音。

石狗朝后一望，原来那位多少有点艳俗的小姐不知什么时候又转回来了。

“好啊，只要付钱！”

“我没钱！”

“没钱？那就等男人坐了你再来坐我的车吧！”石狗有意将“坐”字说得又响又怪。

“流氓！”小姐用包不轻不重地在石狗身上甩了一下，嬉笑着走了。

石狗见了心里立刻升腾起一股冲动的热潮，不是性冲动，而是歆羡向往的热潮。小姐多自由多潇洒啊！石狗不由得从心里发出深深的感叹。你看，她们几乎不要投资，也不用怕城管来抓，谁会来抓在马路上走路的人呢？一切都在悄悄中进行，只要裤带松一松，赛过他半月工。自己也想凭力气挣钱，比如蹬三轮车也行，蹬得好，一天100多元钱也有。但是领不到营业执照，对外地人，是不发三轮车执照的。而没有执照，就是违法的，一天到晚就得提心吊胆，东躲西藏，就像家乡老鹰抓小鸡一样。像现在这样，自己要到什么时候才能实现回家造房的愿望啊！

石狗掉转头，又一次朝后瞧，还好，没有发现城管。刚才的汗水已被早春还算凉爽的风吹干，他扣上衣扣。

这时候石狗忽然又想起了老婆的两个表姐。她们就在这个小港，二表姐只用两年就在家乡造了三间三层楼，成了家乡老老少少眼中的红人。大表姐就和石狗住在一个院子里，挣的钱也不少。小姐不经意间的出现与离去又触动了石狗那根脆弱和敏感的神经，这根神经被一个不可告人的欲念所控制所折磨已经好久了，那就是为什么不把自己的老婆丫丫也叫出来挣钱呢？总比在家里喂鸡喂狗强啊！

当日夜里，石狗就向大表姐借了手机往家里打了个电话，他老婆丫丫就来到了这个江南小港。丫丫来到小港的第二天，石狗就带丫丫上了小港的步行街，也就发生了开头那波谲云诡的一幕。

3

傍晚，也就是石狗带丫丫去步行街买手机的那天傍晚。石狗打开出租屋院子的铁门，丫丫便想去敲大表姐妞娃的房门，石狗很神秘地拽住了妻子的衣襟，往自己房里拉。

他们住在小港城乡结合部的一个院子里。主屋是三间朝南的二层楼房，由房主住着。后面就是三间平房，很矮小，估计原来是烧饭、养猪、堆钉耙锄头的副房。后来土地被开发商征用造商品房，乡村成了城市的裙边，猪屋狗棚都成了金窝，全都租给了外地人。副房由于被主楼罩着，冬天没太阳，夏天无风凉，但还是三天两头有外地人求租。为了有个照应，石狗便和丫丫的大表姐妞娃各租了一间。

进到屋里，石狗就迫不及待地打开手机盖，拨响了大表姐的号码。

“买手机啦，让我看看。”大表姐妞娃一边接听着手机一边推开了石狗的房门，石狗合了手机盖高高地递给大表姐。妞娃与丫丫两个脑袋凑在一起看那刚买来的手机。

这是一款很精致的手机，鲜红、铮亮，放在手里异常光滑，也算是个名牌，诺基亚。“买掉 1 000 多元钱呢！”丫丫看了一眼丈夫，“也不知道他赚了多少钱，给我买这些乱七八糟的东西，有啥用呢？”

有那么一刻，妞娃怔住了，像大晴天突然飘过一片乌云，妞娃的脸色变得非常悒郁阴沉。她瞅了一眼表妹婿石狗，石狗别转脸，有意避开妞娃的视线，一脸的尴尬。妞娃又瞅瞅表妹丫丫，丫丫正瞅着妞娃，满眼的疑惑与茫然。

丫丫又拿出丈夫帮她买的两套服装给妞娃看，其中一套是宽松罩衫，明净的水蓝色加黑色下装。妞娃帮丫丫换上了，丫丫穿上新的春装，立刻就变得优雅可爱了许多。妞娃不顾丫丫的推搡忸怩，索性又帮丫丫描了眉毛，涂了口红，丫丫的形象马上有了改变。真像她丈夫石狗感觉到的，丫丫虽然长在深山，但身材性感迷人，披着一头天生乌黑柔顺的长发，很有些山妹子的清纯与美丽。尽管现在看起来不太协调，脸上黄渣渣的，颈项也是黄渣渣的，和描上去的那两条黑黑长长的眉毛以及那一圈鲜艳的口红相比，显得有点怪异。但是可以肯定，丫丫会出落成一个非常有魅力的女人，现在所需要的只是时间。妞娃的目光从丫丫身上移开，朝石狗身上扫去，那目光马上又变得阴郁甚至带了些刀刺的锋芒，神情有点痴怪。

“跟我做？”妞娃两眼定定地望着石狗。石狗避开妞娃的目光，低下头没有作答。倒是丫丫熬不住，大声地问：“叫我出来做什么？”是问表姐，也是问丈夫。

丈夫还是不出声，大表姐看了看丫丫的眉和唇，瞧了瞧她手中的手机，说：“到时候你就知道了！”口气及表情都有点狡黠和诡秘。

晚上，石狗将老婆剥了个精光，跃上去，近乎疯狂地冲撞。

“你今天怎么啦？”丫丫觉得丈夫今晚和平时不一样。

石狗也不理睬妻子，张大嘴咬住妻子的嘴唇，那架势似乎要把妻子含在嘴里一口吞了。他又用双臂紧紧地把妻子赤裸的胸脯抱住，越抱越紧，似乎怕妻子从他怀里逃掉似的。

“发疯啦，你！”丫丫大叫。

石狗依然一声不吭，继续干他的事。那架势，不像是在做爱，倒像是在干仗、在报复、在泄愤、在自残、在挣扎……就好像这次以后，老婆永远属于别的男人似的。

“你今天怎么啦？”完事后，丫丫有点怨怼地问。

石狗赤条条躺着，大口大口地喘着气，还是不理睬妻子的问话。良久，他才不明不白地冒出这么一句话：“丫丫，你不要跟大表姐做，要做就跟二表姐做！”

丫丫如坠云里雾里，就像眼前这迷蒙的夜晚，急忙问了一句：

"你说什么？"

4

到小港快一周了，丫丫决定自己去找工作。

丈夫不让她跟大表姐妞娃做事。什么原因，丫丫隐隐约约知道一点。妞娃在一家洗头房做事。听说那家洗头房不剪发不烫发也不吹发，那洗头房还能做什么呢？而且只做男士的生意，女宾概不服务。丫丫自己也不想进妞娃的洗头房。丈夫石狗已经向二表姐打了一连串的电话，像放鞭炮似的，可惜大都没有接通，要不就是电脑设定的怪怪的女声回复：你所打的手机已经关机，或者是，你所打的手机现在正忙……次数多了，丫丫就觉得二表姐似乎像家乡深山老林的云雾一样缥缈起来。

有一次丫丫倒是接通了二表姐的手机，二表姐得知丫丫也来到了这座江南港城，那口气十分惊讶。当谈到跟她做事时，二表姐干脆关掉了手机。石狗也接通过二表姐的手机，从丈夫那满脸尴尬羞愤无奈的表情可以看出，手机那头的二表姐似乎在责骂谴责他。看着哑口无言、茫然若失的丈夫，丫丫隐隐觉察到了丈夫这次喊她出来的某些不可告人的私欲和隐秘。

丫丫来到一条小街。小街处在城乡结合部偏市区那一段，从这里往西两公里就是在江南赫赫有名的沙山港港区。在小街上看到黄头发蓝眼睛或者是浑身墨黑、眼睛和牙齿雪白的外国人，大家已经见怪不怪了。小街原来也就零零星星经营着一些副食、小百货、水果、烟酒、丧葬用品等等。随着港区的日益繁荣，扬子巷忽然就成了洗头房一条街。许多家洗头房一排溜开在一条街上。从中午开始，店门口、街道上就不时有花枝招展的年轻女子闪烁其间，招摇过市。有的店主就干脆在门楣上插上一束花，一家搞了，别家就纷纷效仿，成为沙山港城的一景，也成为港城茶余饭后为人津津乐道的谈资。

现在已是早春，虽然小街不少洗头房玻璃上还贴着“招工”两个大字，但实际上各洗头房大都已满员了。丫丫只能硬着头皮去推开一扇又一扇半明半暗的玻璃大门，去忍受一次又一次众多小姐妹神情复杂的目光的审视，去回答店老板（全是女的）几乎是千篇一律的讯问：哪里人？在洗头房做过吗？有住宿吗（全都不管住）？

丫丫逃离了这些洗头房。

晚上，丫丫几乎用吼叫的声音问丈夫石狗：“你说已经为我找好了工作，什么工作，说呀？”

石狗只是默默地低头吸烟。

熄灯后，石狗的手小心翼翼地伸向丫丫。丫丫用力一推，坐起来，拎起自己的一只枕头，睡到另一头去了。

传来海关的钟声，“当——当——当——”悠扬，徐缓，像湖水的波纹，一圈一圈地漾过来，漾过来。在这一波接一波的钟声里，丫丫想起了家乡的小山村。不错，家乡的小山村很偏僻，也不富裕，但小山村的树很绿，水很清，山路弯弯，人走在上面踏实。地里长满了庄稼，山坡上是一排排的果树，屋前屋后跑满了猪、羊、狗、兔，水塘里的鸭子、鹅在嘎嘎地欢叫。阳光照着小山村，特别的灿烂。丫丫又想起了家中的爸爸妈妈，想起了自己的女儿小菊。她好像看到小菊正举起两只小手奔跑着向她扑来，头顶上蜻蜓样的两只小辫一翘一翘的像是要飞起来了。“妈妈，妈妈，快回来吧！我想你。”女儿小菊在向她呼喊。

石狗在被窝里用脚在掏丫丫，丫丫缩起脚，然后朝石狗一脚踢过去，没好气地说：“我要回家！”

5

妻子丫丫闹着要回家。是石狗有所预料的，他知道妻子的脾气：单纯、直爽、有点儿倔。山里的树木、小溪、花草以及花鸟虫鱼养成了她这种个性。但是没料到她会闹得那么急那么快那么坚决。“我宁愿在家乡讨饭，也不能在这种小街上胡乱打发自己！”丫丫这么说。

回家容易，可是钱在哪里？回一趟家，遥遥 1 000 多公里，车费就要 300 多元。总不能空身回去，六岁的女儿要买点衣服、零食，自己的父母就别提了，岳父岳母、哥哥嫂嫂总要买点东西，以后的零用钱总要带一点，这样一算，没有千把元钱妻子是没法回去的。可石狗现在口袋里只有 100 多元钱。

石狗是春节后跟大表姐妞娃一起到小港来的。没赚到一分钱，却先要付每月 300 元的房租，水电费押金；买洗脸盆、毛巾、牙刷、肥皂、拖鞋等等日用品，又用掉 37 元 3 角。买那辆三轮车的钱 380 元还是向妞娃借的，拖着至今没还。不过在小港蹬三轮车还真能挣钱，这里从港区到城区的人多，来来往往，生意不错。另外，这里的人有钱，比家乡的人有钱多了，随便从口袋里掏出来就是一大把，厚厚的，估计有 1 000 多元。有时石狗没有零钱，两元三元客人也不计较，说声“别找了”，挥挥手，走了。在家乡，老乡买一副鞋垫，店里开价五毛钱，买家硬生生地伸出三个指头半天不肯缩回去，最后算是七毛钱买两副鞋垫成交，双方喜盈盈的，好像都占了便宜。在小港，钱好赚，但是像石狗这样的外地人要挣钱就难多了。石狗的三轮车没有牌照，他就只能瞅中午、晚上一段时间出门。而这段时间的客人恰恰是一天中最少的。石狗能赚到的钱也就少得多。春节后出来三个多月了，也就赚到 2 000 多元钱。前几天帮老婆买了两套衣服、化妆品、一部手机，石狗剩下的就只有一辆三轮车了。哪有钱送老婆回去啊！

钱，钱，钱！没有五元钱一盒快餐也得不到啊！口袋里装着钱，走步路也生风说句话都有力啊！石狗二十三岁前想老婆，二十三岁跟丫丫结婚后就只想钱，钱，钱。可以说除了钱还是钱，都快把钱想疯了。前几天他用妞娃的手机给老婆打了个电话，说给她找到工作了，还挺赚钱的，工作又轻松。他看大表姐、二表姐就是那样潇潇洒洒地大把赚钱，有点眼红气急，就想出把老婆骗出来这个馊主意，想不到老婆是骗出来了，可惜就是不愿干挣钱容易的活。他又想起了二表姐竹珺。“只要竹珺能帮忙，丫丫肯定能留下来。”石狗拿起手机再一次拨通了竹珺的电话，谢天谢地，这一次总算是通了。

“二表姐！”石狗叫得挺甜。

电话那头却没了声息。

“二表姐！”石狗又叫了一声，“丫丫出来了，想见你！”

没有回音，但能听到轻微的叹息，证明二表姐在听着，只是不肯开口。

石狗再叫了一声：“二表姐！”也没再开口，他也感到没法再说什么了。

一阵冷场后，终于传来了二表姐的声音，二表姐终于开口说话了。二表姐说："石狗，你是不是个男人，是男人，就不要把自己的老婆往浑水潭里推！"

石狗合上手机。诺基亚手机静静地躺在手掌里，鲜红铮亮，闪烁着诱人的光彩。突然，有一滴液体，晶亮晶亮的，滴落在光洁艳丽的手机机壳上，变成一朵水花，接着，又是一滴……

6

一大早，大表姐妞娃就过来了。她说："丫丫，跟我出去玩玩吧。"

丫丫显然没有兴趣："不想去！"

"不想去？"妞娃加重了语气，"不想去你在这屋里能干什么？会闷死的。"

丫丫定定地看着妞娃，略显厚实的嘴唇微微翘着，眼光有点呆滞："那就去那种……"她停住了，没有说下去。

"那种地方怎么啦？那种地方也是人待的地方。"妞娃声音有点大，带些怨愤，"我不就待在那种地方，你二表姐不也是从那种地方出去的吗？"

丫丫收回呆滞的目光，声音明显缓和下来："我去……玩玩吧。"

妞娃笑笑："就去玩玩，不会让你被人吃掉的。"妞娃的心情宽松了一点，总算卸下石狗转压在她肩上的担子。

这几天，石狗一直在妞娃耳边嘀咕，请妞娃把丫丫带到洗头房去，快点挣钱。多一个人多一分开支，石狗快吃不上饭了。

丫丫终于还是跟大表姐妞娃进了小街洗头房。丫丫原来根本就没有进洗头房的打算。她原来准备将那部诺基亚手机卖掉，然后回家。可是，再好再新的东西，当它被转让给人家时，它就一钱不值了。1 000多元的手机，人家只肯出500元，又不忍心。算了，就跟妞娃到洗头房看看，如果能挣几个钱就挣，挣到钱后立即就往家里跑。

这家洗头房有个很雅的名号“丽岛洗头房”。跟小街上其他洗头房差不多，也是一开间门面。玻璃门上贴着“休闲洗头，高级享受”八个大字，“招工”两个字已经褪色，纸张淡得像白纸了。楣上插着一束玫瑰，那是真花。象征理发店的螺旋形转筒在温柔而富有耐心地转动着。

店不大，却待着六个小姐，都很年轻，妞娃是最大的。上午，没有一个客人来推洗头房的门。小姐们没有一个露出焦急的神色，全都悠哉游哉，各人忙着各人的事：梳头、描眉、涂口红、戴耳环、往脸上噼噼啪啪地上粉，戴假睫毛，往腋窝里喷香水，一个个对着镜子龇牙咧嘴，忘形地在折腾着自己的一张脸。好像这里不是洗头房，而是剧场的化妆室。丫丫现在算是弄明白了。丈夫石狗给她买眉笔、口红、香水的真正目的。心里立刻生出一分恨意怨气。

妞娃是唯一一个不在脸上折腾的小姐。她来了就在店里擦窗、抹桌、扫地、用电壶烧开水。奇怪的是老板娘好像并不十分喜欢妞娃，连眼睛都不朝妞娃瞧瞧，好像妞娃是这个店里的伙计，应该做的。丫丫心里有些不忍，就帮着妞娃打扫。

“丫丫，你是新来的，歇着吧！”老板娘说得不动声色。丫丫注视起老板娘来：约莫三十多岁，身材很匀称，一头秀发直直地垂在肩上，老板娘的眼神表情都十分沉稳，透出一种干练的锐气，一看便知道是一个在社会上混得相当娴熟的女人。见丫丫还呆呆地站着，老板娘指着身旁的一张硬靠椅说：“丫丫，你坐。你的二表姐竹珺跟我说过了，先在这里玩一阵吧！”

丫丫的一颗收紧的心宽慰了不少。

吃过老板娘提供的免费中饭，小姐们都眼睁睁地朝着那扇玻璃大门看。门外的银杏树还是光秃秃的，只有细细袅袅的柳枝已经绽出一粒粒鹅黄色的芽苞。天上布满了铅灰色的云层，几只麻雀零零落落地立在电线上，还有些料峭的风一阵一阵吹得它们一晃一晃的，没有一只麻雀发出叫声。门上挂着一层可移动的白纱，透过白纱，可以朦朦胧胧地看到外面走动的人影，一闪而过的小轿车，声音刺耳的摩托车，就是没有一个客人来推洗头房的大门。好像一切还没从冬眠中醒来。小姐们慵懒地蜷躺在单人工作椅上、三人沙发上，无聊中你一句我一句地随便聊起来。

在以后的日子里，丫丫一想起小姐们这一阵闲聊，便会脸红心跳，浑身一阵燥热，脑子晕乎乎一阵子胡思乱想。在小姐们来说，也许是无心地谈笑取乐而已，但在丫丫听来却如雷贯耳、惊心动魄。毕竟，她是平生第一次听到世上竟还有这等人，这等事。更令人难以预料的是，不久以后，有些事竟活生生发生在丫丫自己身上。这是丫丫怎么也预想不到的。

开口的是一个十分娇小玲珑的女孩，头发是金色的，非常秀气地披着，皮肤很白，像个洋娃娃。她讲：我有一个小姐妹遇到一个老头，和他过了一夜。就只一夜，以前没见过，以后也再没见到。

早晨醒来，老头问我小姐妹有什么困难。我小姐妹说家里要造房子，缺钱。老头问缺多少钱，我小姐妹说还缺15 000元钱。我小姐妹是随口说说的，根本没当回事。咳，意想不到的事发生了，那老头打开他的一只十分精致的皮包，从中取出厚厚的两沓钱，又从其中的一沓慢慢数着，拿走了一半，放回皮包，把剩下的一沓半交给了我的小姐妹，你们猜猜，老头给我小姐妹多少钱？说到这里，洋娃娃女孩卖关子似的顿了一下，还没等大家开口，她就自己揭了底：15 000元，整整15 000元。“啊！”小姐们一片唏嘘声。

“啊，要早知道是这样不多说一点，两万三万，一样开口呀！”小姐们一片叹声，“可惜，可惜！”

“有一位小姐从不开口向男人要钱要东西。”这时，老板娘不动声色地用眼光扫了一圈小姐们说，“这位小姐喜欢和客人讲话，什么都讲，讲得很真诚，也并不去多问男人的工作、家庭，更不问男人赚多少钱，只是讲自己想讲的话。客人呢，也就很真诚地讲开了，也是讲自己，甚至把自己的隐私都讲了。一年后，这位小姐就离开了洗头房进了市里的礼仪服务公司当了礼仪小姐，两年后她就在家乡造了三间带一个花园的三层楼房，现在是小港礼仪服务公司的副总经理。”静寂，一片静寂，洗头房里难得的静寂。小姐们全被老板娘平静的语气震住了，没有了往常惯有的嬉笑和吵闹，一个个都变成了淑女，陷入了各自的思索和想象里。丫丫脑子一片混沌，一团乱麻，脸有点烫，心跳得很快很急，整个人有点晕眩。

就在这时，玻璃门被推开了，进来一个客人。这人蓬头垢面，衣冠不整，皮鞋都发白了，鞋头露出一个小洞。他开口就说：“不要洗头，只要敲背。”没有一个小姐理他。客人走到丫丫的大表姐妞娃面前：“妞，你也不做？”丫丫看到妞娃犹豫了一下，最后还是站起来领客人进入里间的按摩室，关上了门……

丫丫看见老板娘将时尚女拉到一角，两个女人贴耳朵贴嘴巴嘁嘁嘬嘬地谈了老半天。

晚上回去的路上，丫丫问妞娃：那个男人给了你多少钱？妞娃说：那是个送啤酒的，没钱，才给了25元……反正闲着也是闲着……

走了一段，妞娃突然问丫丫："你知道老板娘讲的那个不向男人要钱的小姐是谁吗？"

丫丫摇摇头。

妞娃大声说："就是你的二表姐竹珺啊！"

7

见到二表姐竹珺，是丫丫到小港的十天以后。

那是一个上午，两口子还在睡觉，突然手机响了，是二表姐打来的，说她已经在院门外。夫妻俩连滚带爬起来，赶忙叫醒了隔壁的大表姐，打开院门，外面停着一辆红色广本轿车。竹珺正从车里出来。

三个表姐妹一直很要好，都在山里，没什么好玩的，三人便常常结伴在山林采蘑菇，摘野果，有一次甚至还逮到了一只野鸡。冬天，下了雪，没什么地方去，三个表姐妹便相约在一起，燃起一堆旺火，穿针引线，赶做新年的鞋衣。尤其是二表姐竹珺和小表妹丫丫，两人最为要好，竹珺结婚，做伴娘的就是丫丫。近年来二表姐带头闯到千里之外的小港，三姐妹互相传递的信息更多了一点。丫丫听说二表姐在小港混得不错，在家已造了三间三层的楼房，大表姐也跟着到了小港，隔三差五有钱寄回来。丫丫知道，大表姐妞娃要跟二表姐竹珺出来，竹珺是坚决反对的。竹珺说：外面的钱并不像人们说的那样好赚，在家是穷一点，但是安稳，再说，你大表姐又没文化，人又太实在。但是妞娃不听，还是跟出来了。丫丫知道这些情况，又生性胆小，所以一直没有跟二表姐出来。她们在港城干什么？丫丫不大清楚。倒是山村现在流传着一个段子，说的是一位大嫂见到隔壁大娘的女儿每月都往家里寄钱，一寄就是三千五千的，非常眼红，就去请教大娘：大娘啊，你家女儿真能干，每月都寄钱回来，在外面干什么呀？大娘自然是笑逐颜开，大声宣扬：啊呀，大婶啊，不瞒你说，我家女儿在外面找了一个好工作，但是我家女儿本领还不算大，本领大的都在卖金，我家女儿只是在卖银（淫）。大娘没文化，从来没出过大山。她说得认真而恳切，笑容矜持，很为女儿骄傲和自豪。大娘说者无心，大婶却听出了名堂，一脸的不屑，脸色立时变了，变得十分羞臊，甚至有点愤懑，好像从一块肉中突然吃出了一只死苍蝇。这个段子丫丫也听过，大表姐、二表姐在小港干什么，丫丫只有一个朦朦胧胧的印象。山村的年轻女人，结了婚的，未结婚的都争先恐后翻过山坡，走出山林，到外面闯世界去了。她们去卖金还是卖银，谁也不问，谁也不说，有钱回来就行。

面对眼前的二表姐，丫丫有点不敢认了。尽管有思想准备，但变化确实太大了。二表姐原来就是山村方圆几十里的一只凤凰，她一米六七的个子，清秀、白皙、一头秀发、身材窈窕。眼前的二表姐穿一件灰蓝色裙式风衣，颈下的小圆领开得非常别致可爱，黑色的短裙，紫酱色的高筒皮靴，看上去甜美而典雅，炫耀出时尚的风采。但变化最大的是二表姐的眼神，那眼神是那么的沉静、柔美，似一泓秋水。原来山妹子的浅薄、粗俗、愚钝在二表姐脸上、身上已荡然无存。尤其是竹珺走路的样子，很特别，一扭一扭演戏似的，迈着猫步。竹珺见大表姐妞娃、表妹丫丫、表妹夫石狗都围着她，便说："今天咱们聚聚！"说着便把大家请进了鲜红色的广本轿车。

从进大酒店到入竹珺家喝茶，对丫丫、妞娃、石狗来说，都是一次奇遇。印象最深的是吃饭时，二表姐接到一个男人的电话，听话音看神色竹珺和他的关系非同一般，二表姐称他为苏市长。二表姐说，过一阵家乡的尹县长要到小港来和苏市长面谈，商讨在家乡建一个山货出口加工有限公司。二表姐怎么和小港的苏市长、家乡的尹县厂搭上关系，丫丫她们只有听的份儿，不敢问。餐后付账时，竹珺取出的不是现金，而是一张银行卡。

二表姐竹珺的住房在小港的郊区，很幽静，丫丫看到门口的假山喷泉间写着"凯丽佳苑"四个大字，门卫还向他们敬了个礼。

竹珺的住房比想象中的还要华丽、整洁、清爽，有一阵丝丝缕缕年轻女人的闺房才有的馥香时不时飘进鼻子，沁人心脾。可竹珺还说这房子小了一点，才九十平米，外面的空间太小，绿地不美，不太理想。丫丫听了只想吐舌头。在客厅里，最显现的就是那架大钢琴了，用深蓝色的天鹅绒罩着，竹珺说，是苏市长送给她的生日礼物。在竹珺家里，妞娃、丫丫都没有谈工作的事。石狗倒是时不时很注意地看看竹珺，但很快就转移了视线。这样躲躲闪闪几次，石狗终于也没有提工作的事。大家只是喝茶、谈笑，话题都围着家乡转。在沙山港的生活和工作，大家都闭口不谈，好像都有意回避着。

在竹珺房间里，丫丫看到一台电脑和一个书柜。书柜分成好多形态各异的格子，里面排满了书，电脑桌上摊着的一本书正打开着，丫丫看了，竟是英语书。

刚要离开时，丫丫忽然指着客厅后墙的一幅字大惊小怪："竹珺姐，你这里还有一幅字呢！"

众人的眼光都落在后墙的字幅上：字幅是立轴形的，古色古香，左右空隙间盖满了方形、椭圆形的章，竟有十多枚呢！

"怎么写得那么潦草。"妞娃说。

丫丫说："妞娃姐，你再看看，一点也不潦草，不过写的都是繁体字，挺工整的，潦草的你还没见过呢，这叫书法作品，懂吗？"

石狗嘴里不时蹦出几个他认得的字来，根本连不成句子，丫丫也看不全懂。竹珺便用普通话读了一遍，那嗓音很甜润很婉转，抑扬顿挫，唱歌似的：

七律·红梅

怕愁贪睡独开迟，自恐冰容不入时。
故作小红桃杏色，尚余孤瘦雪霜姿。
寒心未肯随春态，酒晕无端上玉肌。
诗老不知梅格在，更看绿叶与青枝。

丫丫看着清灵秀丽而又冷艳傲然的竹珺，恍然大悟似的说："这首诗是写给竹珺姐的吧！"

竹珺微微一笑，抿抿嘴说："丫丫，你说的怎么和苏市长说的一样啊，苏市长也说这首诗写的是我，其实写这首诗的是古代一位诗人，我们在小学都读过他的诗：

竹外桃花三两枝，春江水暖鸭先知。
蒌蒿满地芦芽短，正是河豚欲上时。”

“我听出来了，二表姐。”丫丫突然兴奋起来，“这是苏东坡的诗！”

竹珺听了很高兴，用赞赏的眼光看着丫丫，心里想：“毕竟是自己的好姐妹。”她又随口背了一首：

水光潋滟晴方好，山色空蒙雨亦奇。
欲把西湖比西子，淡妆浓抹总相宜。

竹珺告诉丫丫：“大诗人苏东坡是北宋的，听苏市长说，900多年前，苏东坡游历到沙山港市附近的一南山梅花堂时留下的墨迹。离现在快1 000年了。”

丫丫问：“你喜欢书法？”

“我不懂书法，这幅书法是苏市长送的，但我很喜欢这首诗！”

石狗有点不耐烦，拉了拉丫丫，说：“快走吧！”

临走时，竹珺送给妞娃、丫丫每人一件礼品。礼品用很精美的盒子装着，用红丝带扎成一朵花，花的形状很特别，看得出是特制的。

回到家，妞娃和丫丫都迫不及待地打开纸盒，姐妹俩，包括伸长脖子神情兴奋的石狗都看呆了。礼盒里装的不是金银首饰，而是一袋男女做爱时用的安全套。

8

过去几天了，丫丫自己也说不清，反正有一阵子了，她已经有点麻木，就这样在丽岛一天天混着。这天上午，丫丫正在丽岛打扫卫生，手机响了，打开一看是小姐妹发来的一条短信：“远看异乡像天堂，近看异乡像银行。到了异乡像牢房，不如回家放牛羊。人人都说异乡好，人人都往异乡跑。异乡挣钱难吃饱，异乡小姐泪雨抛。”丫丫又读了两遍，心里一酸，眼泪就出来了，连忙用手去抹。这时，老板娘捧来一束迎春花，连着枝梗的。花儿非常精美，金黄金黄，一朵一朵十分光灿。丫丫还第一次看到老板娘采来自然界的鲜花。以前的都是到花店买的。丫丫发现，整条小街门楣上的插花，都开始换上自然界的鲜花了。丫丫忽然就想起家乡的山村，该是漫山遍野开满鲜花的季节了。

春暖花开，洗头房的生意渐渐兴旺，早早就进来一位客人，一身西装，但没打领带，看上去还比较清爽精神。“丫丫，给客人洗头。”妞娃抓住机会让丫丫尽快上岗。

洗头盆在前厅的一个角落里，是坐式的，不是大理发店的那种躺式，用液化热水器加热。丫丫虽不熟练，但洗得很认真，不断地用手指揉搓着客人的头发，还学着其他小姐的习惯，小心翼翼地问：轻点还是重点。丫丫不问这一句还行，问了，客人就开始在丫丫的大腿上、屁股上摸捏起来。丫丫脸孔绯红，躲来躲去，不小心将一团洗发精泡沫掉到了客人的皮鞋上。丫丫说声对不起，连忙弯下腰用餐巾纸去擦，那客人顺势在丫丫的胸脯摸了一把。

“敲背。”刚洗完头，那客人就吩咐丫丫。这时，妞娃走过来，满脸带笑，一只手软软地握住客人的手，另一只手搭在客人的肩上，两眼花花地朝客人直眨巴。还没等客人反应过来妞娃已把客人挟持进内室，关上了门。

丫丫这才长长地舒了口气，听见自己的心在咚咚地跳。后来才知道，“轻点还是重点”是小姐妹用来挑逗试探男人的荤话，是一句双关语。丫丫很惊恐，想不到洗个头还有那么多伏笔和玄机，要是进到有按摩床的内室里，男人还不知会做出什么动作来呢！丫丫忍不住朝那扇内室门看了一眼。远离是非之地，早日回家乡的心更加坚定，急迫了。

自从二表姐竹珺请丫丫吃过饭，丫丫原来那种想跟二表姐做事的念头反而打消了。她觉得二表姐是天上的月亮，她只是地上草丛里的一只萤火虫。丫丫感到自己在人面前都站不直，手都无处放。不像二表姐，在豪华酒店的大厅里有那么多的人向她打招呼，二表姐竟只是弯弯腰，点点头，笑一笑都打发过去了。丫丫亲耳听到一位男人看着竹珺款款而行的身姿，由衷地赞叹：“到底是小港的名模，有风度，有气质。”那位男人非常英俊，腰间夹着一只精致的小皮包，一看便知是一个有身份的男人。这个男人还说，竹珺长得高挑性感，既有年轻女子的靓丽秀媚，又有成熟女人的风韵与优雅，已成为沙山港市的一个小小的风景。

正当丫丫在外厅胡思乱想时，大表姐和那个男人从里间出来了。丫丫发现，大表姐的两眼有些潮湿，在回家的路上，丫丫问大表姐：“姐，发生了什么事，你哭啦？”

妞娃撩起衣襟，只见胸前有一块很大的紫斑。

“记住，男人都不是好东西！”妞娃恨恨地说。

当晚十一点多钟，丈夫石狗回来了。为了让丫丫早点回去，石狗这几天壮着胆子全天在马路上蹬三轮车。他是希望妻子留在小港，跟不成二表姐，可以跟大表姐做。一个月赚上两三千元是不成问题的。他一个人实在赚不到大钱。但是妻子不肯待在小港，不愿意当小姐。她宁可回去带五岁的女儿，和家里的猪羊鸡鸭为伍。什么都好强迫，叫妻子当小姐总不好强迫吧。如果妻子每天在身边吵闹，还不如早点将她打发回去清静。想到这里，石狗内心忽然升腾起一丝宽慰一丝幸运，甚至有点甜蜜的感觉，这种感觉，作为一个男人，一个丈夫是太强烈了，那就是自己的妻子丫丫终于可以不留在小港了。

其实，说真的，掏心窝儿说，石狗当初动心思骗妻子丫丫出来，也是经历了一波又一波情感冲撞和良心的纠缠博弈。有谁愿意将自己的妻子往火坑里推，又有谁眼睁睁地看着自己的妻子投向别的男人的怀抱。在家乡，在山村，这是不可思议的，荒诞的，下流的，甚至是伤天害理，伤风败俗，令人不齿的。可是，可是，可是在千里之外的小港，在城市夹缝的小街，在隐秘的出租屋内，石狗就眼睁睁地看到了，看到了这人世间荒诞怪异的一幕：丈夫陪妻子当小姐。石狗清楚地记得，当他第一次看见大姐夫牛小牛走出出租屋，让另一个陌生男人进入时，他那种目瞪口呆的样子。在家乡，在山村，对一个男人来说，简直是奇耻大辱，非上去拼个你死我活不可的。但是，在小港，却没有，风平浪静，好像什么也没有发生，一切都好像很正常，很平常，甚至很时尚。

石狗开始悄悄地观察大表姐和大姐夫。他发现大表姐妞娃做了小姐后，头发整齐亮丽了，人也变清爽了；更让人不解的是，他们两个进进出出，吃饭睡觉居然相安无事，不吵不闹。要知道，大表姐夫牛小牛是十足的酒鬼粗汉，在山村，他一天不吵架太阳是不会落山沟的。可是现在，在小港，太阳天天在他面前平平安安地落在城市的高楼大厦间。

有一次，石狗看到牛小牛坐在床沿上数着什么，他数得那么郑重其事，那么出神入化，不时地用手指在舌头上大幅度地捺着，那舌头伸得也太出太长了，好像饿极了的穷汉在贪婪地吮吸琼浆美食一样。妞娃就坐在他的旁边，两个人的脑袋靠在一起，两个人都在笑，笑得都很甜蜜，都很满足，甚至说得上幸福。石狗发现，他俩数着的不是别样，正是一叠人民币，每一张都是一百元的。在这之前，石狗很少见到他们那样亲密的样子。“大概这就是金钱的魔力吧！”石狗长叹一声。

令石狗感叹的还有，大表姐妞娃每天接触的都是比他们有钱的男人，但是并没有看到妞娃和哪个另外的男人有亲密往来，好像对牛小牛仍很忠诚。在这之前，石狗不止一次地亲耳听到妞娃指着醉醺醺的牛小牛吼：“我要跟你离婚！”

在小港，在这一天天的耳闻目染中，石狗作为一个男人固有的尊严和人格在一点一点地流失，在这陌生城市的花花世界中逐渐地迷失、错位、变形、失态、扭曲。“只要能赚到钱，家乡人有谁能知道这个钱是怎样赚到的呢？”想到这一步，石狗想把老婆丫丫接来小港当小姐的念头也就比较清晰和坚定了。现在，这一切都可以结束了，他也终于可以解脱了。

也是鸿运当头，这几天石狗竟然没有被城管队员抓住。

石狗把三轮车锁在院子里，回到屋里，从口袋里掏出一只塑料袋，对妻子说：“丫丫，数数！”说着，又从床前破柜里的旮旯里捧出一团报纸，里面裹着钞票，一起倒在床上，形成一堆钱，很高的一堆钱。

“653元！”丫丫很响亮地报出了数字。

石狗看着妻子说：“再蹬上几天，满1 000元，就能送你回家了！”

丫丫露出了非常宽慰的微笑。自从到了小港，丫丫还从来没这样轻快地笑过。

9

人间有句老话，叫人算不如天算。石狗本来打算“再蹬上几天”就送丫丫回家乡的，想不到只隔了一天，石狗却不得不决定到工地上去找工作，他已经无路可走，他的三轮车被城管队员没收了。

昨天上午，就像是从天而降，在石狗毫无察觉的情况下，一辆摩托车呼地一下在三轮车前面来了个急刹车。惊得石狗疑是神兵天将降临人间。来人着深蓝色制服，大盖帽，墨镜也很大，魁梧的身材像座山似的横亘在石狗面前。石狗本能地蹬车，却撞在城管队员的摩托车上。城管队员并不言语，只是用一个指头指住石狗，石狗便失去了挣扎的能力，老老实实、服服帖帖地将三轮车蹬到了市城管大队部。城管队员发话：先把车子放在这里，回去拿身份证，外地人员暂住证，300元钱罚款，来接受处理。石狗当天就把这三样东西交上了。城管队员很认真很仔细地拿捏着百元大钞，一张一张地在光线中照过，对石狗的身份证、暂住证只是溜了一眼，就丢给了石狗：“好了，走吧！”石狗没走，嘴巴嗫嚅了半天，才说：“我，我的车，车呢？”城管队员不耐烦地瞪了石狗一眼：“没收！”石狗无奈地退出市城管大队部，内心纵有千般怨恨，也只能在走到大门时，狠狠地朝厚重的铁门上踢了一脚。

像当代的许多中国县市一样，沙山港市也到处都是建筑工地。城南在造清水湾生态园，城东在造城市绿洲，城中在造国际商贸大厦，城北在造沿江大道。至于名目繁多的商品房住宅小区在沙山港市的土地上更是星罗棋布，遍地开花。老屋的墙面涂满了“拆”字，工地竖满了井字架，高入云霄，密似森林。密集的施工井字架可以作为沙山港市以至整个中国的形象座标。

石狗找了个小一点的建筑工地。虽然小，也有八层楼，施工牌上的名称为：沙山港市血站。已经造了三层，上上下下都是民工：在砌墙、在推车、在扎钢筋、在浇注水泥。他们大都只戴一个安全帽、光着膀子、露出还没晒黑的黄棕色的皮肤。他们各忙各的，一声不响，像是一群筑巢的蚂蚁。和蚂蚁不同，蚂蚁筑巢是给自己住，民工们待筑完巢，他们便默默地离开了，跟着他们的“蚁王”，又到新的工地上筑巢。

石狗目光所及，工地上全是光膀子的男性，没有一个女性。“女的靠身体赚钱，男的靠力气赚钱！”想到这里，石狗油然而生一种男人的责任和豪气：“不能让丫丫出卖自己的肉体，我是男人，我有力气，我应该用自己的力气养活老婆和孩子。”

石狗终于找到了工头。工头很黑很胖，满脸的络腮胡子。石狗说明来意：扛沙搬砖扫垃圾什么活都能做，但要预付600元工资。络腮胡子瞪了石狗一眼，那眼光很凶狠，石狗已经作好了挨骂甚至挨打的准备。想不到络腮胡子又呵呵大笑起来，递给石狗一支烟，看石狗点着了烟才说：“小兄弟，等钱用了吧！我也等钱用。我自己两年前的工资都还没拿到呢！”说着，络腮胡子骂了一声很粗鲁的话，然后看着石狗说，“小兄弟，要钱没有。今天的午饭，我请客。”

石狗接连跑了几个工地，都被严辞拒绝了：工地上缺钱缺酒缺烟缺女人，就是不缺男人。石狗花了五元钱吃了份盒饭，经过一个开放式小区。小区的楼房间距很小，中间的路很窄，石狗在路上跑，觉得前后的楼房显得特别高大，自己显得特别矮小，小得就像只虫子，而且是一只失群的虫子。

“喂，师傅，零工做吗？”一位大嫂的声音。石狗用手指着自己鼻子：“找我？！”大嫂点点头，用手指指地上。石狗的面前有一堆黄沙，五吨，搬运到五楼，125元钱。石狗到附近工地上偷到一根毛竹梢，几根绳子，塑料布，做成了装运黄沙的担子。石狗第一次装了很多，有110多斤，从一楼爬到五楼，一步一摇，才知道今天这个活并不算是拾了便宜。几次上下，他早已赤了膊，将衣服垫在肩膀上，那肩膀又红又肿。有一次，爬到四楼，身子往后一仰，他适时地丢掉担子，才没有滚下楼梯。一直干到晚上六点钟，石狗竟然把地上的五吨黄沙硬生生地搬到了五楼。

走出楼道，竟有两个居民请石狗明天来帮忙搬运石子、砖头……原来这是个刚刚启用的小区，居民们刚搬来，家家户户都在装修，搬运工成了这里的热门人物。

月亮升起来了，弯弯的，像船又像镰刀，静静地挂在夜空。初夏的风很凉爽，把石狗浑身的汗水都吹没了，也吹没了他浑身的疲劳、疼痛和饥饿。石狗把外衣往肩上一搭，迈开了大步，不知不觉哼起了家乡的小调……

哥哥在树上摘苹果
妹妹在树下采蘑菇

苹果打中了妹妹的头
妹妹的脸上喜又怒
苹果甜来蘑菇香
我想做你的亲哥哥
咿呀咿唷喂
……

回到出租屋，石狗把125元钱往床上一摔，大声地对丫丫说："丫丫，过两天你就能回家啦！"

10

丫丫带客人进入洗头房的内室，这还是第一次。在这之前，她只是洗头。她不急也不贪，反正过几天就回老家了，现在就只等丈夫石狗攒够了钱回去。可是好事多磨，石狗出事了，丫丫终于逃不过给男人敲背的命。

内室有三张按摩床，中间用床单样的花布隔开。花布挂在一根铁丝上，用许多小圆环作滑轮，根据需要，花布可拉开或合上。窗上罩着厚厚的窗帘，窗帘是永远合着的，无论白天或晚上，内室始终弥漫着昏晦迷离暧昧的光线，肉色和金钱的幽灵在这小小的暗室内徘徊，就像夜空中团团飞翔的蝙蝠，悄无声息，但又很紧张而急迫地潜行着。

从丫丫将客人的一条腿搬到自己的大腿上那一刻起，她的心就开始咚咚地打鼓，全身的血液直往脸上涌，脸上热烘烘的，手脚却变得冰凉冰凉。

“是新手吧！”客人说了一句。

丫丫赶紧加大了手中的力度，更认真地敲打起来。她看了一眼客人，客人看上去也还算斯文。丫丫的心稍稍安顺了点。

当敲打到客人大腿根部时，客人突然抓住丫丫的手，把它放在自己的胯下。那是丫丫最最忌讳，也最最害怕的地方，她最担心的事还是发生了。丫丫站起来，想逃，逃出去，逃到有阳光的地方去。

“小姐，慌什么，不就是敲敲腿嘛！”客人并不生气，脸上的笑也很宽容，“只要你把我服侍好了，我不会亏待你。”客人明明白白提出了条件。

内室很静，可以听到外室小姐的嬉笑声，这几天丫丫听了，看了不少，多多少少知道洗头房是怎么回事。丫丫根本没这个思想准备。但是，客人的最后一句话“我不会亏待你”牵住了丫丫想逃离的双脚。现在，丫丫非常急迫地想得到客人的这种“不亏待”待遇。原因是她的丈夫石狗出事了。

也就是在昨天，丫丫的那只鲜红鲜红的诺基亚手机突然响了，是她丈夫石狗打过来的。丫丫和石狗做梦也没有想到，新买的手机接听的不是客人的召唤，而是石狗的求救电话。丫丫一听那边的声气就不对劲，低低的，哑哑的，夹杂着痛苦的呻吟。果然与灾祸不期而遇，丈夫在挑砖上楼时，由于担子过重，人过度劳累，摔了一跤，从五楼滚落在四楼的平台上，人站不起来了。丫丫赶到石狗出事的那个小区，石狗已经躺在小区的路旁。丫丫试着扶丈夫起来，丈夫刚一动弹就疼得龇牙咧嘴的，用手拼命地捂着自己的臀部。“到医院去检查检查吧。”丫丫提议。石狗说：“回去躺躺就好！”说着石狗从口袋里掏出200元钱交给丫丫，“这是主人家给的……砖还没运完呢！”那口气充满着幸运和感激。丫丫也就没有坚持。石狗躺了一夜，他的伤不但没有好，臀部反而肿了，比昨天还要疼。疼得不能动弹。看来是逃不过医院这一关了。而要进医院的大门，就不是一百两百能打发过去的。丫丫现在急需要钱，给石狗看伤的钱。

丫丫坐下来，手抖抖地伸向客人的胯间，麻木而机械地动作着，这时她几乎失去了知觉，可以听到客人那压抑着的喘息声。不一会，客人突然伸出双手按住丫丫的胸脯，丫丫坚决而果断地用手推开。客人又顺势抓住丫丫的双臂，抓得很紧很紧，好像要把手掐进丫丫的肉里去似的。丫丫感到，这个男人会把她的皮也扒掉的。

“不愿意玩，来当什么小姐！”原来还算斯文的客人忽然凶狠暴躁起来，丫丫被吓住了，浑身瘫痪。有人说女人只要不愿意，男人就不可能实施强暴。这句话在理论上或许成立。但是说这话的人没有想到，许多女人在男人的兽欲暴行下会昏厥，由于惊慌过度而完全失去抵抗力。有时，女人会很脆弱，脆弱得像叶片上的朝露，像一朵花，像一只瓷瓶。此时的丫丫就处于这种状态。

服软的女人似乎更能激起男人的占有欲，客人放开丫丫的手臂，把一只手探进丫丫的胸脯，很有经验，非常熟练地将乳罩往上一推、贪婪地一把捂住乳头。丫丫感到一阵肉麻，浑身都起了肌肉痱子，肚子难受，有点想呕。丫丫冲出内室，走到大街上，立刻感受到阳光的温暖与光明。

丽岛洗头房的小姐们大眼瞪小眼，见怪不怪地看着丫丫，老板娘不动声色，从容地推门走进内室……大表姐妞娃慌忙移开玻璃门，急急地去追赶已经逃远的表妹丫丫……

11

第二天，快到中午了，大表姐推开丫丫的房门，见石狗还躺在床上，便问："好些吧？"石狗没有反应，就又问丫丫，"去洗头房吧，一起走？"

"老板娘还要我吗？"丫丫的眼光明显透出疑虑和惊恐。

"老板娘说了，只要你以后不再得罪客人，还收你。"妞娃说得轻描淡写，其实她已和老板娘说了许多的好话。

丫丫马上就想到了那个表面上慈眉善目，实质上淫邪骚恶的客人，一股羞愤的恶气油然而生："那不是人待的地方，我不想去。"

"现在工作不好找，你看在钱的分上，就去做吧！"石狗躺在床上，说话的声音很低。

"我不去，我不去那地方！"丫丫哭了，眼泪直流，也不用手去擦。

躺在床上的石狗用手撑起上半身，咬着牙想爬起来，马上又跌倒下去，一脸的无奈和痛苦，不断地呻吟着。

妞娃上去帮他扶直身子，突然感到石狗的身子发烫发烫："丫丫，石狗在发烧呢！"

昨夜，丫丫已经给石狗吃消炎止痛的药了，石狗一个晚上都在唉声叹气。丫丫本来就心情不好，两个人便无休无止地争吵纠缠了一夜：钱、工作、回家是他们争吵的主要话题。石狗的病痛反而没有谈及，连石狗自己也没提起。山里人都习惯把病人交给床去治疗，床就是病人的医生。“在床上躺躺就好！”这是他们家乡人的一句口头禅。能到副食店特备的小药箱里买上一点感冒灵、阿斯匹林就不错了。

石狗想躺下去，坐不动，疼。他一动，嘴巴又扭曲得变了形，又呻吟起来。

妞娃掏出手机，给二表姐竹珺打了个电话。不一会，竹珺那辆红色广本轿车就开来了，问了些情况，只说了三个字：“上医院！”妞娃吩咐丫丫抬脚，自己力气大，抬肩，把石狗抬进了竹珺的轿车，往医院开去。

到医院门口，竹珺吩咐丫丫别动。不一会，竹珺便招呼两个穿白大褂的护工拿了一副担架，把石狗抬到急诊室。

急诊室里挤满了人，地上放着两副担架，加上石狗的，就是三副。其中有一副躺着一位老太，张着一张没牙的瘪嘴，只有出气没进气，静静地躺着，有一个中年男人站在旁边，想来是她的儿子，也静静地站着，无奈地看着命若游丝的老太。另一副担架上则躺着一位年轻小伙子，衣裤都被撕扯破了，浑身是血，特别是鼻孔，还在不断地向外喷血，是被汽车撞了。小伙子面目怪异地在一声一声地喊：“疼、疼死了，快救、快救我！”他身旁围了一堆人，不断地在抚慰他，有两个上了年纪的男人在催促医生：“怎么那么慢，人都快死了！”穿白大褂，戴白帽子的医生冷冷地瞅了一眼，说：“闹什么？他能叫倒是好事情。他要是不出血不叫那事情到大了。”这医生一身是白，皮肤很白，连戴的眼镜也是白色的。

石狗躺在担架上，心里有点惶恐。丫丫和妞娃满脸惊惶地无声站着，不时被人群推来搡去，他们都被急诊室里紧张、躁乱的气氛镇住了。尽管石狗在担架上躺了好长一会了，就是不敢去问医生。

竹珺瞅准机会在那位一身白的医生面前耳语了几句，白医生就过来简短地问了一下病情，在石狗臀部按摩了一下，又把手放在石狗的额头，便不再声响，坐下来“唰、唰、唰”写了好几张单子。

竹珺拿起那叠单子，一张一张看起来：

一、彩超科查胆、肝、脾、胰、双肾、前列腺

二、磁共振臀骨

三、心电图科查心电图

四、生化室查谷丙转氨酶、球蛋白、尿酸、总胆固醇

五、免疫室查乙肝表面抗原

六、血常规查白细胞、红细胞、淋巴细胞比值

七、放射科查DR全胸片、乳腺、节育环

竹珺微笑着将第七张检查单给白医生看，又指了指躺在担架上的石狗，白医生自己也笑了，将那张检查单撕了，拿起笔重开。竹珺仍旧微微笑着，凑近白医生软软地谈着。白医生不断抬头看一眼面前这位气质非凡的漂亮女人，最后白医生答应，仅保留了X光拍片。结论是臀部裂缝伴有炎症发烧，住院治疗。竹珺马上又去付了3 000元住院费。整个过程好像竹珺是石狗的妻子，丫丫只是个看客。“要不是二表姐竹珺，今天这阵势该怎么收场啊！”大表姐妞娃在心里想。

挂了五天的盐水，石狗热度退了，医药费共计3 163元整。医生说还要观察几天，石狗和丫丫强行拒绝。他们不大好意思再麻烦二表姐开车来接他们，石狗用手机给一起踏三轮车的老乡打了电话，老乡用三轮车把他们接回了出租屋。

出租屋是空的，丫丫和石狗的肚子也是空的，口袋和钱包是空的，空落得最可怕的是丫丫和石狗的两颗心。偏偏在这时传来了小港海关的钟声：“当——当——当——”钟声里，他们好像被抛到了一座荒岛，围绕他们的是无边无际的大海、沙滩、乱石以及遥不可及的天空。天空中，连一只鸟儿都不见。

12

有那么几天，丫丫穿上丈夫给她买的春装，把项链、耳环、眉笔武装到自己身上，认真仔细地梳好自己的一头长发，到商场、经营部、小公司这些丫丫看来比较正规的单位找工作。单位经理的问话和洗头房女老板的问话完全不同，但也就差不多的套路：

什么文化？

会电脑吗？

英语几级？

做过几年营销？

有何技能？

当丫丫用摇头作答后，经理们就从头到脚，又从脚到头审视起丫丫来，那眼光都显得非常狐疑冷漠和不屑。丫丫从经理的眼光中鲜明地也照见了自己的身份和处境：一个普通的山妹子。

丫丫重又回到了小街的“丽岛洗头房”。丫丫别无选择，因为连酒吧、歌厅、茶室都没有接纳丫丫。丫丫并不丑，但丫丫看上去太单纯，朴实，没有在这些场合混饭应有的灵性和风情。

已经是初夏了，小街洗头房林林总总的门楣上按插的鲜花已不再是迎春、桃花，已经换上了紫薇、玫瑰、月季，而且品种越来越多，姹紫嫣红，芬芳艳丽。小姐们在化妆打扮上也更下工夫了：眉更黑，唇更红，胸领更低，耳环、项链也更闪亮了。连小港海关的钟声听起来也好像悠扬地在吟唱：夏天到啦……生意好啦……

进来一位客人，老板娘吩咐："丫丫，客人来啦！"这是老板娘在照顾丫丫。老板娘不但破例没追究丫丫上次得罪客人的那档事，还重新收留了她。丫丫很单纯，这点老板娘很赏识。另外，竹珺到丽岛来见过老板娘，要老板娘照顾调教好她的小表妹。竹珺的面子，老板娘还是要给的。

客人看起来有四十多岁，肩挎一只大黑皮包。进了内室，客人将黑皮包往墙角的矮箱上一放，便躺在按摩床上闭上眼睛，任丫丫在脑袋上摆弄。他不朝丫丫看一眼，也不和丫丫说一句话。

丫丫对这个男人起了好奇心。听小姐们说，一般客人在按摩时都很饶舌，先是把你祖宗十八代的简历问个遍，再是泡出你的风流经历，接下来便是大讲荤段子，慢慢就动手动脚，淫言秽语，就如酒鬼喝酒，非喝到神魂颠倒、烂醉如泥好像就不尽兴似的。

丫丫注视起这个男人来：脸很饱满，虽然额头和眼角的鱼尾纹已清晰可见，但看上去一点也不显老，下巴的胡子刮得光光的，眉毛还很整齐，黑黑的。平顶头，头发粗硬，鬓角的些许白发就显得格外醒目。丫丫感觉到这个客人很严肃，心里不免有点紧张，手脚有点乱套，敲打起来就失去了节奏。好在客人全不计较，仍闭目养神，不动声色，只有身子随丫丫的敲打在有节奏地抖动着。

丫丫的一颗悸动着的心开始慢慢平缓下来，她发现这男人额头上布满了细密的汗珠，就随手从矮柜上扯过餐巾纸轻轻地帮他擦了，又帮他脱了皮鞋。这个男人好像累了，躺下来鞋都没脱。"他是来休息的。”丫丫这样想着，放慢了动作，长长地舒了一口气。

二十多分钟过去，头部和手都按摩完了，这男人还是没说一句话没睁开过一次眼。丫丫开始按摩客人的胸脯。客人穿一件米色夹克，仍能感受到他宽厚结实的胸肌。丫丫稍稍加了点力，男人并没有其他的反应。当丫丫正想移开胸脯去敲客人的双腿时，男人突然开口说：“小姐，请帮我在胸脯上再按摩一会！”客人说话时并没有睁眼，却自己用手打开了夹克的拉链，把衬衫从皮带里拉上来，将整片结实饱满的胸脯都裸露出来。丫丫一怔，想起了开始遇到的那个骚恶的男人，举起的手在微微地颤抖。这时，丫丫再看眼前的客人极平静地躺着，举起的手才不再颤抖，按在客人厚实的胸脯上，这时，客人的眼睛睁开了，丫丫发现客人的眼睛很大，双眼皮眨巴眨巴，那眼光非常善良，没有一点凶光。

丫丫将双手从客人的胸脯上移开，这时，客人忽然坐起，伸出有力的双臂抱住丫丫，将丫丫深深地拥入怀中，捧住丫丫的头，在她的右脸上轻轻地吻了一口，接着一点一点向上移，一口挨着一口，一直吻到额头上。再从额头上，一口一口地吻向左脸，已经接近下巴。丫丫有点紧张，“一定要亲我的嘴巴了，”这时她想。客人却又放开了，自下由上地再吻了几十口。接下来，客人温柔却又非常坚强有力地抱起丫丫，把丫丫放在按摩床上，丫丫本能地按住裤腰，客人停住手，用眼看了她一下，这是这男人第一次和丫丫照面，双方的眼睛里都没有恶意。这男人又坚强而温柔将丫丫的裤腰往下拉。这时，男人听到了一声压抑着的哭泣声，转脸一看，丫丫已是满眶的泪水，泪水沿着眼角哗哗地往下淌。

“哭啦！为什么？”丫丫终于听到了这男人的第一句话。

丫丫没有回答，躺着，泪水却淌得更急了。

这男人站着，和善地注视着丫丫：“你有什么难处吗？说给我听听！”

丫丫只感到心口一酸，泪水喷涌而出，胸脯剧烈地一起一伏，几乎哭出声来。

这男人见丫丫只是哭，不肯说话，站着又注视了一会。见丫丫渐渐平复，便轻柔而有力地将丫丫已经脱落到胯间的裤子拉上，从夹克口袋里掏出一沓子钱往丫丫的胸脯一放，提上自己的大黑包，头也没回地走出了按摩室。

丫丫数了一数，这男人留下了整整500元钱。

13

在万般无奈中，丫丫留在了小港。每天跟大表姐到丽岛洗头房干活。洗头房的生意也一天好似一天。丫丫经常和大表姐同时在按摩室按摩，中间只隔着一条布帘。在最近的几天里，丫丫给其他客人按摩时心里就常常想起给她留下500元钱的那个男人。

那个男人和一般客人不一样，丫丫明显感觉得到，那个男人不坏，也不恶。当他把她的裤腰轻柔而有力地往下拉的时候，她知道早晚要发生的事就要发生了，她不能再逃。她只能流泪。在许多时候，女人流泪就表示默许，默认。没想到的是，那男人竟然停止了动作，还很关切地询问了她。那时刻，她就想到了自己受伤躺在床上的丈夫，想到了来小港的前前后后，那时，她只有哭，一切都在她的眼泪中。她没有别的办法。好在那男人还能怜香惜玉，他好像很慈善。丫丫想，这和他的长相不相称，他长得很魁梧，胖胖的，脸很圆很饱满，平顶头，头发粗短坚硬，按理说这样长相的男人会很粗鲁暴躁的。可他不是这样。对了，他的眼睛很善良。丫丫有点儿想念他。

布帘那边传来大表姐妞娃那特有的沙哑的嗓音：“别问我家了，我要有多倒霉就有多倒霉，不说了。”

一个男人的嗓音：“真的，说来听听。”

“我家住在深山里，特穷，我男人为了去换一点油盐酱醋，到树林里打兔子，举枪瞄兔子的时候，冷不防从树丛里窜出一条母狼，把我丈夫扑倒在地，咬坏了脑神经，我丈夫就傻了，”妞娃长长地叹息了一声，“我公公在山上打柴不小心跌到谷底，瘫痪了。我婆婆患了肝癌，可还不得不到山坡上种地……没办法呀，命苦……”

听到这里，丫丫笑了。不错，山里人都很穷，但大表姐夫根本就没被狼咬过，也不傻，她公公、婆婆也没有遭此罹难，尽管年纪大了，已失去了劳动力。妞娃出来干这一行当确实有她非常特殊的原因，但大表姐却偏偏不说，却编了这一大堆胡话，为什么？丫丫很纳闷。

接着又响起了男人的嗓音：“你家里是很倒霉！”男人似乎很受感动。

妞娃再叹道：“否则，好好的一个女人怎能来干这个！”

然后是一阵劈劈啪啪地敲腿的声音。再然后的声音轻了许多，断断续续的，夹杂着是肉体揉搓后含混不清的浊音。

“你看，我的大腿多白多胖！”突然响起妞娃沙哑的嗓音，“摸肚皮，那是要另加钱的。”

……

丫丫后来才渐渐知道，到内室来按摩的客人，真正敲大背的男人其实并不多。他们大都是抱着对小姐的好奇与试探心里来洗头房放松一下，可以的话趁机在小姐身上占点便宜。倒是有的小姐嫌敲背时间长又赚不来钱，主动要求客人敲大背。像丫丫第一次敲背就碰上的那种表面斯文实质淫邪恶俗的男人，很少。也是丫丫倒霉，给碰上了。

静默了一会，丫丫听清还是妞娃的嗓音："这样吧，你给我100元钱，另外给老板娘50元。老板娘问，就说没敲大背。下次再来，我让你爽得爬不起来。"

"哎唷！"男人一声叫唤，大概什么地方被捏了一把。

……

那天，丫丫得了个机会问妞娃："姐，你咋那么说呢？"

"不骗不哄赚得了钱吗！"妞娃反倒显得惊讶。

丫丫忽然觉得自己好呆好傻，前几天那个男人好心好意问我为什么哭，我都没有讲实情，如果讲了，很可能还不止给500元呢！

又过去了好多天，那个男人一直没再来过。

14

妻子变了，而且变得很快，变化很大。这是石狗这几天的最大感觉。他仍躺在床上，还不大好动，看着妻子在对着锈迹斑斑的窗栅上挂着的一面圆镜在梳妆。妻子爱长发，一直把头发留得很长。原来妻子梳发是大刀阔斧，快刀斩乱麻似的，挥挥手，脑袋左右摆动几下，拿皮筋一箍就好了。现在不是这样了，每天都洗头，喷了啫喱水才梳头，梳头是左梳右梳，那发丝也变得光滑油亮，丝丝入扣，柔软而又顺直。给妻子买的眉笔、口红，开始时妻子嚷着要丢掉的，现在却在自己脸上折腾起来，而且摆弄得很认真，很仔细，俨然像后台化妆室的演员。末了还向自己的颈脖、腋窝喷香水。石狗两眼直直地看着正在打扮的妻子，心里又酸又疼。

那天妻子突然在他眼前闪出一沓钱，他眼前一亮，心里又惊又喜，突然就闪现大表姐夫牛小牛和大表姐妞娃数钱的场景。“现在轮到我了！”他有点窃喜。石狗把那沓钱数了又数，晃了又晃，竟忘了髋骨裂缝，想跳起来抱着妻子打转转，结果差点滚倒在床下。对石狗和丫丫来说，这不是个小数目，450 元钱（50 元交给老板娘了）哪，而且是一次就得了这么多钱。那是家乡一块山地一年的血汗钱；那是一头肥猪的全部利润；那是二十多只鸡的总收入；那是他家两个多月的开支啊。现在，妻子一次就挣了这么多钱。石狗喜盈盈地抽出一支烟，叼在嘴上，突然，那只拿打火机正要点火的手在空中停住了，两只眼睛定定地看着妻子，目光锐利而异样，从妻子的脸看到脚，又从脚看到脸，那凶巴巴的目光就像一把刀，欲将妻子的衣服都剥光了，仔仔细细看看那个部位，再看看妻子的肉，看看妻子的骨，看看妻子的心。石狗有一种冲动，想给妻子一个响亮的耳光，或者干脆一脚把妻子踹出门去。

好在妻子发现了丈夫异样的目光，低低地说了一句：“那个客人根本没有做！”石狗听了这句话脸反而更阴沉凶恶了，一天没有和妻子说一句话。晚上，石狗用手拉妻子的裤衩，恶狠狠地将妻子下身的毛扯了一把。丫丫也狠狠地在丈夫的胸脯擂了几拳，跳起来，睡到那一头去了。石狗髋骨还痛着，不能再采取新的行动，躺在床上辗转反侧，短吁长叹，一夜没睡。他没有想到，自己也会有嫉妒的心理，也会吃醋，尽管这出荒诞剧原本就是他自己亲手编导出来的。

第二天，石狗看到妻子只是简简单单地梳理了一下长发，不描眉，也不上口红，坐在那里看那只又破又小的电视机，心里毛了起来，又不好再说什么，两只眼睛瞪着布满蛛丝的破屋顶发呆，对昨夜自己的冲动后悔起来。他趁妻子去上卫生间的机会，抓起手机，急急地给隔壁大表姐妞娃打了个电话。看到妞娃终于带走了妻子，石狗提着的一颗心才落了地。

丫丫也好像习惯了每天早晨的梳妆打扮，不断地在自己的脸上描啊涂啊，浑然不觉身后丈夫一对异样的目光正在审视着她。“妻子变了，真的变了！”石狗躺在床上，两眼忽然涌出了一层酸涩苦辣的液体，他使劲鼓动喉结，把那液体咽了下去。

15

初夏的脚步越来越热烈，越来越奔放了。人呆在屋里还觉得挺舒爽的，走到屋外，已能感到亮晃晃太阳的热力。小街两旁的香樟树正在换叶，去冬的老叶撒落一地，鲜红鲜红的，似玉如翠的新叶密密地绽在枝桠上，阳光一照，透明似的，鲜嫩可爱极了。不知从哪里飘来了棉花样的柳絮，春梦般地在小街飘飞缠绵。蝴蝶成双结对在花丛中嬉戏，鸟儿恣意地在浓荫中翻飞，纵情地追逐打闹。它们的嗓音已经变声，充满了激情。一年之中，也只有在这个季节，鸟儿才能激发出如此亢奋美丽的歌喉。初夏的阳光似乎激发了天地万物的生命之源——性。没有性，花儿都不开，鸟儿也不叫啊。

小街的小姐们身上的衣服穿得少了，一个个变得苗条妩媚起来。她们对经过小街的每个男人都顾盼再三，热辣辣的目光充满了挑逗与诱惑。整个小街弥漫着情人新房和温泉浴室的气息。

丫丫看到，大表姐妞娃已穿上了深蓝色的牛仔裙。在洗头房六个姐妹中，她是最高大健硕的一个。妞娃很白，就是胖了一点，衣服穿得少了，身上的肉就显露得多了，白晃晃的，充满了女人的肉感与力量。“看，我有多白多胖！”妞娃常常拍着大腿炫耀自己。丫丫发现，大表姐好像不让自己闲着，看见客人进门就笑着挥手打飞眼，一些上了年纪的客人都被她抢着做了，其他几个小姐就常常在老板娘面前告妞娃的状。老板娘碍着二表姐竹珺的面子，一直没有责备她。

这一天中午，妞娃给一个五十岁左右的客人敲背。时间不长，大约半个小时就出来了。客人付给老板娘35元钱。少顷，妞娃说要回出租屋晒被子，离开了洗头房。老板娘探出脑袋，发现刚才那个客人在小街的一个拐角猫着，妞娃直直地走到客人面前，就一前一后地走了。两个人始终没离开，也始终保持着一段距离。丫丫看到，原来一直非常沉稳、冷静的老板娘面露愠色，脸孔很难看。

傍晚，大家都在吃晚饭，有个客人推门，进来就朝妞娃笑。妞娃丢下饭碗就招呼客人进内室。丫丫看着那扇关上的内室的门，痴痴地想：大表姐的生意怎么那么好呢？她有什么特别的诀窍吗？丫丫发现，原来坐在门口吃饭的老板娘忽然端了饭碗走到内室夹板旁，若无其事地往嘴里扒饭，眼睛和耳朵却明显在监视内室。丫丫看在眼里，心想，最近老板娘的眼睛好像一直紧盯着妞娃，也不知为什么？

待丫丫洗好碗筷，喝了几口茶，内室的门开了。妞娃交给老板娘50元钱。老板娘用两个指头夹住那张50元票子，却并不放进钱柜，用眼睛审视着妞娃。等那客人出门走了一段路程，才对妞娃开口：“没敲大背？也没打飞机？”

妞娃的嗓音明显有点急促：“没有。”

老板娘笑笑，招呼妞娃进内室，打开灯，内室亮了一些。老板娘指着屋角被揉成一团的卫生纸问：“哪是什么？”

妞娃的脸色霎时变了：那不是刚才擦脏东西的卫生纸吗？是她随手丢在了墙角。妞娃并没有道歉，她很不情愿地从胸罩里抠出一张已经折叠得很小的百元大钞交给老板娘。

丫丫多次听妞娃讲过，说老板娘很黑，小姐辛辛苦苦赚来的钱，老板娘拿六成，小姐只拿四成，不公平。应该倒过来，小姐拿六成，老板娘拿四成。妞娃还说，老板娘门槛很精，小姐的工资满一个月才给，有时满了月还拖着。如果小姐中途离开，老板娘便把工钱和押金全扣下。丫丫忽然想起上次隔着布帘听到妞娃对那男人说过的话：“别说敲大背！”没有敲大背，那100元钱就归妞娃了。看来，老板娘是早有察觉。

刚才妞娃是敲了大背，却把100元大钞票塞进了胸罩。妞娃对老板娘一直心存怨恨。别看老板娘长得有眉有眼，在人面前像观音菩萨，其实骨子里太精明了。哪一天小姐妹多赚了些钱，老板娘就带头起哄要小姐请客，这样又省了她的伙食费又做了人情。半年中妞娃已经请了三四次了，请一次就要两三百元，妞娃很心疼。不过今天中午妞娃在老板娘的眼皮底下耍花枪就有点太粗疏大胆了一点，犯了洗头房的大忌。洗头房的老板最痛恨的就是这一点。原本是洗头房里的生意，却成了小姐妹们的私利。老板赚不到钱不说，小姐妹在外面出了事，还要连累到洗头房。但是妞娃要想多赚一点，又不得不耍点小花样。平心而论，妞娃也是偶尔为之，以为老板娘不会跟自己认真。一是自己勤奋，空下来就扫地、烧水、抹桌子，一天两顿饭的碗筷基本上都是自己洗刷；二是有表妹竹珺的面子，老板娘和竹珺是小姐妹，很要好的。一年多来，老板娘也确实给了她面子。因为妞娃不止一次看到老板娘驱赶别的小姐妹的那种场面，很冷酷很尖锐很吝啬很无情，又是骂又是扯又是打，有时女人打起架来比男人还凶狠还恶搞，手脚都在胸脯、裤裆上作文章，都变成野兽了。到此时，妞娃就很怨恨老板娘。你老板娘如此嚣张，不就是跟派出所辖区治安警搞上了吗。只要有公共场所治安检查整治，老板娘早就接到那个治安警的电话了。想到这些，妞娃的胆也就壮了些。

妞娃没有再理睬老板娘，走到外厅端起刚才剩下的饭碗。老板娘瞟一眼妞娃，用两根手指挟着一张百元大钞，将两个手指轻轻一翘，将那张满是折痕的钞票竖得又直又高，在空中很潇洒地挥了挥，往镜柜上一放，从从容容地扫了一眼店中所有的小姐，才提高嗓音说："妞娃，中午你不是回出租屋晒被子的，是跟客人出去打野食的吧！今天我当着姐妹的面说清楚，是你违反了店里的规矩，不要怪我不给面子了。"妞娃停止了扒饭。所谓饭，其实也只是一碗菜汤，上面漂几片薄薄的肉片，全是肥的。晚饭还算是好的，因为晚上要做到深夜一二点钟。中午就更差了，中午往往是一锅烂糊面就打发过去了。

"不想吃丽岛的饭，就别端丽岛的碗！"老板娘拉下脸，冷冷地说。

16

一辆红色丰田轿车无声地停在丽岛洗头房前，出来一个丽人，一个真正称得上是丽人的丽人。丫丫第一个跳起来，拉开移门，高声大叫："二表姐！"丽岛洗头房所有的小姐都不由自主地起立，注视着由丫丫牵着手进门的竹珺。

竹珺今天穿了一身套裙，白底黑色方格的那种，看上去特别清爽典雅。她的皮肤白皙，眉目清秀，体态优雅。尤其是她一米七六的身材，每一步都走出了时装模特的风韵与气质。竹珺跑进丽岛，怎么看都有一种鹤立鸡群的感觉。

丫丫知道竹珺今天的来意，自己和大表姐妞娃轮番给二表姐打了手机：妞娃请她来和老板娘说情，想继续留在丽岛；自己则请二表姐走走路、通通关子，从市城管办取回石狗那辆被没收的三轮车。

老板娘没有出门迎接竹珺，见竹珺进店，连忙让座，端上一杯绿茶，老板娘的态度还是很真诚很敬重的。在洗头房这种场所，常常是不用这样的态度的。

竹珺有点矜持，不大开口说话，只是用她那对美丽的大眼环视着洗头房的两块大玻璃、两张转椅、一张三人沙发、煤气热水器、纯净水罐和一把笤帚、一只塑料簸箕。最后又把目光停留在两块大玻璃四周的塑料花上，那塑料花大红大绿，落满了灰尘。这里的一切都和两年前自己在这里时几乎没有什么改变。改变的是这里的小姐妹，都是陌生脸孔，没有一个是原来的了。

小姐妹们谁也不说话，却全都用眼光追随着这位鹤立鸡群般的丽人，欣赏着艳羡着竹珺那说不上苗条但曲线凸显性感十足的身材，那一头华美的秀发，那耳上颈上手腕上闪闪发光的时尚饰物。有那么两次竹珺和老板娘眼光对视的机会，但都没有开口。老板娘心里明白今天竹珺造访的缘由。开除妞娃，老板娘也是不得已为之。就看在竹珺的面子，少收几个钱，带坏几个小姐妹她倒还能忍着。老板娘开除妞娃的真正原因是派出所辖区民警的警告。民警告诉老板娘，你店里那个又白又胖的妞娃在辖区内太活跃了，已经有人反映到派出所，有人看到妞娃跟不同的男人进私人旅馆开房，也有带男人到她出租屋去的。这种女人不能再用，留着早晚是个祸害。

老板娘见竹珺并没开口，便抓住了机会，从容冷静地诉说生意的艰难，诉说小姐妹们不听话。诉说男人们难服侍，诉说派出所常常来检查，诉说税务所、工商所、卫生所、城管办、联防队烦人。诉说到最后请求竹珺有机会给她介绍个好一点的工作，她想转行，说洗头房干烦了干怕了不想干了。丫丫看出竹珺有两次想插话说说大表姐妞娃的事，见老板娘一个劲地诉苦，最后干脆就不提了。

竹珺抽空当告诉身旁的丫丫，为了一辆破车去求人，不值得。石狗伤好了，需要车，我竹珺帮他买一辆。丫丫顿时感到了二表姐的成熟与魄力。自从大表姐被开除出丽岛后，丫丫就感到很孤独，很无助。洋娃娃、小胖子、大嘴巴这几个小姐妹常常拿她开玩笑，好尴尬。今天二表姐特地来到丽岛，丫丫很高兴，她好像自信多了，有了点底气。

待红色广本轿车驶离丽岛，老板娘很神秘地对众小姐说：我的这位师妹和市里的领导关系很熟的。

丫丫知道，老板娘说的是她二表姐和苏副市长的关系。

17

二表姐竹珺怎么会走上这条鲜花与荆棘共存的歧途，竹珺自己也说不清道不明。

竹珺家里并不缺钱，她丈夫是教师，每月有1 000多元钱，在山区已是很富裕了。但竹珺还是想离开家。当离家相当长一段时间后，竹珺渐渐明白，她真正想离开的是她的丈夫，那个每月能拿出1 000多元钱养家的丈夫。

竹珺的丈夫是她高中的老师，也是她的班主任，姓严。严老师快四十的人了，还没有结婚，这就成了班里女生的一个话题。竹珺就怀着一个很强烈的好奇心注视着自己的班主任。严老师姓严，但一点也不严厉。他说话慢条斯理，文质彬彬，从没看见他对同学发过火，就像他的长相。严老师生得白白胖胖的，看上去非常慈祥。但仔细看，就能发现严老师的额头、眼角已经布满了密密麻麻的皱纹，皮肤松弛，甚至有点虚胖，一副病态的样子。有的女生就说严老师一生也讨不到老婆了。竹珺听了心里就特别难受。当时她正如痴如醉在读琼瑶的小说，中学生江雁容和她的国文教员康南，浪漫曲折又凄美悲凉的爱情故事深深拨动了她的心弦，她正徜徉在月朦胧鸟朦胧般的爱情迷雾里，一往情深地把自己对号入座，自导自演一出现实生活中师生恋的爱情故事。并且很快便进入了角色。严老师上课，她就特别安静，特别用心。只要是严老师的课，她总是把黑板擦得干干净净。她还竞争当上了班里的语文课代表，可以理所当然地经常往严老师办公室里跑，帮严老师倒茶，抹桌子，甚至在星期天到宿舍帮严老师洗衣服、打扫卫生。她常常陶醉在严老师那慈爱的目光里。有时，严老师会拉拉她的手，在她浓密的头发上摩挲一下，她都要激动好几天。

严老师以家访的名义隔三差五也到竹珺的家里去。发现山村大部分人家都有牛，但是竹珺家就没有。每到春秋两季，严老师看到竹珺这样嫩手嫩脚的女孩也弓腰曲背匍匐着拉犁，心里又疼又感慨。他也曾帮竹珺拉过犁，但在地里拉上一个来回双腿就发软抽筋，这种脸朝黄泥背朝天当牛做马的活计不是他所能承受得了的。在一年布谷鸟满山坡高叫“布谷布谷，割麦插禾”的春季，严老师拿出 5 000 元钱帮竹珺家买了一头全山村最壮实的大水牛。说是借给竹珺家的，等竹珺以后赚了钱可以还给他。

最后的结果是：在高中毕业那个炎热的暑假里，刚满二十岁的竹珺就和严老师结婚了，那一年，严老师三十九岁。

对这桩婚姻，竹珺的父母心里十分窝囊。说心里话，谁家的父母愿意将自己的闺女嫁给几乎大二十岁的女婿呢？一个冷疙瘩一直窝在心里。山村里的闲言碎语也像冬天的雨雪时不时打在竹珺父母的脸上。说还是竹珺的父母有胆有谋精明地相中了一个吃国家饭的，有福了。每每听到这种阴不阴阳不阳的闲言碎语，竹珺的父亲和母亲就会互相责骂、吵架，摔碗掷家具。但是吵到后来，两个人都没有声音。一个很现实的难题活生生摆在面前：严老师帮他们家里买了一条大水牛，还是全山村最壮实的，不同意这桩亲事可以，那就要还严老师 5 000 元钱。他家虽穷，只要再借一点，那 5 000 元钱还是能还得出的。但是总感到肉痛。对山村人家来说，5 000 元毕竟不是一个小数字。竹珺的父母就这样左思右想，患得患失，懵懵懂懂地接受了严老师这个女婿。但是对外，竹珺的父母总是摇着头说：“女娃大了，父母作不了主啦！”一副无奈的样子。

婚后，严老师对竹珺慈爱有加，胜过自己的父母。但是，令竹珺做梦也没有想到的是，她青春的噩梦也随之开始。每天晚上，严老师总爱在她身上百般折腾，但最后并无什么实质性的进展。竹珺不懂，以为婚后的男人都这样，都是这么一回事。慢慢竹珺才明白，严老师帮自己家买了一头全山村最壮实的牛，但她的老公严老师却是全山村最虚弱的一个男人。可严老师却是乐此不疲。尽管严老师不要竹珺外出打工，但竹珺自己渐渐感到很失落，也永远失去了上大学的机会。琼瑶小说中的浪漫爱情的氛围和意境已经荡然无存，取而代之的是青春的迷茫、压抑和痛苦的煎熬。

后来，严老师经常往医院里面跑，不断地吃狗鞭吃羊鞭吃牛鞭，喝各种各样浓浓的汤汁，最后，居然折腾出一个自己的儿子。待儿子四五岁时，严老师已是皱纹满面、头发秃顶、背心微驼的老头儿了。并且很快就办了病退，严老师一直以来患有较严重的慢性肾炎。这一点，竹珺是一无所知。

竹珺长期面对满脸沧桑、背驼顶秃的丈夫，慢慢地自己也生病了。那年春天，竹珺毅然抛下儿子，乘车来到了千里之外的沙山港市。从此，小街丽岛洗头房就多了一个年轻美丽，气质非凡的小姐，这位小姐不愿接纳老头，也不愿开口谈钱。

18

春夏之交的季风越来越浩荡，每天都是，季风刮走了阴霾的雨云，刮走了北方最后的寒意，给江南小港带来了灿烂的阳光、白云、蓝天。夏天的气息越来越浓了。小街丽岛洗头房的门楣上的鲜花也换得越来越勤。今天，老板娘把一束带露的蔷薇让丫丫挂上去。那蔷薇的花朵是那么的娇小妩媚，香味优雅而清新，带着丝丝的甜味。丫丫忍不住将那束蔷薇放到鼻子下深深地吸了一口。刚挂上门楣，已飞来两只金黄色的小蜜蜂，嗡嗡地在蔷薇花蕊上几乎是静止似的振动着翅膀，倏忽一下便停在花蕊里，将嘴巴深深地插进花蕊小屁股一翘一翘的，好像在帮着使劲。丫丫这才发现，整条小街已招引来成群的蜜蜂，还有蝴蝶。蝴蝶有白色的，也有黄色和彩色的，在小街徘徊、翻飞，缠绵而且痴迷。

下午三四点钟的时候，进来一个客人，在店里的小姐脸上扫了一圈，最后停在丫丫的脸上。

“还记得我吗？”客人问丫丫。其实丫丫早就认出来了：魁梧的身材，平顶头，提一只很大的黑皮包，这个不是前一阵给她500元钱的那个男人吗？“记得，记得”，丫丫点头，微笑着，想起了他闭目养神，不爱说话的种种神态。丫丫把他引进按摩室。终于，他现在又躺在自己的面前了，这是第二次。这么多天过去，隐隐地，丫丫有点想念这个客人，暗暗地希望他能再来。今天果真来了，丫丫心里感到有点欣喜，宽慰，也感到有点奇怪，问：“那天你一直闭着眼，今天怎么还能认出我来？”

他用他那双慈善的大眼睛看着丫丫。不错，那天他是一直闭目养神，但是他真真切切地感受到了丫丫那生疏但很认真的按摩，知道她给他脱了鞋，给他轻轻地擦掉额上的汗珠，他感受到了她的温柔。后来，他更加感到了她的单纯，单纯得像山野中的一支小花。这在小姐群落里，尤其是在洗头房这种比较低档的小姐群落中，是少之又少的。那天他已经拉了她的裤衩，她哭，哭得很伤心。问她为什么哭。一般小姐都会来一场苦难家史大哭诉，诉得涕泪横流，抽泣打噎，昏天黑地。可是，她没有。当他从皮夹克口袋里掏出500元钱放在她胸口时，他看到她眼睛中露出了惊讶的目光，非常地惊讶，看看他，又看看那500元钱，那眼神是惶惑的。他看到她迟迟疑疑地伸出手，要把那500元钱还给他。他推了一下。这时，他看到她的两眼闪闪发光，看着他的脸，突然抱住他，在他脸上轻轻地吻了一口。就这一口，深深地感动了他。他深切地感受到了她的单纯，她的善良，她的纯朴，她的温柔。这在许许多多的小姐身上是难以寻觅到的。许多小姐都只是为了一个目的，钱。尽可能快尽可能多地把你口袋里的钱流到她的钱包里去。人还没走，茶就已经凉了。

今天这个男人终于又来到了自己的面前，丫丫带着一颗感恩的心，用手认认真真地在他头部按摩着，他仍旧合上了眼，一言不发。

丫丫好奇地问：“你不喜欢讲话？”

“不，是我讲话太多了。”

“你是做生意的？”丫丫瞥了一眼墙角矮柜上的那只大皮包。

“做生意的也没有我说那么多话！”

“你不会是摆地摊的吧？”丫丫忽然想到马路边、桥堍头常见到的那些摆地摊的，他们说话最多，一个劲地说啊说，说得满嘴白沫，唾液乱飞，眼睛翻白，还在说，像只吐白沫的螃蟹。

他笑了，脸上漾起慈祥的波纹：“不，不，不，我哪会去干那营生啊！”

“那你是干什么的呀？”

“你猜！”

丫丫猜了半天，他只是轻轻地摇摇头。丫丫也就失去了猜的兴趣。她坐到床沿上，笑嘻嘻地，掀起他的外衣，将手直接放在他那厚实的胸脯上。一般客人，她只是在衣服外面按摩一下。他睁眼看了丫丫一下，丫丫看到的是他一如既往的慈祥，外加赞许和满足。

“那天你为什么哭？”他问。

“不说了。”

"不说了！你不相信我？"

"你真想听？"

他认真地点了点头。

于是，她讲了。她讲了她被丈夫骗到小港来的经过，讲了丈夫从楼梯滚下来摔坏臀骨的遭遇，讲了现在两手空空有家回不了的尴尬……"只怪自己命苦！"丫丫深深地叹了口气。

他睁开眼，看着离他那么近的丫丫的脸。这张脸说不上清秀，但很年轻，眼睛分明闪着青春的光彩。她丰盈的嘴唇翘起，薄薄一层绒毛，影影绰绰、朦胧在她的嘴唇，给整张脸平添了些许的妩媚和性感。"很可爱的一位山妹子！"他在心里说，嘴巴却是这样讲，"世界上哪有命啊，命掌握在自己手里。"

丫丫听出来，他说得很真诚，她很感动。也许他说得有道理，但是她不想去弄懂这句话的含义，只是淡淡地说："我现在的命运就是给你按摩。"

"你的嘴巴很性感！"他看着她那带有绒毛向上翘起的两片微厚的嘴唇忽然说了一句。

"什么叫性感？"

"我也说不清，男女相互间看了就有感觉的意思吧！"

"那我问你，上次你在我脸上到处吻，连眼睛都吻了，就是嘴唇没有吻，今天你还说我嘴唇性感呢，骗人！"

他笑笑，说："女人的嘴唇一般是不允许不爱的男人碰一下的，你说是不是这回事？"

丫丫在洗头房确实听其他小姐妹说过：我的嘴唇只献给一个男人，那个男人应该是我的丈夫。丫丫觉得自己的嘴唇如果随便给男人碰，也会感到恶心，这好像是小姐妹的通病。但丫丫不肯承认，反问他：“你这么熟悉小姐，看来你是个采花匠了。”

他只是笑笑：“采花匠……我称不上……我分析，男女恋爱时常接吻，只有到婚后男女才可能有性行为。因此，接吻是男女恋爱的象征。男女在非常爱慕，纯情，专一，投入时才接吻。小姐们是靠性行为赚钱的，没办法，但还本能地保卫着她那两片象征爱的薄薄的嘴唇的贞洁和神圣，因为那是小姐们属于自己爱的最后一道防线。对小姐来说，最后一道防线只可能是嘴唇。”他最后看了一眼她，对她说，“我这个人不会强迫你做你不愿意做的事，你尽可放心。这是我做人的一个原则。”

她说不出话，两眼看着他，看着他男子汉十足的脸，但眼中却又透出慈善的表情。她有点被他征服了，他的说话，他的气质，他的文化，他的通情达理。她突然问他：“告诉我，你是干什么工作的？”然后又忽然自我介绍，“我叫丫丫，你以后就叫我丫丫吧。”他看着丫丫不做声，默默地从口袋里掏出一个硬本给她看，她看到硬本上写着“记者证”三个红字，他的名字叫江云涛。

江云涛对丫丫讲他的话说得太多了，其实他表达的意思是他很累，很烦。记者就像一只永远也不得停歇的候鸟，在纷繁复杂的新闻森林里飞来飞去，不停地采访、赶稿，赶稿、采访，周而复始，无休无止，天天如此。“好累！”他常常自我感叹。对这些，丫丫是懵然不知的。她交还记者证，看定他的那张沧桑却又残剩着些许柔情蜜意的脸，把自己两片颤抖的热辣辣的嘴唇，轻轻吻向他宽阔的额头。

19

确实，江云涛在丫丫面前并没有撒谎。他不是个采花匠，但很花心，喜欢女人，渴求爱情，并且和太太以外的女人有染。江云涛和太太以外的女人第一次出轨，是在最不经意间发生的，但留下的印象却是刻骨铭心，终生难忘。

江云涛和许多男人一样，在茶余饭后兴致勃勃地谈论着小姐的各种传闻与趣事，谈得嘻嘻哈哈，恣情纵意，神迷情痴，天花乱坠，但实质上就从来没有真正玩过一次小姐。那些豪放纵情的谈吐，无非是长期压抑后的一种调节，是一种精神上心理上的宣泄，一种释放，一种身心的自慰与自嘲。男人，在很多时候其实也是蛮无奈蛮可怜蛮可悲的。

人生有许多第一次，第一次玩女人对男人来说也是难忘的。江云涛就是这样一个男人。

那是一个冬天，江云涛随一个镇的副镇长去企业作一年一度的精神文明考核。下级应对上级的考核往往有两个节目，并不在正式议程里，却是考核检查的真正核心和高潮，一般可用三个成语来概括，一曰“舍命陪君子”，意即喝酒；一曰“赤诚相见，肝胆相照”，那就是洗澡休闲了。中午酒足饭饱后，企业头头就约定俗成安排去浴室休闲。江云涛和副镇长在一个包厢。不一会儿就进来一个小姐，穿戴十分暴露性感，见了副镇长就喊：“老板啊，你这个大忙人，也不常来看看我，想死你了。”边说边拉起副镇长的一只手，身子已靠在副镇长的肩膀上。江云涛站起来欲走，副镇长并不见怪，挺诚恳地对小姐说：“我这两天腰疼，是想敲敲背，你再叫一位小姐来给我这个朋友敲敲。”

江云涛稀里糊涂被小姐带到一间小包房，躺到按摩床上便呼呼地睡着了。他酒量并不大，在酒席台上你敬他敬自己敬最后也就敬乱套了。江云涛是有些文化的，但在中国现时流行的深厚复杂的酒文化里，他的确是太嫩了。也活该他在记者部干了十多年还是个小记者，人家早就做了主任、副总编，有的调到市里当局长、部长去了。醉意蒙眬中，江云涛突然感到大腿中间热闹起来，睁开眼睛，见小姐正用手在拨弄。

小姐见他醒了，便大大方方地问："老板，按摩没意思的，玩玩吧！"

江云涛问："玩什么？"

小姐说："玩到位啊！"

"什么叫到位？"

"你连到位都不懂啊，到位就是敲大背……搞……做爱……懂了吧！"

"不，不……不……"江云涛连连摇头。

小姐开始发起嗲来："哎呀！老板，我今天还没开张哪！就算你是扶贫助人，帮我一次吧。"边说边用手抚摸江云涛的胸脯、大腿，声音变得像燕子那么呢喃，"来嘛，来嘛，我会很温柔的……"小姐为了表示亲热，身子俯得很低，胸脯露出了大半，鼓鼓的，白得耀眼。

江云涛问："安全吗？"

"什么安全？"小姐一时没反应过来，"……喔，安全，这里很安全，我们这里的老板和公安局的是哥们，从来没查过，放心吧。安全。"

江云涛问："你不会有性病吧？"

"性病？"小姐也认真起来，"如果得了性病，你给我的那一点钱吃吃药也不够啊……不信，你可以先检查检查……"说着小姐便自己扯下内裤给江云涛检查。

江云涛没有去看，躺着没动。小姐见他不言语了，便很快地脱掉了上衣，扯下了胸罩，赤条条蹲在江云涛面前。江云涛还是没动。小姐便动手强行卸掉了他身上的短衣短裤。

江云涛还是不动，两眼看住包房门上那个小小的玻璃口。小姐会意，拿起一条浴巾朝玻璃口一挂，那上面原就设置了一根细细的铁丝。这样，包房内外的眼光就再也无法穿透了。

“好了，快来吧！老板。”小姐已经四仰八叉地躺下了。

江云涛伏在小姐身上，紧张慌乱中，那家伙就是到不了位，一急，头脑就清醒了。头脑越清醒，那家伙反而越疲软了。江云涛想到了要说些什么，说什么呢？心里很躁乱，最后说出来的是：“我是第一次，紧张，不太行……紧张，我这是第一次，真的……”

小姐笑笑说：“看来你还真是第一次，难得有你这样对老婆忠心的男人。别急，慢慢来。”

这时的江云涛心虚胆寒，感觉自己不行，就说：“不搞了！”说完便滚下来躺着。

小姐仰起上身无声地看着江云涛，显得又无奈又焦躁。

“不搞了。”江云涛看懂了小姐的表情，爽快地说，“不搞了，钱照付。”

小姐不响，朝江云涛笑笑。当时是数九寒冬，窗外寒风凛冽，浴室包房里却是春意融融，甚至显得太热了一点。江云涛渐渐就有了感觉……这场杂技是怎么结束的，江云涛自己也没有弄明白，匆忙穿起自己的衣裤。正在这时，却见已穿戴整齐的小姐突然又飞快地脱起自己的衣裤来，满身是汗的江云涛只觉得热血冲脑，惊得目瞪口呆，魂灵出窍。这时候小姐却莞尔一笑说：“不好意思，我忘记穿裤衩了！”小姐嬉笑着拾起掉在地上的裤衩朝屁股上套。

和小姐的这一次奇遇，改变了他对小姐的看法，他对女人坚守的一些信念也随之发生了动摇。

20

季风还在一天接一天地刮着，一阵紧接着一阵，一阵比一阵大，把南方整个大地都刮得飘扬起来，云在舞、鸟在舞、树在舞，人的心也在舞动起来。蕴藏在人们心中的种种梦想、欲望、本能也在蠢蠢欲动，跃跃欲飞。

初夏迈着它矫健的脚步，来到了人间，走向生机勃勃的小港。

“石狗，到树下来坐坐把，这花好香啊！”丫丫望着园子里一棵茁壮的杨槐树喊丈夫。在床上躺了一个多月的丈夫，已经能够下地走走了。

在他们租住的一排矮小的出租屋前，长着一棵高高的杨槐树，枝叶繁茂，浓荫似水，杨槐花一嘟噜一嘟噜地挂着，雪白雪白，凉爽的夏风吹过，就会送来阵阵浓馥的馨香。成群的蜜蜂在花枝间翻飞，园子里一片嗡嗡声。

这几天，丫丫特别喜欢坐在杨槐树下纳凉。家乡的山坡上，到处长着这种杨槐树，在小港看到它，她就想起了远在千里之外的家，想起她的女儿，想起自己年迈的父亲和母亲。

丈夫石狗小心翼翼地一瘸一瘸来到杨槐树下，丫丫给丈夫搬来了一只方凳。她今天心情不错，阳光灿烂，又不用烧饭。今天大表姐请客，大表姐夫牛小牛已出来多天了。这一阵丫丫看到妞娃从早到晚出出进进，常带着客人进出租屋，生意不错。初夏，小姐的生意也开始渐入佳境。

大表姐出去了，表姐夫牛小牛准备了一桌菜，其实也没什么，就是一碗熏猪肉，一盆腊肠，一盆咸狗肉，都是家乡带出来的，其余全是本地炒菜，掺和了太多的辣椒，红红的。一直到中午十一点四十分，妞娃才回出租屋。

妞娃不是一个人回来的，她还带了一个男的，矮矮胖胖，满脸红光，胳肢窝里夹着一只小包，塑料的，已经很旧了，这男的看来像是个小摊小贩。大家一时都很尴尬，大眼瞪小眼，没了话说。妞娃笑笑："我外面的朋友！"算是介绍了。丈夫牛小牛朝妻子瞪了一眼，也没说什么，便开了一瓶三元多钱的劣质白酒喝起来。

酒过三杯，大家的脸就有点红，嗓门儿也高了，粗话脏话素话荤话大话胡话屁话屌话什么话都说了。丫丫就放下了碗，不再喝酒，用眼睛看着一桌子人。她怕他们酒喝多了出事。大姐夫牛小牛是村庄上出名的粗人，黑脸乱头发金鱼眼络腮胡子，嗓门特大，开口就是脏话，喝了酒更没有一句人话。有一次喝了酒，为了一句话，就把老婆打昏在澡盆里。今天是冤家路窄，丫丫非常怪恨妞娃的不该，世界上哪有妻子把外面的野男人带到家里和自己的丈夫面对面喝酒的呢？今天非出事不可。想到这里，丫丫暗暗拉过丈夫，在他耳边轻轻交代，要他随风使舵。

矮胖子抽出一支带海绵嘴的香烟递给牛小牛，"啪"地帮他点着。牛小牛狠狠地抽了一口，喷出一大团烟云，抓过酒瓶往矮胖子杯里倾满了酒，然后和矮胖子碰了个响杯，吐出了一段豪言壮语："来，咱们是烟酒不分家，碰在一起就是朋友，是朋友就是一家人，喝，喝，喝……"一边喝，一边还意味深长地朝妻子妞娃挤眉弄眼。

一碗酒下肚，大家的眼睛就红了。丫丫不喝酒，伸出筷子夹菜，忽然见妞娃端起酒杯，和丈夫、矮胖子一家一野两个男人同时碰杯喝酒，便放下筷子，菜也不想吃了，反胃，心里只想吐。那个矮胖子大概醉了，竟然放下酒杯在妞娃肩膀上捏了一把，牛小牛看见，两只金鱼眼暴出，放出一句："兄弟，女人可不能随便碰啊！""好说好说"，矮胖子似乎听懂了牛小牛的话，满脸的淫笑。

丫丫警惕地观看着，不断地向丈夫使眼色，万一吵打起来，只能一个拉住一个了。酒后，两个冤家互相抢着收拾碗筷，抹桌子。牛小牛拿了一把笤帚扫地，矮胖子竟去抢过笤帚像是在自己家里扫起地来。

丫丫讶异起来，世界上竟然还有这种事情发生，如果不是亲眼所见，是没有谁敢相信的，但丫丫亲眼目睹，这出戏就在她眼前真真切切地上演了。

大表姐夫牛小牛走出了出租屋，屋内就只剩下大表姐妞娃和那个野男人矮胖子。出租屋的门关了，拉上了窗帘。

牛小牛走到院门口，向门外瞄了几眼，便拖过一张小凳，在院门口坐下。石狗也提了一只小凳坐到院门口。牛小牛掏出烟来，每人一支，石狗用一次性打火机帮点着。牛小牛猛地喷出一口烟，鼓暴的金鱼眼瞥了一下被帘子蒙着的窗户，又朝院门外瞄去，深深地叹了一口气。

丫丫急急地走到杨槐树下，一阵清风吹过，飘落无数花瓣，纷纷扬扬，落在她的头上。丫丫没有喝酒，头却觉得有点晕，便在杨槐树下坐着，想呼吸点新鲜空气，耳边却不时传来大表姐夫牛小牛和丈夫石狗在院门口的对话。对话是断断续续的，是故意压低了嗓音的那种，但丫丫还是听到了一些：

“我操他娘的X！”

“别吼，没出息。”

“冤啊，冤啊，冤……”

“冤有头，债有主，羊毛出在羊身上嘛！”

“什么意思？”

下面的声音更低了。

“搞钱！”

“……偷……”

“……抢……”

“……绑架……”

丫丫身子像是被突然通了电，猛地颤抖起来，头脑也清醒了。她站起身，喊：“石狗，石狗，”丫丫将石狗叫进出租屋，问：“你和牛小牛在讲什么？”石狗若无其事地抵赖。丫丫一把揪住石狗的胸襟，一字一顿地问：“你想犯法，坐牢？”

“那种事我才不做呢。”石狗仍旧一副若无其事的样子。

丫丫看着眼前的这个男人突然想呕，石狗赶紧去扶妻子，却见妻子杏目圆睁，抬起一只脚，恶狠狠地朝丈夫踢过去。

21

石狗被窗外的汽车喇叭声吵醒了，睁眼看看钟，才四点，可窗外已经大亮了。夏天，天亮得早。

人躺在床上，感觉就特别灵敏：刺耳的喇叭声，满地的汽车已经在晨曦中急急地穿梭而行了；雄浑的汽笛声，又有一艘海轮进港或出港了；低浊沉稳的隆隆声，那是各种各样的机器运转时交织在一起发出的声音。

噹……噹……噹……噹……噹……

一共响了五下，那是海关的钟声，听起来是那么的清脆、激越、响亮，整个的沙山港市，港口、码头、江鸥、林中的麻雀都在那悠扬动听的海关钟声里醒来了。石狗环视了一圈出租屋，是那么的黝黯，狭小、简陋。外面的世界好像和他不搭界的，他好像被世界抛弃了，抛弃在一个荒芜的孤岛上，空落、孤独、压抑正是他现在的心境。他看了一眼还在熟睡中的妻子，轻轻地掀开被子，悄悄地下了床。

现在，石狗不敢像以前一样随随便便地推醒妻子，和妻子随意吵闹打玩了。当那天晚上丫丫一下子从口袋里掏出 1 000 元钱（丫丫说是一个记者给的）放到他眼前时，他当时的感觉是那么强烈，震撼、刻骨铭心，直到今天还是记忆犹新：在妻子面前，他突然觉得自己矮小了许多，显得有点可怜可悲。本来，石狗在丫丫面前就有点抬不起头来。丫丫是石狗用一捧野草莓骗来的，他俩的结合是在山坡上进行的，更直截了当地说，他们的第一次做爱是一次标标准准的野合。他俩相识，相交，简单原始到匪夷所思的程度，也只有在荒僻的深山密林中才可能发生人类另一种版本的浪漫爱情。

那一次野合后，石狗抱着丫丫说：嫁给我吧，我家里有三间房，我会待你好的。丫丫觉得很幸福，就倒在石狗的肩膀上了。后来丫丫才了解到，石狗家里确实有三间房，不过一间是猪房，一间是牛房，一间才是人的住房，一间房里住着他的爸爸妈妈和石狗三人。而且三间房都是用山上的石头垒起来的，用山草做的屋顶。更要命的是，丫丫住在山村里，而石狗住在更远的山沟里，隔山村有五六个山头，更荒僻更闭塞更贫穷。这个时候，丫丫已经怀孕了，有了石狗的孩子。丫丫觉得，自己已经是石狗的人了，虽然他家远点穷点，但石狗待她还不错，也就认了。不过，结婚后是石狗住到丫丫家，而不是丫丫住到石狗家。丫丫的父母有两个儿子，只有一个女儿。母亲不忍心让独女嫁到那个有狼出没的山沟里。石狗像倒插门住在丫丫家，岳父母自然不会说什么，可两个大嫂的脸孔就难看了。老话说，冷粥冷饭好吃，冷言冷语难受，石狗在丫丫家就感到很没脸面，很压抑很难受。因此，他才跟着大表姐妞娃来到沙山港市，凭自己的年轻和力气挣它五六万元钱，回山村造两三间楼房，让丫丫有自己的屋住，有自己的家。哪里想到，就是在传说中富得流油遍地是黄金的沙山港市，钱也不是好赚的，尤其是外地人。石狗万般无奈之下经不起诱惑，才将妻子丫丫骗出来走大表姐、二表姐的路。现在丫丫果真如意赚到钱了，在石狗眼里，简直就是大钱。或许，丫丫碰到了个好人。对那个记者，他有点庆幸感激，在潜意识里，更多的却是嫉妒和愤恨。在妻子面前，他感受到了自己很心虚，酸溜溜的。但石狗又说不出口，因为妻子是作为丈夫的他自己请，不，是骗出来的，而且是自己给丫丫买了手机、衣服、首饰。自己培育的苦果，当然只有自己往肚子里咽了。

石狗烧好早饭，特地为妻子炒了两只鸡蛋，又想帮丫丫洗衣服。以前，这些家务都是丫丫做的，现在，不知不觉中，石狗觉得应该是自己做了。最近几天，丫丫起得很晚，起来了就是看看电视，不大愿意去洗头房。他心里很急，觉得太可惜，又不好明说。昨天中午无缘无故又被妻子踢了一脚，更不敢在丫丫面前多嘴了。石狗蹲下来洗衣服，但感到臀部还有点疼，只好作罢。痛定思痛，石狗似乎明白了妻子昨天一脚的原因：那是对男人的一种鄙视和愤怒，扪心自问，自己，还有牛小牛，还像个男人吗？

夏日的阳光特别光亮，鲜明，白白地射进窗户。石狗看钟快六点了，便去喊醒妻子，很小心地。丫丫睁开眼。石狗想说：起来吧，吃完了好去洗头房。看到妻子的眼睛瞪着，连忙改口说："起来吧，早饭我已经烧好了。"

22

丫丫的手机响了，打开一看，是尾数7799打来的，这是记者江云涛的手机。

现在，丫丫已经拥有足够归家的路费，但是她不再像开始那样厌恶害怕当小姐，不再归心似箭了。但丫丫对洗头房仍不热心，也懒得到丽岛去，她宁可坐在院子里那棵高大的杨槐树下乘凉，那样清静、舒适，闻着那股清香人就像进入梦境，梦境里有她的家乡，女儿和爸妈。对丈夫石狗，她怨恨之气是越来越重，尤其是看到大表姐、姐夫和矮胖子喝酒前后的那场荒诞闹剧之后，对丈夫更生不屑之感。世上竟有这样的丈夫，人间竟有这样的妻子，简直是毫无廉耻，狼狈为奸。那天晚上丫丫带回记者给的1 000元钱，丈夫石狗就没有碰她一下，侧在一边压抑着咳声叹长气。丫丫在心里直骂活该，报应。看着丈夫那丧失了一个男人最起码的尊严后那种痛苦的模样，丫丫这才想到刚来港城时，石狗给她买手机的那天晚上，丈夫在她身上为什么那样疯狂了。那不过是出卖妻子后自己心理失去平衡的一种变态，却又疯狂地发泄报复到妻子身上，真是无耻至极。想到这里，丫丫内心压抑着的怨恨与愤怒又陡然掀起波澜，这层层叠叠的波澜经由江云涛的冲阻又慢慢舒缓下来。

现在，在沙山港市，她只响应江云涛的呼唤。说不上喜欢记者，主要是江记者那对慈善的眼睛给了她一种安全感，况且他颇慷慨，出手就是500、1 000元，给了她经济上的保障，这样的男人现在似乎也不多。再者，是老公把自己骗出来的，女人固有的羞耻心就有了原谅自己的理由和借口，有时反而会生出对丈夫报复的快感来。

丫丫给江云涛回了电，答应马上到他那里去。江云涛在市区有自己的一间小屋。现在，她确确实实尝到了手机对于干这一行的重要和便利，怪不得丽岛所有的小姐时时刻刻将手机抓在手里，就是晚上睡觉也将手机开着。把手机说成是小姐妹生活的依靠和法宝毫不为过。可以这样说，世界上使用手机频率最高的不是领导，不是老板，而是小姐以及包养这些小姐的爷儿们。蹬三轮车的石狗居然也深谙此道，自己刚到港城第一件事就不惜千金急着帮妻子买了一部诺基亚手机，足以证明丈夫还是费了一番心机。他的野心与急迫之情，昭然若揭。

江云涛已经在房里等她了。他的家离市区远，便在城里租了一间房，以备午休和不时之需。丫丫还非常清晰地记得她第一次迈进这间房的每一个细节，每个细节都记录着她的尴尬、无奈、羞愧又夹杂着丝丝缕缕的幸运与刺激。

像今天一样，丫丫第一次赴约时江云涛就已经在房里等她了，也许已经等了好久。因为丫丫发现，窗帘已经拉得严实，床上的被子半掀着，床柜上两只注满水的茶杯里的茶叶正在七上八下地蹦迪，显得异常兴奋。而床对面电视柜上的一台21寸的电视却静静地关闭着。江记者将房门轻轻地关上，按下了保险，又不放心地试一试。

丫丫被整个地拥入江云涛的怀抱。丫丫鲜明地感受到了江云涛的头搁在她的肩上，两只手将她抱得很紧很紧，很快，丫丫的额头、脸颊、头发、嘴唇就印满了江云涛文雅又不失热烈的激吻，她的后背、两臂、胸脯、小腹被一只宽大的男人的手在抚摸、游走，丫丫感到浑身有点燥热……

“脱吧！”江云涛的声音。

丫丫将两手放在上衣的纽扣上，还没有动，却见面前的江云涛已脱得精赤，丫丫垂下眼帘，两只放在衣扣的手反而放下了。江云涛并没有动手去脱丫丫的衣服，只是用精赤的身体去裹住丫丫。当然，丫丫最后还是倒在了床上，她的双手不由自主拉过被撂在一边的枕头，蒙在自己的脸上。一双纤细冰凉的女人的纤手压在枕头上，越压越紧，越压越深，直透枕芯……

现在，江云涛已经坐在了床上。几次来往后，江云涛和丫丫的交往已经很融洽了。江云涛要从容地细细地欣赏品味女人的滋味。他毕竟是快五十的人了，已不像毛头小伙子那样冲动，那样急迫，那样直奔主题，他更多的是讲究情调，讲究品位，讲究过程，讲究形式。

对自己的这些要求与习惯，现在丫丫已表现出相当的习惯与配合，不像第一次那么羞怯与紧张了。虽然丫丫没有像自己第一次面对小姐时那么一再强调是第一次，但江云涛从丫丫的眼神、表情、动作中可以切切实实地发现，丫丫是第一次和自己的丈夫以外的男人做爱。对这一点，江云涛很感动。事后，他给了丫丫1 000元钱。

在江云涛面前，丫丫是别扭的，有点尴尬，很被动，尤其是开始几次。女人大都这样，有了第一次，第二次就不那么难了，慢慢就有了感觉。丫丫本身性格就特别单纯，温柔，所以现在在江云涛面前，已经是非常听话了。当江云涛伸开双臂把丫丫拥入怀抱的那一刹那，他闭上眼，深深地陶醉了。在那一刻，他感到了活着的趣味，生活着的快乐，一个男人身心两方面的幸福与满足。他在她脸上这里那里地吻着，两只手贪婪地在她身体的各个部位恣意揉搓游走。快五十岁的人了，还能享受到年轻女人的柔软、弹性、芬芳、光洁，特别是令男人销魂的青年女子才有的那种特有的滋润和青春气息，江云涛感到了作为一个男人该有的一种成就感和至高无上的愉悦和快乐。

江云涛抱着赤裸的丫丫，说：我这个人不爱吃喝也不爱赌博，就喜欢女人。对世界上任何一个女人，我都含情脉脉地向往着爱她，也渴望着被女人所爱，有时甚至达到了痴迷癫狂的地步而不能自拔。我对自己的这种精神上的病态也作了分析，可能是我从小就死了母亲，继母又不喜欢我的原因。我从小就没有得到母爱，于是就在女性身上寻找，希望能在其他女性身上得到失去的母爱，体味女人的温柔与关爱。

江云涛又说：我的妻子是个标准的贤妻良母，但是没有情调，妻子从没认真看过他写的任何一篇文章，却非常认真地查阅他的工资单和年终奖。现在，他们夫妻俩相敬如宾，每天晚上睡一个枕头，却没了性生活，两个人如果再光着身子翻云覆雨好像已很不好意思，夫妻成了朋友。有时，睡觉前，也有时在黎明后，我感到很冲动，很压抑，确实很需要宣泄，便拉过妻子要过性生活。但是妻子总是推推搡搡，不是温柔的那种，而是很用力，力量很大，很坚决。“别烦！别烦，老不正经！”妻子一边推一边骂。有一次，我硬是爬到了妻子的身上，妻子双脚一蹬，竟把我蹬到了床下，也把我蹬到了别的女人的怀抱。自那次以后，我便再也不对妻子有任何性幻想了。我们夫妻间的性生活已结束有两三年了。现在，我只有在你面前才有性趣，才有激情，才感到自己还是个男人。

丫丫很认真地听着，看着眼前这个已是满脸沧桑的大男人，却像个小男孩那样絮絮叨叨地在向她倾诉着。他讲得很真诚很天真很动情，丫丫觉得他讲的确实是真话，并不是在骗她。男人是不是在讲真话，女人感觉得到。对男人，女人有一种特有的感觉系统，非常敏感，也非常准确。除非女人被爱情被欲望冲昏了头脑，处在疯狂状态才有可能出现判断失误。

丫丫很庆幸自己遇到了一个好男人，一个很有修养的男人。

23

已经好多天没见到竹珺了，丫丫很想念。

三个表姐妹中，丫丫和二表姐竹珺更要好一点。二表姐不光是漂亮，清雅，更主要的是她有文化，讲道理，谈得来。竹珺也喜爱丫丫，丫丫单纯，诚恳，在她面前不必藏藏掖掖。竹珺心里有什么难事苦事，都乐意找丫丫聊聊，那样心里好过些。在那种荒僻枯燥的山村，找个能说说话的人也难。妞娃不坏，但心里怎么想嘴巴就怎么说，大概是受她丈夫牛小牛的影响，脏话骂人的话时不时就从她嘴里蹦出来，说来说去，还是没文化害的。妞娃只读了一年书。三个表姐妹先后来到千里之外的小港，其实事先并没有任何讨论和约定，完全是某些偶然促成的。二表姐竹珺是第一个出来的，起因却是小表妹丫丫不经意间的一句话。几年后，三个表姐妹在小港见识了那么多光怪陆离的事，碰到了那么多稀奇古怪的人，尝尽了人世间那么多的甜酸苦辣，经历了那么凄苦悲凉的生离死别，家破人亡，丫丫最终的感叹却只有一个字：“命”。但是，现在，在丫丫刚刚到小港站住脚跟的时候，呈现在她面前的似乎是一抹玫瑰色。丫丫想念起二表姐来。

巧了，上午十点钟的时候，丫丫接到二表姐竹珺的电话，要她马上过去。

“有什么事吗？”丫丫问。

电话那头是久久的沉默，沉默之后是一声压抑着的啜泣。

丫丫心里一颤：“二表姐，你心里不高兴？”

电话那头仍没有回答，啜泣声却明显变大了，听得出还是尽量压抑着。

丫丫一时没了主意，也说不出话，倒是二表姐开了口：“丫丫，你来了就知道了，来吧！”

走进竹珺的屋子，丫丫就闻到一股酒味，夹杂着一种怪味，酸腐样的，像是臭豆腐的味道。竹珺在卫生间梳妆，一头长长的黑发披散着，像瀑布似的，又浓又密，看上去十分蓬松浓厚，似一抹乌黑的流云。

“昨晚我多喝了一点酒，吐了。”竹珺见丫丫进屋，便对她说，“公司有事，我马上要去。屋里你帮我打扫一下。”丫丫这才发觉竹珺的脸有些苍白，眼睛也少了些平时的神采，很黯淡。竹珺是沙山港市礼仪服务公司的副总，想来官场商务上的一些应酬与交际一定不少，混得也不容易。

“二表姐，你一定碰上不高兴的事了！”丫丫的心里仍惦记着这个事。

二表姐看着丫丫，她没有回答，却用很犹豫的目光移向电脑桌，好像桌上就放着问题的答案。丫丫往桌上扫了一眼，却并没有发现什么。

“丫丫，就辛苦你打扫一下吧！”二表姐说完就离开了房间。

丫丫打扫好房间，便坐在二表姐的电脑桌前玩。她不会电脑，只是看着台板玻璃下压着的竹珺的照片，大都是和男人的合影。那些男人都是西装革履，气宇轩昂，好多西装口袋上还插着一束精美的花束，看来都是在市里重大节庆以及工商剪彩等商务活动上照的。那些男人都是市里有头有脸的人了。

丫丫感到有点无聊，浏览起竹珺的室内装饰来，眼光便停留在后墙的立轴上。那字幅古色古香的，和室内的现代化装饰并不协调，所以看起来就有点刺目。丫丫上次已经听了竹珺朗诵过，今天便想自己试着读读看。几遍下来，终于被她一字不漏地全读出来了：

七律·红梅

怕愁贪睡独开迟，自恐冰客不入时。
故作小红桃杏色，尚余孤瘦雪霜姿。
寒心未肯随春态，酒晕无端上玉肌。
诗老不知梅格在，更看绿叶与青枝。

丫丫并不懂诗，但经自己读出来，越读越觉得清灵秀丽、冷艳傲然的竹珺跃然纸上。竹珺说这首诗写的并不是她，丫丫越读越觉得这首诗是写竹珺的。苏市长所以会送竹珺如此精妙的字幅，想来也是这个意思吧。

“像二表姐这样的人还能有什么伤心事呢？”丫丫想。在丫丫眼里，二表姐是一个高高在上的人，说不上是仙女，但比仙女差不了许多。当她这样想的时候，她发现桌上有一本红色的硬塑笔记本。

多么熟悉的笔记本啊，又是一本红色的硬塑笔记本。几年之前，丫丫就翻开过。丫丫记得太清楚了，那时二表姐还在读高中。有一次，上初中的丫丫去二表姐家请教一篇作文怎么写，发现二表姐正怔怔地坐在书桌前发呆，神情很忧郁，问她，她只是看着你，不声不响。在丫丫的孩子式倔强般地一再追问下，二表姐将一本红色硬塑笔记本递给了丫丫。丫丫从日记本里惊讶地发现，二表姐正暗恋着她的语文老师……

“二表姐，我帮你把日记本给语文老师看！”丫丫急急地说。

当时的竹珺毕竟比丫丫成熟，她没有采纳表妹的意见，却从丫丫的建议中受到了启发，在作文本里悄悄夹进一张纸条……后来竹珺和语文老师结婚时，就请表妹丫丫做了伴娘。

其实，二表姐竹珺到千里之外的小港来，还是表妹丫丫一句不经意间的话点醒了她。丫丫说：“二表姐，你心里不高兴，可以到外面去走走啊！”说这句话的时候，丫丫正读完竹珺的日记。当然，那已是另外一本日记，二表姐婚后已生了一个儿子，丫丫初中毕业后已在山坡上放了几年羊了。但是，那本日记仍是红色硬塑料的那种。

这时，丫丫这才明白二表姐刚才问她不答时扫视电脑桌的用意。

丫丫打开了二表姐竹珺的日记——

6月2日　天阴

头晕，想吐。男人都不是好东西，女人也好不到哪里。现在这个世界，你能相信谁啊？有个哲人说过，他人便是我的地狱。对啊，太对了，还是哲人说得对，他人便是我的地狱！！！啊，头晕，今晚的酒喝得太多了，想吐……

在银都歌厅，听吧台小姐讲苏市长在F包厢，我就觉得奇怪。怎么，苏市长今晚没有请我？我正要找苏市长呢！家乡尹县长在网上传讯，沙山港市答应帮家乡建设的山货出口加工有限公司项目定了没有？这个援建项目是归苏市长主管的。我真傻，当时头脑太简单了，早知道，我不该去推F门……不，不，不，这个门推得对，应该推……

他们显得那么镇定自若，一个倒底是市长，一个倒底是后起之秀，初生牛犊不畏虎啊。推开门，小姐正往市长嘴里塞草莓，苏市长的一双手正紧紧握着小姐的另一只手。两个人居然还异口同声地邀请我与他们一起唱歌，无耻。想吐……

啊，吐掉了，好多了，舒服一点了。好一个苏市长，怪不得这么长时间不跟我联系了。当时说得那么好听：

"我不会忘掉你！"

"我会好好待你！"

男人的这两句话，骗倒了世间多少女人啊。还有那个小姐，叫小柳的，是我最要好的小姐妹，还是我从银都歌厅几十个小姐中发掘培养出来，成了市礼仪服务小姐的，今年才20岁。是啊，五十多岁的苏市长当然喜欢更青春靓丽的美眉了，我已经快三十的人了，苏市长还会喜欢吗？"有了立交乱了方向，有了大棚乱了季节，有了小姐乱了辈分。"苏市长曾亲口对我说过一句当下很流行的话：老牛吃嫩草，这也是现时男人享受女人的一种时尚和潮流。苏市长不背叛我才有点另类呢，看来是我老啦……

苏市长是个粗心的人，他今天又粗心了，不该在银都泡小姐，银都是什么地方啊！粗心早晚会毁了他。

头晕，我的头晕死啦……

24

在丫丫眼里，二表姐竹珺是个仙女，或者是只天鹅，美丽，高雅，华贵，幸福，无忧无虑，想不到竹珺也会有失落，也会有苦痛，就像自己一样。看了竹珺的日记，二表姐的形象在丫丫眼里反而亲近起来。在以后的几天里，丫丫反复咀嚼着竹珺的另一篇日记，记载着竹珺和苏市长相遇的经过。这篇日记刚好是苏市长背叛二表姐的前一年的当日——

六月二日　　天晴

苏市长离开时，在我枕边留下了两沓钱，还没拆封呢，也就是说两万元钱。苏市长连看也没看，扯开拉链，抓出两沓钱就往我枕边一撂，像撂两块砖头似的。我说不要，你给我的已经很多了。苏市长说：你不是喜欢电脑吗！你不是喜欢读书吗？去买一台电脑，去买一些自己喜欢的书。

我躺在床上，整个身心都在尽情享受着生活的馈赠：彩色的天花板，简洁的吊灯，时尚的衣柜，32寸液晶电视以及房外的小客厅、厨房、卫生间，到处都闪烁着迷人的光彩。“这一切都是你的了。”这是苏市长对我说的话。

和苏市长的相交相伴，回想起来，真是有太多的意外和传奇。自己出任沙山港市礼仪服务公司副总后，苏市长是我最不愿意也最不想结交的市领导。当时，自己与市长，其他三位副市长关系都已处得相当熟识了。在饭局、酒会、茶室、歌厅、温泉会所等等这些比较宽松的交际场合，市长会常常握住我的手，称我为沙山港的第一美女，眼睛笑盈盈地看我，开出许多玩笑来。有一位副市长在歌厅包房里就非常勇敢地搂过我的腰，捏过我的臀部。“竹珺，有机会请你喝茶，肯赏光吗？”向我发出这种邀请的市领导也不是一个两个。对我，也仅仅是把这些看作是领导们的逢场作戏而已，对市领导，我有着一点本能的距离感，有点敬畏，我毕竟是从山村里走出来的。在人们眼里，我也许是美丽、雅致、气质非凡，甚至有点清高，其实我内心是十分自卑的，自卑到谨小慎微的程度，对外界又有点愤世嫉俗，这个人们就不知道了。我的出身，我的婚姻，我在丽岛洗头房的经历，甚至我那自慰的举动，都促成了我的自卑。一颗非常自卑的心用层层叠叠清高的外衣包裹着，清高只是我的面具。对我来说，这未必就是坏事。否则的话，过强的欲望和野心肯定会促使我对权力和金钱的疯狂攫取，我就很可能成为拥有强大公权力的领导们的床上的公众情人。就像那些有些姿色有些魅力的女人那样。我的自卑使我和市领导们保持了一段距离，唯有对苏市长，我不但敬畏，甚至有点害怕。在一次剪彩仪式上，当我从苏市长手里接过他的工作包时，我紧张得都把包掉到了地上。在我结识苏市长半年多的时间里，苏市长从没碰过我，他甚至不大和我讲话，只是有意无意间瞥我一眼。

有一次，苏市长给我留下了特别深刻的印象。那是在每年春季举行的市对外经贸洽谈会的文艺招待会上，市礼仪服务公司在大剧院做时装表演，我是走在第一个的，穿的是一件鲜红的真丝旗袍，当我从后台迈着猫步扭摆着走向前台时，我突然发现在朦胧的灯光下有一对目光非常异常，明亮，摄人心魄，对内心的渴望和欲求毫不掩饰地都燃烧在脸上。那张脸我记住了，那是苏市长。当时我很震撼，但不明白这是为什么。因为苏市长是一个非常内敛的领导。

平心而论，论外形长相，在所有市领导中，苏市长是最差劲的一个。其他的市领导都长得白白胖胖，清清爽爽，很有领导的那种福相。而苏市长呢，也胖，但比较矮，脑袋很大，五官很粗，皮肤黝黑，从头到脚都没有任何可以和风流联系在一起的地方，一点点都没有。当那天晚上苏市长突然对我说"今晚九点，我在银都G包厢等你"时，我真以为苏市长弄错了呢！

事后我问苏市长："那晚我不来呢？"他说："说明我没有魅力！"

我说："我们之间缺少过程。"

苏市长是这样回答的："很多事情都坏在过程中，尤其是男女关系上，过程太长，还没有任何实质性交往，就已经闹得满城风雨了。重要的是行动，行动才能说明一切。你看外国人，建一个厕所，搬一棵树都要让议员们吵上几个月。过程越多，事情越难办。"

与苏市长在银都G包厢约会的第十三个夜晚，苏市长就把我带进"凯丽佳苑"，这是一套已经装潢好的，所有家具一应俱全的中户，90平方米。"这套房就是你的了！"苏市长对竹珺说。一向矜持的我也忍不住扑到了苏市长的怀里。

怎么说呢，作为一个女人，也有着女人的一般弱点。女人喜欢一件首饰，别人买了送我总比自己去买觉得舒服、高兴、拥有幸福感。女人是喜欢男人宠着的。许多伦理学家，人文工作者总爱把金钱与爱情对立起来。现实生活中好像并不是这样。金钱也可以作为爱情的一种基础，一种媒介，至少，金钱在很多时候可以作为爱情的一种表达方法和表达形式，而且行之有效。就像门当户对的婚姻往往会久远些。女人的这种弱点，我也有。套用一句名人的话：女人，你的名字叫虚荣。

我紧紧地搂住苏市长，一种当女人受到男人宠爱时惯有的幸福感充盈我的全身，在这种时刻，内心就很自然地产生一种意愿和欲望，就是很乐意把自己的一切都献给他。苏市长很从容地搂住我，微微地笑着，在我脸上很响亮地啜吻着。我闭起眼，等待着他的进一步动作。但苏市长却停住了，他慢慢推开我，问："竹珺，你那套旗袍带来了吗？"我点点头，从随行皮箱中取出那件鲜红色的旗袍。"换上，走给我看看，"苏市长吩咐。我换上旗袍，过分夸张地扭起猫步，在朦胧的灯光下，我又见到了苏市长在春季经贸洽谈会的文艺晚会上同样的目光：明亮、摄人心魄，对内心的渴望和欲求毫不掩饰地燃烧在脸上。从苏市长的眼光中，我终于看到了一个男人对一个女人的全部心路历程。此时此刻，一个男人终于看到一个本来在舞台上如仙如幻的女子，脱去华丽的外衣，赤身裸体地倒在了自己的床上。看得出，苏市长的身心充满了骄傲和满足。

那晚和苏市长的做爱并没有想象中的那样刺激浪漫、酣畅淋漓。事后我想：人生无常，生活荒谬。一年前我在小街丽岛拿男人一两百元钱，那是妓女；后来在歌厅、酒吧、宾馆接受男人三五百元钱，那是公主；现在捧过苏市长的两万元钱，那是情人。同样是性，同样是钱，就涂上了一层玫瑰色，就多了一些风情、优雅、浪漫。老鼠待在厕所里和待在粮仓里是不一样的，尽管它们同样是老鼠，同样在偷吃。那么我就应该争取待在粮仓里。人的出生是无法选择的，但可以选择生活的环境。人不可能改变环境，但是人可以改变自己去适应环境。现在的生存环境是森林法则，而远非人文法则。识时务者为俊杰，我是一个弱女子，我只能选择当一只粮仓里的老鼠。如果说，在没有结交苏市长之前，我的理想只是为自己争口气，不自己糟蹋自己；自从和苏市长有了这层关系，我就有了另外一些想法，特别是在知道家乡刚好是沙山港市的结对扶贫县以后，我就想能为家乡做一些事。我已经和家乡的尹县长联系过了。苏市长对我自学英语很不以为然，甚至还笑话我。但我必须坚持。

如果要问我从山村步入城市最大体会是什么？那就是城市环境的整洁、文明、繁华，还有城里人有文化、素质高，就是说句话，走步路，握个手都和山村人不一样。到了城里，我才知道什么叫风度，什么叫气质。我每每想到山村里的男女老少时时靠在墙角唠叨，常常围在树阴下打牌，内心就有一股说不出来的滋味。在城市，每当我看到大街上人们匆匆行走的脚步，我便也会情不自禁地加快自己的脚步。生活在城市中，我也体会到，在现代社会，要想混得好，不会电脑，不学好一门外语，是难以立足，难以发展的。电脑我很容易就学会了，但学英语还是比较难，比较累。一是因为业余学习，二是年龄毕竟大了，不能再和学生时代相比。但我必须坚持下去。如果说苏市长有什么不理解我的地方，这些就是了。这也难怪，他毕竟是个市长。一个市长怎么会体味到一个山村妹的细微心理呢？

当我从床上爬起来时，才发现枕头下多了一部手机，那是苏市长的。做爱时，苏市长的手机响了，他没有接，关了手机就丢到了枕边。如果要说苏市长有什么缺点，粗心就是他的缺点了。在一次剪彩仪式上，苏市长竟拿错了发言稿，幸亏秘书眼疾手快换了过来，否则就出大洋相了。苏市长如果不改掉粗心这个习惯，说不定今后会犯大错误而殃及自己呢！

我忽然感到了一丝惶恐和不安。

25

时间确实是客观而公正的，它记录着人生各个阶段的生活轨迹。丫丫对二表姐竹珺的日记是倒着翻阅的，她的目光停留在以下一篇日记，巧了，也是六月二日，也就是竹珺初到沙山港市的那一年的六月二日，记录着她在小街丽岛洗头房的刻骨铭心的一段经历。

在以后的好多日子里，二表姐竹珺在日记里所记载的经历和心语常常在丫丫的耳边响起。从竹珺的遭遇和命运里，丫丫看到了发廊妹的坎坷、辛酸，甚至危险。尽管小姐们在客人面前展示的都是笑脸，尽管竹珺在发廊妹中已算是佼佼者了。丫丫对自己的命运不禁感到担忧和惊怕起来。

二表姐的那篇日记就是一个最好的佐证。

那是三年前的六月二日——

六月二号　　天阴

错了，我错了。真是不可思议，世界上竟有这样的人，这样的事，他还是我心中的白马王子呢！亏我还是一个母亲呢，儿子都9岁了。作为一个女人，还有什么比这个更羞愧的呢？！

今天，要是小玲不跟我说，我还一直陶醉在自己的美梦里呢，想想都后怕。我太幼稚太无知也太天真太理想化了。

小玲是丽岛新来的小姐，才21岁，苗条秀丽。小玲对我说，阿豪这一阵对她追得很紧，一再约她出去，她不肯。阿豪就对她说：你还不肯呢，竹珺都跟我搞过。小玲不信，阿豪就口无遮拦，加油添酱把什么都讲了，可以想象他讲得眉飞色舞，唾沫四溅，把自己当做了一个英雄，一个骑士。把我身上的一些隐私都作为他夸耀的资本，还说我抱住他简直就不肯放，把做爱的一些细枝末节都大大地渲染了一番，在他的嘴里我完全成了一个风骚淫荡放浪的女人。“竹珺喜欢在上面自己找感觉。”小玲向我转述阿豪所说的话，“竹珺骑在我身上的那种疯劲我还第一次看到！”

这个坏蛋，阿豪，把一个女人最大的隐私都捅出去了。而且张扬得那么直白，那么彻底，世上还有这么残忍、恶俗、卑鄙的男人吗？！无耻！

事实上，我算是一个性冷淡的人。

那大概是婚后第五个年头的一个夏天，这一点我记得很清楚，那时我的儿子已经出生。午饭后，儿子已经睡了，丈夫在医院挂盐水，我一个人在房里看电视，是一部外国片。外国片常常有男欢女爱的镜头，有时很开放很刺激。那一次我又看到了。突然感到乳房肿胀，浑身燥热，小腹憋得难受。那完全是情不自禁的，我开始自己抚摸起胸脯来，并且发出一声声的呻吟……

对这样的事，也许人们不会相信，我自己也不相信。但这是事实，的的确确是香的，一种异样的香味。以后我又试了几次，还是那样：异香扑鼻。

我常常担心，害怕，紧张，有时又很后悔，自责，这么强烈的刺激和反应会不会伤了身体。高潮时感觉到心脏就像快爆炸，血管都要破裂了。从此我便在做爱时养成了“自己找感觉”的习惯，男人在上面无论怎么搞，都不能使我达到高潮。听说每个人的性习惯都不同，一旦养成，就非常顽固。这也是人性的弱点，但是，我的这个弱点不应该被一个男人随意宣扬，去糟蹋啊。

应该承认，自己还是太单纯太幼稚了。否则，自己怎么会对阿豪念念不忘，甚至有点爱上他了呢？是不是我被他的外貌所迷惑了呢？不错，阿豪是很年轻，阳光，甚至可以说是英俊的。他，一头卷曲的黑发，眉清目秀，肩膀很宽，背很直，腿很健美，浑身上下透射出一股青春的朝气和活力。我怎么会迷恋上他，委身于他(没收他一分钱)，现在想想，有点明白了：他身上所具有的，不正是自己的丈夫所缺少的吗？

我为什么到港城来，到港城来干什么？我以前一直模糊不清，也不肯承认，冥冥之中，潜意识里可能就是为了追寻自己失落的青春和爱情，让自己多年来内心深处的压抑和焦虑得到平衡和释放，甚至只是想和一个真正的俊男痛痛快快地做一次爱。怪不得表妹一句“不高兴就出去走走”就那么容易说动了我的心。人的心啊，也太脆弱了。

我错了。

自古就有“青楼不言爱”的说法，今天，在我身上算是验证了。我太把自己当做人，太把爱情看作情了，就不知道人家，尤其那些男人把我看作了什么。真是自作多情，自取其辱了。到现在我才明白，作为一个女人，尤其作为一个有夫之妇，还有比爱情更重要的可以追求的，那就是人格、尊严。这是做人的基础和前提，而在小街的丽岛，根本就不是追求人格和尊严的地方；在洗头房游荡和闪烁的，除了金钱和虚荣，剩下的虽不如人们常说的是肮脏、堕落和罪恶，但至少也是欲望、欺骗和种种的放肆与恶作。

“那么，今后，我继续留在沙山港的目的是什么？”今天，我才第一次地意识到这个问题。我想，像我这样的外来妹，也不可能做出什么惊天动地的事情，为自己争一口气，那就不错了，千万别自己糟蹋自己。

再不能在丽岛待下去了，一天也不能了，不能了……

我错了！

看过二表姐竹珺的日记，丫丫常常问自己：“我现在的选择对吗？”

26

天气渐渐热了，屋外已经有点热烘烘的感觉，面朝太阳时眼睛已经睁不开。家乡这时该是浓荫似水，山花遍野的季节了。喜鹊、鹁鸪、山雀等等各种大小鸟儿孵出的雏儿，在爸爸妈妈的引导下，也已在树枝间展翅学飞了。午饭后，丫丫在出租屋里准备小憩。自从再一次看到二表姐竹珺的日记后，她到小街丽岛去的时间更少了。她不大想去。

酣睡中，丫丫听到一声巨大的声响，“澎”，是摔打东西的声音，接着是男女之间的吵闹声和歇斯底里的尖叫。“丫丫，丫丫”听出是大表姐妞娃喊叫的嗓音，沙哑而粗重。丫丫推醒了丈夫，赶出房门，就看见一个衣衫不整的女人从妞娃的屋里蹿出来，那女人头发蓬乱，一边走还在一边扣裤腰上的纽扣，朝园门外奔逃。

屋里，大表姐妞娃和大姐夫牛小牛已经开打，妞娃一把揪住丈夫的胸脯：“好哇，背着我搞女人，背着我搞女人……”一副气急败坏的样子，看来妞娃是气疯了，脸色煞白，翻来覆去就讲这句话“背着我搞女人……”

“就你好搞男人，我为什么不好搞女人！”牛小牛脸孔红紫，眼睛瞪得吓人，嗓门又大又响。

妞娃挥手朝丈夫的脸上打去，被牛小牛一把挡住，妞娃用手拼命推搡着丈夫的胸脯，骂：“畜牲，畜牲，畜牲……猪狗不如的畜牲！”

“我心里不……不……”牛小牛大概想说“不平衡”，但是说不出，说出来的是“不服气”。他说：“我心里不服气，你能搞男人，我为什么不能搞女人，偏搞！”

原来，大姐夫趁大表姐外出，找来一个站街女乱搞，想不到被突然回来的大表姐撞个正着。

妞娃突然松开抓住丈夫胸脯的那只手，到桌上拿起一把剪刀，高高举起，怒吼着：“看我今天不把你那只鸡巴剪掉就没有天理了。”

牛小牛却先下手为强，抬腿就往妻子裤裆里一脚，还恶狠狠地咆哮：“踢烂你，踢烂你！”

动粗打起来了，丫丫喝住大姐夫：“牛小牛，你还是不是个男人，你人气味都没有了，还不住手！”

石狗也想说牛小牛几句，但看到妻子丫丫那张因愤怒而变了形的脸，顿觉自己底气不足，开不出口，只是在旁边不很用力地拉住牛小牛。他的臀骨还没全好，用不出力。

牛小牛踢不到老婆的裤裆，突然用双手掀起床铺，床铺高高地飞起来，落在地上。牛小牛抬脚恶狠狠地踏着床板，一边踏一边吼：“让你塞！让你塞……”很快，床板稀巴烂。妞娃这时候也看中了一只方凳，砸了；一顶旧了的塑料衣柜，撕了；一张破桌子，垮了；两只塑料盒子，碎了；一只热水瓶，破了；最后的两条毛巾，飞在了地上。好了，出租屋里就只有这几样家什，几分钟之间，一个家就全毁了。剩下妞娃与牛小牛，口吐白沫，面对面地在喘粗气，像两只疯斗中的公鸡。

丫丫回到自己屋里就躺倒在床上，两眼直直地望着粗陋的屋顶。屋顶的椽木间，有一只黑乎乎肥嘟嘟的蜘蛛在修补它的蛛网。一只蜜蜂撞了上去，蜘蛛立刻冲刺过去，用异乎寻常的速度把蜜蜂团团包裹在蛛网里，被蜘蛛拖到了蛛网中央作为美餐慢慢享用……丫丫看到这里身子不禁打了个寒战，好像自己就是那只蜜蜂似的。丫丫就这样躺着，也没吃饭，也没理睬丈夫石狗，一直到明天早晨也没答理石狗。

27

双休日，丫丫接到江云涛的短信，约她到外面走走。现在，丫丫和市报编辑江云涛联系，都称他为江云涛。两人在一起，丫丫也是直呼他为江云涛，江云涛好像还挺乐意。

在小街街尾，当丫丫出现在江云涛面前时，江云涛眼睛一亮，眼前的丫丫，完全可以称得上是美丽时尚了，和第一次见到的那个面色黄姜姜的山妹子已判若两人。丫丫原本就是一个非常聪明的山村女娃，六岁那年就能赶羊群上山坡放牧。小学毕业后她是全山村为数不多的考取县重点中学的山妹子（二表姐竹珺也考上了，而且是唯一一个山村高中毕业生）。不巧的是考高中那一阶段，丫丫的母亲患糖尿病住院，父亲忙于几十亩地的割麦插秧，丫丫便在山地和医院之间两头奔忙，有意无意间错过了升学考试。对此，丫丫并不怎么懊恼。山村的孩子都这样，能上到初中就已经不错了。大表姐妞娃只读了一年书，她现在除了自己的名字和人民币上的阿拉伯数字，其他的就是个睁眼瞎。丫丫虽没上高中，但她对文化对艺术有着潜意识的爱好和感悟。她空下来就看电视，农闲时她会到二表姐竹珺家找上一堆书拿回家读。因此，丫丫来到沙山港市后，就很容易溶入现代都市的氛围，从外貌到精神都发生了很大的变化。丫丫的长发已经美发师傅一系列的美发艺术处理，变得油滑闪亮笔直，色彩鲜明的金黄色发丝一条一条镶嵌在黑发中，特别醒目，陡然增加了女性的妩媚和时尚。丫丫的衣服也很青春，低胸白底碎花全棉无袖衬衫，短裙，大格子浅色棉的，和上衣非常相配，脚穿一双时尚高跟凉鞋，显得非常年轻、美丽。从头到脚，由里及外，都是江云涛在前一段时间花钱给丫丫包装的。刚来小城丈夫给她买的那一套行头，丫丫早就不用了。那天晚上在美发店，当丫丫看到江云涛最终取出 880 元钱付给收银员时，丫丫一连几天都是心疼疼的，一再给江云涛发短信，说是太奢侈，很后悔，早知道要这么多钱，她一定不会搞这么多项目。女人有时候是非常柔情脆弱的，非常容易被男人的笼络打动陶醉，尤其是发展到男人给自己买胸罩、内裤那种程度的时候。

在江云涛的私家车里，丫丫第一次完全欣赏到车窗外沙山港市的清洁、美丽、整齐和令人惊叹的繁荣。可惜不能拉着江云涛的手，在街上漫步细细地观赏。丫丫说了，江云涛不允，但丫丫已经很快活。原来，在家乡的山岭外，还有着完全不同的另一个世界。丫丫忍住了，才没有让泪花凝成成串的泪水，却用一只手抓住了江云涛那厚实的手掌，抓得很紧很紧，江云涛感觉到了，朝向丫丫，从她眼里读出了一个女人的惊喜与向往。江云涛的嘴唇在丫丫的额头上啜了一下，用这种年龄的男人不太相称的优雅和温情。丫丫幸福得笑了，她慢慢从大表姐与大姐夫的那场丑陋的扭打阴影中解脱了出来。

自从和江云涛交往以来，江云涛很少带她出去，今天出来，也只是到小城一个很偏僻的双山公园玩。双山上的树木十分茂盛。江云涛拉着丫丫的手在山林小径上缓缓攀爬。丫丫小鸟依人似的，用两只手抓住江云涛的一只手臂，她感到这只手臂的粗壮有力，有意提起双腿，将整个身子吊空傍在江云涛的身上，江云涛仅是微微地侧一下身，将丫丫提起走了一段山路。

江云涛曾经在婚后十年那通常被称做爱情危险期的年段苦恋过本单位的一位女编辑，整整一年半，他是那么动情，那么投入，那么痴迷，可以说是到了一往情深如痴如醉那样的境界。他没有恋爱过，他的妻子是别人介绍的，很快便结了婚。那时，他们确实都不懂爱情。江云涛搂着那位女编辑跳舞，女编辑说：我就喜欢这样的氛围；他和她在南京秦淮河上荡舟，女编辑说：我一生都没体味到这样的浪漫；他们一起在梦巴黎酒吧的如歌如诗的萨克斯的旋律中饮鸡尾酒，她说：我们这是在品味爱情……但是，当江云涛试着爱抚眼前这个爱情的化身时，女编辑每一次都成功地躲闪婉拒掉了，她说：说到底，男人就奔这个来的，我不喜欢。世界上柏拉图式的爱情有没有？有吧，也许。但是江云涛做不到，他没有那么高尚，没有那么纯粹。处在婚外恋的高潮中，他看到那位女编辑就心跳，听到爱情歌曲就掉泪，早晨睁开眼睛首先想到的就是那位女编辑。他渴望，从内心深处渴望拥吻她，从精神和肉体上和她合为一体，非常非常渴望。江云涛感到，自己是人，不是神，他就是有这个欲望，非常强烈。女编辑的冰清玉洁反而更激起江云涛的求爱激情，在她生日的那天晚上，他将一枚钻戒戴到了她的无名指上。“谢谢你的爱！”这是他从她身上得到的最高奖赏。直到有一天，正当他们两人处于非常微妙的亲密状态时，女编辑忽然对江云涛欲言又止。

“什么事，请说吧！”江云涛非常动情地说。

女编辑变得更加忸怩起来。

“我们之间还有什么不可以说呢！”江云涛深受感动，心里陡然涌出一种莫名的期望和冲动。

“我开不出口！”

“说吧！”

女编辑说得楚楚动人：“我儿子在医院动手术，能借我 10 000 元钱吗！”

江云涛一愣，有那么一刻，他内心和脑子一片空白，对女编辑的请求，他确实没有思想准备，他没有料到他苦苦追求了一年半的梦中情人开口说的竟是向他借钱，男人和女人的交往什么时候跟金钱纠缠在一起的时候，这种关系就再也说不清，道不明了。当时，不动声色的江云涛还是爽快地答应了女编辑的请求，第二天就给了她10 000元。

以后，女编辑就有了那种暗示甚至举动，但是，江云涛已渐渐失去了和她亲密接触的激情。几个月后，江云涛的妻子的工厂需要集资，江云涛向女编辑要那10 000元钱，女编辑不愠不火不冷不热不阴不阳地说：我现在哪里拿得出10 000元钱啊，儿子还在休养呢！一直到如今，几年过去了，江云涛也没拿到那10 000元钱，也不想再向她开这个口了。

怀中的丫丫忽然伸手捧住江云涛的下巴，说："你在想什么哪？"声音中明显带着嗔怪与质疑。江云涛凝视着丫丫的脸，发现由于脸色变白嫩了，丫丫上唇特有的绒毛变得格外清晰，那张年轻清秀的脸庞就透出了些许天真与淘气。江云涛在她脸上啃了一口，便把手伸进她的裙下。

夏日的阳光漏过浓密的叶隙像金箭一样射进丫丫的双眸，丫丫两眼紧闭，却闻到一阵阵山林馥郁的馨香，轻风从林间花草叶尖上拂过，清凉舒爽，把丫丫带回了家乡的山林，带回了家乡山林中与丈夫石狗野合的情景。丫丫推开江云涛那只笨拙的手，非常爽快地拉下自己的小内裤，仰躺在草地上。作为记者的江云涛再次被眼前的这个女人所震撼所惊呆了。本来，江云涛今天有意带丫丫到沙山港较偏僻的双山来浪漫一番，绝没有做爱的念头。文化人，在野外做爱，怎么放得开啊。江云涛始终认为女人都是十分娇羞柔弱的尤物，书上影视上现实生活中给他的就是这种印象，根深蒂固。大白天，在野外，一个年轻女子，怎么就能裸睡在男人的眼皮底下呢？在这个时候，深深激起江云涛的不是情欲，而是对丫丫的怜爱。

但是鬼使神差似的，江云涛还是尝试着想拥住丫丫。想不到就在这时草丛中跳出一只兔子，把他惊醒了。

江云涛将丫丫扶起，丫丫浑圆雪白的臀部沾着几根草屑，江云涛很细心地把它们一一轻轻抹去，将丫丫坐在自己的膝盖上，帮她套上小内裤。

山林、轻风、草木、鲜花、飞鸟、蜂蝶见证了人类这动人的一幕。

28

一天傍晚，小街丽岛洗头房的老板娘准备开饭吃晚餐，进来一位客人。这位客人并不急于点哪位小姐敲背，而是坐在沙发上，朝店里的各个小姐，洋娃娃、小胖子、大嘴巴……一个一个脸上扫来扫去，而后对老板娘说："老板娘，我还没有女朋友，给我介绍一个吧！"

店里的小姐都好奇地注视着这位客人。

老板娘笑了，随手指着丫丫说："这一位怎么样！又年轻，又美丽，很温柔的……"

丫丫见老板娘点到自己，也便问了一句："敲背吗？"

客人注视着丫丫，很认真的样子，见丫丫问，赶忙站起来跟丫丫朝内室走。

丫丫像对其他客人一样敲打着，对答之间，丫丫知道这位客人叫孟军，钢筋工，本地人，住在沙山港市郊区，二十九岁了，还没结婚。今天是放了工到发廊来放松放松。丫丫感觉到这位客人讲的是真话，实话。在发廊按摩室神秘的灯光下，客人、小姐话语不断，聊到兴头上是海阔天空、滔滔不绝、天花乱坠，可是阿弥陀佛，有几句是真话就是天晓得了。就是各自的名字，也都是假的，小姐报的是艺名，客人报的是化名。可是这位自称是孟军的客人，丫丫从直觉上感到他说的是真话。现在还有这么老实的男人，丫丫有点儿好奇，在敲敲打打的空隙不禁用眼睛注视起客人来。

客人一般，而且越看越一般，太一般了，身材虽说不上矮小，但绝对不能说高大，偏胖，眼睛鼻子没什么特别，皮肤黝黑，想来是长年累月在室外扎钢筋给阳光风雨霜雪给练的。怪不得到二十九岁还没结婚呢，丫丫想，肯定家里也比较穷，想到这一层，竟有点同情起他来。

结束的时候，客人付给丫丫30元钱，另外给了20元小费。丫丫不肯收，客人存心要给，说是请丫丫吃夜宵的，为了他，影响了丫丫吃晚饭。推来推去，丫丫还是没有肯收。

两天后的傍晚，丫丫从按摩室里出来，见那个叫孟军的客人坐在沙发上。老板娘说，客人已经等她快半个钟头了。

在按摩室里，丫丫问："外间有四五个小姐闲着，为什么要等我？"

客人说："我喜欢你。"

"我有什么好喜欢的？"

"你漂亮！"

"瞎说！"

"你年轻！"

"年轻的比我多得很！"

"你没有收我的小费！不肯收小费的小姐我还是第一次

遇到！”

结束时，客人有点腼腆，有点结巴：“还有，还有，你很正派，没有要求给我敲大背。”

后来他又突然拉住丫丫：“记着，我叫孟军，以后你就叫我孟军。你叫丫丫，是吧！”

有两三天，丫丫都到二表姐竹珺那儿去了。竹珺这一阵子好像总生病，丫丫觉得还是因为沙山港市的苏市长变心。竹珺心里难过，夜里睡不着觉，白天吃不好饭的缘故，是心病。丫丫去帮二表姐打扫打扫，主要是陪竹珺说说话，散散心。对丫丫来说，赖在竹珺身边不走，还有另一个原因，就是不想上小街丽岛洗头房去，怕又见到那个叫孟军的客人。她隐隐觉得，这个客人太老实，老实人一般都比较认真。对自已好像不是来玩玩的，要玩的话，他对自己连摸都没有摸一下，已经两次了。到时候他真要认起真来，就难说了，而自己是已经结过婚的人了。

意想不到的是，过了几天，丫丫到小街丽岛去，那位叫孟军的客人已经在洗头房等她了。

“做我的女朋友吧！”孟军一见到她就说，一把抱住了丫丫。

29

下午两三点钟的时候，丫丫正在丽岛洗头房看小姐妹们玩牌，手机响了。“是江云涛的来电吧！”丫丫想。自从和江云涛有了那种关系，丫丫和江云涛的手机就成了热线，不是短信就是来电。只要江云涛一声召唤，丫丫是随叫随到。丫丫看一眼来电显示，不是江云涛的，是大表姐妞娃的。妞娃说，家里有事，要她马上回去。并且说，已打二表姐竹珺的手机了，竹珺答应马上就来。

什么事呢？这么急。妞娃说话的口气也不对啊，挺焦急的，有点紧张，还带点愤怒和怨恨，莫不是家里又发生什么事了！

丫丫回到出租屋的院子，妞娃家的门开着，见大表姐夫坐在凳子上抽烟，妞娃愤怒地站着，瞪着牛小牛，自己的丈夫石狗也在房里了，陪牛小牛抽烟。

“什么事啊，像要打雷下雨似的？”丫丫问。

妞娃用手一指牛小牛：“问他！”

牛小牛扬起头，张大嘴巴喷出一口浓烟。看他样子还是雄赳赳气昂昂，一副满不在乎的样子。和上次不同，上次妞娃和牛小牛干架，牛小牛虽然凶恶，但总有点心虚胆战，毕竟是丈夫拿了妻子卖淫的钱再去嫖女人，无论怎么说是件不光彩的事，挺缺德的。今天牛小牛看上去理直气壮，像个得胜将军似的。见妻子一根手指直直地指向他，他便恶狠狠地说：“狗杂种，今天还便宜他了，下次，剥他的皮！”

经丫丫再三催问，妞娃才讲出事情的缘由。

这也是人间难得一闻的闹剧，不能说是精彩，但是绝对荒谬。

午后，牛小牛听老婆接手机时得知，老婆马上要到外面接一个客人来出租屋，他便称自己要买包烟，便急急地走出了出租屋。待看到老婆也出去后，牛小牛便立即溜进出租屋，并且立即钻到了床底下，像一条真正的猎狗。

这个行动方案牛小牛已经翻来覆去思量好一阵了。这些天来，牛小牛很憋气，很窝囊、很冤、恨老婆、恨嫖客、也恨自己。开始见到一点小钱就激动就高兴的刺激感消失了。一个大男人，每天要吃要喝要抽烟，就是没有钱，钱要等老婆给人家玩了才有。他和石狗已嘀咕好多天了，怎样才能出这口恶气？怎样才能自己搞到钱？他们就想到了家乡的一句老话：“靠山吃山，靠水吃水。”而且说干就干。

不一会，牛小牛便听到老婆回来了，而且是两个人的脚步声。牛小牛一阵紧张，头皮发麻，听到自己的心在“咚咚咚”乱跳。他伏着，竖起耳朵，不敢动。两个人进了出租屋，却没有听到一句话，只听见关门，下保险，拉窗帘的声音。想来这些事都是老婆做的。接下来牛小牛看见两双脚，就立在他眼皮底下，在紧张而激动地挪动，踮起、重叠、分开、又挪动，差点碰到他的脑袋。牛小牛的脑袋像乌龟一样向后缩了缩。

“你看，我的腿多白多胖！”是老婆在说。

床响起来了，“砰砰嘭嘭”，很响很重，可以看到床板在剧烈地震动，好像随时会压在自己的身上。牛小牛不禁又害怕起来。这时响起了老婆和男人的喘息声，此起彼伏，声调越变越高。一股无名之火从牛小牛心头升起，他想：我操，我操你奶奶的X，便从床底下朝外爬，半个身子已经爬出床沿。正在这时，一只男人的脚踏下来，险些踩在牛小牛的背上。牛小牛一惊，慌忙缩回双手爬回床底，却见那个男人下了床，看不见老婆的两条腿，只能看见半个被挤压得扁扁的屁股，但见那个男人站在床下跟自己的老婆在床沿上干仗。牛小牛怒从心头起，恶向胆边生，双手就要去掰那个男人的脚。不想自己的手被一堆布绊住了，仔细一看是一件衣服，正是那个男人的外套。

牛小牛这才想起自己趴在床下的目的，他咬咬牙，让自己稍稍平静了一点，把手伸进了衣服的内袋里。口袋有两只，牛小牛都去掏了。一只有厚厚的一沓钱，都是百元的。他全都掏了出来。另一只都是零钱，也不少，他也全掏了出来。后来想了一想，牛小牛把全部零钱又塞回了口袋，把另一沓一百元的抽出几张，也塞回了口袋。然后将衣裤全部推出了床底。

做完这一切，牛小牛不再去听床上的声音，只是用手紧紧地捏住那一沓厚厚的钱。他感到那沓钱很厚实，很有力量，还好像在挣扎，像要从他手中逃脱似的。

事毕，妞娃送客人走了，回到出租屋，床下竟然钻出一个人来。妞娃心里大惊，一看，竟是自己的丈夫牛小牛。牛小牛朝妻子诡秘地一笑，不断地眨眼皮，而后从口袋里掏出一沓钱，在左手上“吧嗒吧嗒”地抽打着，发出很响亮的声音，非常得意，非常炫耀。

妞娃还不明白，但心里知道，丈夫绝干不了好事，便认真地问：“牛小牛，你干了什么？”

“哈哈，我数了，1 200元钱哪，足足有两个多月的工钱啊！”牛小牛边说边拿钱在左手上“吧嗒吧嗒”地炫耀着。

“你这是盗窃，是犯法。”妞娃声色俱厉地面对丈夫。丫丫听了这种怪事，也感到事情的严重性，对牛小牛好言相劝：“姐夫，你这样子早晚要出事。”

牛小牛还是那个样子，洋洋自得：“嘿，犯法，我犯什么法？要说犯法，是那个狗杂种先犯法。谁叫他来干我的老婆。”说到这里，牛小牛气更大了，面对石狗：“石狗老弟，咱们的窝囊气也受够了，干脆，事情干大点，咱们联手瞅准有钱的绑他两三个，搞到钱咱就回去！”听到这里，丫丫浑身发冷，倒吸了一口凉气，眼睛死死地盯住自己的丈夫。石狗也看到了妻子的眼色，闭住了本想开口的嘴巴，朝牛小牛茫然地点点头又摇摇头。

妞娃气疯了，冲上去，一边夺过丈夫手中的钱，一边吼：“猪狗、畜牲，我宁可把这个臭钱撕掉，也不要你去犯法……滚，你给我滚回去，滚……”

妞娃和牛小牛又干起来了。

丫丫赶紧给二表姐竹珺打手机，赶紧叫石狗劝架。她不想让他们再打起来，像上次一样。砸毁的床架刚买来，打坏的桌子、凳子还掉胳膊缺腿呢，撕烂的塑料衣柜还飘着呢，像万国旗子一样。

好在二表姐竹珺很快就赶到了，她仍开着那辆红色本田轿车，仍穿着一身套裙，仍迈着时装模特儿特有的猫步，款款走进出租屋小院。竹珺一出现，连牛小牛也平静下来了。

竹珺不说话，只是静静地听妞娃、牛小牛两个人吼来骂去，等他们吵够了，才说了一句话：“牛小牛和石狗都回老家去，明天就回去！”

30

“竹珺，你身上好香啊，真香，香死了！”丫丫抱住二表姐，在她头上、脸上、颈上、肩上深深地嗅着，一口接一口地吸气，一副贪婪和欣赏的模样。

妞娃忍不住地探过脑袋用鼻子在竹珺身上闻了闻，看着竹珺保养得很好的脸，问：“什么香水？这么香！”

“夏奈尔，法国的。”竹珺淡淡地说。

“外国的，怪不得那么香！”

"怪不得市长都喜欢你！"

三个女人嬉戏打闹成一团。

今天小街洗头房全部关门停业，公安派出所来通知，说是省市公安要来检查，哪家出事就吊销哪家的执照。三姐妹便约了来出租屋聚一聚，吃过晚饭，三姐妹就并排坐在床上，边吃零食边看电视，头顶上的吊扇悠悠地旋转着，送来一阵阵凉风。把两个男人驱赶回了老家，三个姐妹都好像舒了一口气。女人在外干这档子事，身边最好还是不要有丈夫存在。

丫丫和妞娃都喜欢看花鼓戏，一直占着那个电视频道，竹珺很随她们的意。到七点半钟，竹珺提议调到沙山港市电视频道，看沙山港市新闻。

"为什么要看沙山港市新闻？"

"沙山港市新闻关我们什么事？"

竹珺不理睬她们，从丫丫手里夺过遥控器，把频道转到了沙山港市电视台，短发播音员正在报新闻：

沙山港市市委书记在港区接见上海阳山港党政代表团，共同商讨现代化港口建设发展大计……

接下来的一条新闻是沙山港市苏副市长在金港新城奠基典礼上发表重要讲话，决定把原来的沿江开发区提升为金港新城，花五年时间，把金港新城建设成集码头、仓储、化工、外包、商住、旅游为一体的现代化新城。

苏副市长的讲话很长，电视播送时间比市委书记的长多了。"那是正市长，姓彭。"竹珺指着旁边一位有模有样的中年男子介绍。"怎么正市长不讲让副市长讲？"丫丫总以为领导谁大谁讲话。竹珺说："彭市长是地级市派来的新市长，刚来，还不了解情况嘛！”丫丫发现，竹珺看得很认真、很出神，简直有点目不转睛，灯光下，两只眼睛闪着奇异的光彩。丫丫突然想起了看到的竹珺的那几篇日记。

“二表姐，苏市长对你那么坏，你还那么关心他！”

竹珺没开口，眼睛仍盯着电视。每晚七点半，沙山港市的新闻节目她是必看的，每天必看，自从苏市长和她有了交往以来。见丫丫在说苏市长，竹珺很冷静：“苏市长很有魄力，有能力，是个敢作敢当的男子汉，待女人不错！”丫丫和妞娃却在一齐大骂起苏市长来。竹珺知道丫丫看了自己的日记，便说：“苏市长向我解释了，那晚在银都歌厅F包厢和小丫头K歌，完全是工作上的需要，他们正等着一个客人。可能是我太敏感了。”但丫丫和妞娃都不信，还是骂苏市长黑良心。“苏市长坏吗？”竹珺在心里问自己，整个思绪却沉浸在对苏市长的一些回忆片段里……

“苏市长，你怎么那样严肃？”有一次，竹珺和苏市长坐在床上一起看本市新闻时竹珺这样问。

“我严肃吗？”苏市长故作惊讶地看着怀中的美女，竹珺点点头。苏市长搂住了竹珺的腰。他喜欢搂竹珺的腰。时装舞台上跑着猫步的竹珺，看那腰身像春风中的柳条，婀娜妩媚，若有若无。真真切切搂住竹珺的腰，苏市长才实实在在感觉到了竹珺腰肢细长、柔软，没有丝毫赘肉。苏市长自己比较矮胖，他常常为自己能搂到如此完美的女性的腰肢而感到欣慰和骄傲。苏市长把竹珺的细腰搂得更紧了一点，开始回答起自己的问题来：“我是比较严肃了一点，我不得不严肃，因为我当的官还太小，只是个七品芝麻官，还是个副的。应该说县官还是属于基层的官，在基层当官，还是要有点当官的样子。人家才会服你。否则，有人就会在背后议论，某某没有当市长的派头。如果是在省里、中央的官，就可以随和一点，不必摆派头。大官随和是风度，小官随和是无能。懂吗？”

想不到脸孔严肃还有那么多官场的缘由，竹珺不禁朝苏市长凝视起来。她觉得苏市长就像一本书，这本书很厚，需要一页一页慢慢翻阅，品味，才能略懂一二。

竹珺一年前到沙山港市礼仪服务公司任副总经理，正是苏市长在市内外大红大紫的时候。那时，竹珺腾云驾雾似的整个忙了半个多月，筹备沙山港市“东游花苑”的落成剪彩典礼。而“东游花苑”这个工程就是苏市长倡导和主管的，总投资三亿五千万，面积30万平方米。

唐代天宝十二年（753），沙山港境内发生了一件流芳千古的大事，鉴清和尚东游日本传戒弘法，在历经三次挫折后，第四次从沙山港境内的青洪浦扬帆起航，获得成功，在中日友好交往史上写下了光辉一页。

苏市长当过中学校长，对沙山港的这一段历史非常熟悉。当时日本的奈良刚好动议要在沙山港市建一个高新电子技术园区，主管沙山港市城建的苏市长就在市长会议上提议在古青洪浦建设代表沙山港市历史、文化的标志性园林：“东游花苑”。

竹珺亲自感受到了“东游花苑”剪彩开园那天气氛的隆重、热烈、盛大。那真是鲜花、彩球、礼炮、和平鸽、小轿车、摄像机、人群混合而成的海洋。地级市市委书记、省常务副省长、日本友人，都上台作了热情洋溢的讲话，盛赞“东游花苑”是文化搭台，经济唱戏的典范，是融历史、文化、经济、旅游为一体的杰作，是提升沙山港市城市形象的一张灿烂与辉煌的历史性名片，也是中日历史文化发展的一个新的里程碑……竹珺注意到，常务副省长讲话时，多次用赞赏的目光投向主持剪彩仪式的苏市长，和苏市长的握手也更显热烈和亲切。

在竹珺印象中“东游花苑”是壮丽的，广博的。人们仰视着三、四层楼高的花岗岩鉴清和尚的坐式雕像赞叹不已。东游纪念馆、东游桥、东游亭、东游寺、东游苑、东游船、东游纪念经幡等等一系列纪念设施，既有盛唐民族风格，又有沙山港地方特色。原已很狭小的古青洪浦已被拓宽疏通，接连长江，把人们的视线引向海外。

在常务副省长休息的五星级沙山宾馆内，苏市长将厚厚一只信封递给了常务副省长，说是给副省长的一点润笔费。“东游花苑”这四个字就是常务副省长亲笔题写的。常务副省长爱好书法，在省内外颇有名望。但是常务副省长婉言谢绝了。

领导之间的这种来往，外人是无法知晓的。所以这些，是苏市长和竹珺有关系后苏市长告诉她的，苏市长说：他很佩服省常务副省长，大气，稳重，而且人品极好。

……

“好啦，竹珺，沙山港市的新闻完啦，快看花鼓戏吧！”丫丫大声提议，这才把竹珺从回忆苏市长的片断里拉回到出租屋的现实中来。出租屋中，丫丫、妞娃、竹珺三个表姐妹正欢聚在一起随意谈笑着。天晓得，谈的那些东西，也只有她们三个表姐妹才讲得出口……

31

“苏市长见好爱好，这样的男人最坏！”丫丫仍接着刚才的话题。

“女人不也在不断地挑选男人吗？是人，都一样。我不怪苏市长，我只担心，家乡的那个山货出口加工有限公司会泡汤。这个项目是归苏市长管的。”

妞娃说：“我才不管男人是好是坏，给钱就好！”

丫丫说：“你这是卖……犯法的。”

妞娃眼睛转向竹珺：“你情我愿的事，犯什么法？最多是男女关系罢了。”

竹珺看着妞娃，只是叹气，摇了摇头，没有开口。

妞娃好像来了劲，说话的嗓音也高了：“我什么也没有，只有一身白肉！”说着，用力拍了拍自己的两条裸露着的大腿，说，“看，我的大腿多白多胖！”

“闭嘴！”丫丫实在忍不住了，“到臭男人面前去拍你的大腿吧！在这里不要拍。”

竹珺转向丫丫：“你那位江云涛好吗？”

丫丫点点头。

“我怎么就碰不到那样的男人呢！”妞娃又习惯地拍着她的大腿，那两条大腿也确实是又白又胖，充满了色相和肉欲。

丫丫和竹珺都朝她笑。

丫丫说：“前两天碰到一个客人，说是要和我交朋友，他还没结婚，几乎天天来找我。”

竹珺和妞娃都朝丫丫笑：不可能的，不可能的，男人都这种德性，逗女人玩。你要当真就是白痴……

“我也不当真……”

接下来她们你一句我一句地敞开嘴巴谈男人，谈做爱，谈男人的那个东西，毫无逻辑，胡言乱语。当女人聚在一起，在适宜的时间、适宜的地点、适宜的气氛下，她们的谈吐并不比酒后的男人高雅多少。

丫丫看到竹珺脸色有些绯红，便想起在竹珺日记上看到的那些自慰的内容，便连忙收口。可妞娃还是用她沙哑的喉咙大声讲着：“还有更希奇的事情，是真实的，不骗你们，两个小姐妹，一个十九岁，一个二十八岁，她们俩做姐妹做了七年，很要好，那个十九岁的到了二十六岁还不肯嫁人。被她父母绑回去还逃出来。后来才知道，她们两个是同性恋。听说那个二十八岁的离过婚，她的手指和舌头功夫十分厉害……”

电视里在唱花鼓戏，锣鼓正敲得非常紧张，可三个姐妹都什么也没有看到，什么也没有听到。一阵阵女人才有的非常敏感的馨香越来越浓地弥漫在三个姐妹之间，充溢在这小小的出租屋内。三个女人脸色绯红，眼睛明亮。

竹珺说：“外面的世界很精彩，外面的世界也很无奈。男人是为了寻找刺激，女人是为了赚钱，这没错。但是都别过了头，悠着点儿，世上的事，有因必有果，都要受报因的。人生的这条法则，谁也逃不过。不要忘了安全，女人的事还是要靠女人自已照顾。那地方经常用洁尔阴，或者复方洗泌泰洗洗。平时要注意保养、防治、经常替换着塞些达克宁栓、双唑泰沦腾片、宫颈炎康栓……卫生安全是最重要的……妞娃，你最要当心……”

三个女人正谈着，沙山港市电视台正播出一条新闻：省、市公安联合执法组来我市督查公共场所治安情况，没发现一例卖淫嫖娼案件，给我市的治安形势给予了高度肯定……

三个女人爆发出的笑声差点把小小的出租屋掀翻……

32

上午八点多钟，丫丫的手机响了，打开一看，不是江云涛，是孟军打来的，约她到沙山去玩。这几天丫丫很郁闷、难受、一直想吐，妞娃咽下去的那种东西好像吞到她的肚子里去了。她很想找江云涛倾诉一下，靠着他宽阔的胸脯，把积郁在心里的一些疙瘩都掏出来。可是7799打她的手机明显少了，给他打电话，总是说太忙，忙着采访。现在孟军来邀，她很乐意地去了，来沙山港市已经数月，可还没见到过沙山呢！

他们骑一辆黑色雅马哈摩托车。孟军开得很快，感觉比江云涛的桑塔纳还快。丫丫紧紧地抱住了孟军的腰，一头长发在风中肆意飞舞着。到了江边，一艘乳白色的游艇把他们送上了沙山。

和北方的高山大岳相比，沙山只是个小丘而已。但是它坐落在长江中心，把江面劈成两半，地形独特。大概是水汽充沛的缘故，沙山上草木丰茂，南方特有的香樟、水杉、枫杨、银杏都长得蓬蓬勃勃，高大而茂盛。丫丫接触到山林，她身心中最本质的东西便被激活了，她拉着孟军的手，露出了山妹子的本色。沙山南面就是闻名遐迩的沙山港市港口，泊满了万吨巨轮，森林样的塔吊高耸云霄，码头上到处是集装箱组合成的方阵，赤橙黄绿青蓝紫，色彩斑斓，像一块块巨大的魔方。沙山市保税区的厂房和库房连成一片。高高低低，看不到边，像浩瀚的江面。沙山北面则是长江的外航道，江北就是一马平川的苏北平原，中间不时有海轮涌浪徐徐通过，沉稳的汽笛声响彻大江两岸。

“你们沙山港市真漂亮！”丫丫由衷地赞叹，她从没有看到这么美丽的长江下游的景色。孟军看看丫丫的眼睛：“那你就嫁到沙山港市来吧！”

“嫁给谁？”

“嫁给我！”

“真的？”

“真的！”丫丫眼神很单纯，孟军的眼睛很真诚。

爬过山坡，他们来到岩山、丛林、草丛为主调的林区。这里和江滩连成一片，已经可以听到江水拍岸的浪涛声。起初，市里准备在沙山岛上建设一个高档商住旅游区，后来被省和中央否定掉了，主要是怕影响环保和海港的发展。时间是最好的法官，沙山港市几年的发展证明，省和中央的决策是科学的，是符合自然，符合客观规律的。孟军把丫丫引到一片草地上，四周是高高直立形态各异的岩石，一棵树冠如云的香樟树把夏天的烈日和高温挡在了外面，给他们留下一片如水的绿荫。孟军紧挨着丫丫坐着，一只手就放在丫丫的肩上，一只手挽住了她的腰，定定地看着她的双眼，嘴巴慢慢地靠向丫丫的脸。

来了，又来了，男人都这样。江云涛在龟山山腰，丈夫石狗在家乡的山林里，不都是这样吗？丫丫已经很熟悉了，也已经习惯了，尤其是男女在山林间的这种野合，丫丫是太熟悉不过了。她跟石狗的第一次做爱，就在山林野外，那年她才十九岁。

丫丫记得很清楚，那也是在夏天的一个下午，她在山坡上放羊，内急，便猫在一丛苍翠茂盛的灌木丛旁小解。突然灌木丛缝隙外闪过一个人影。丫丫本能地提起裤子，朝外走去。走了一段，斜眼朝山坡上看了一眼，发现一个小伙子正在盯着她看，目光怔怔的，傻傻的，一副痴迷的神态。这个小伙子她有点认识，是山坳里的，常从这里经过。

人是很奇怪的动物，这以后丫丫还在灌木丛旁方便。方便时，丫丫会想起那个小伙子；那个小伙子从灌木丛旁经过，会想起在这里方便的姑娘，眼睛朝这里瞧瞧，完全是不由自主地。可见青春期少男少女的性意识是敏感和脆弱的。有几次，他们又巧遇上了。小伙子看到了丫丫白嫩娇小的臀部，丫丫看到了小伙子一张涨红的紧张而兴奋的脸。终于有一天，小伙子采来一捧野草莓献给丫丫，丫丫接受了。小伙子疯狂地抱住了丫丫，把她放倒在草地上，脱掉了她的裤子，合在了她的身上，丫丫也没有更多地反抗。山坡上的羊、狗、牛给她上的雌雄交配的课程已经太多太多，她从小就看见了。唯一难受的是屁股被石子顶得有些疼，茅草拂在她裸露的大腿上有些痒，最讨厌的是一只长脚蚂蚁爬上了她大腿内侧，在那里爬来爬去，十分难受。

以后他俩就经常在山坡的灌木丛旁野合，等大人们知道真相，丫丫已怀孕四个月了。他们便草草地结了婚，那个小伙子就是丫丫现在的丈夫石狗。上次江云涛在龟山腰上摸进她的裤子，她一点也没感到意外，今天孟军已经把她引进了这片隐蔽的草地，已经紧紧地抱住了她，她只是等待着……

孟军抱住了丫丫，只是在她上唇那些细细的绒毛上轻轻地摩挲着，微笑着欣赏着丫丫说不上清秀，却是十分年轻光鲜的脸，就是没有进一步的举动，孟军心中却充满了幸福与满足。这个，丫丫从孟军憨厚的眼睛中读到了。

有几只黄白相间的蝴蝶飞临他俩的周围，翩翩起舞，久久不肯离去。一群山雀从他们头顶飞过，留下一声声婉转悦耳的鸣叫。孟

军放开丫丫，走向山坡，回来时，手中捧着一束盛开的野花，献给了丫丫。丫丫在家乡的山林中也喜欢采野花，但长到这么大，却从来没有谁向她献过鲜花。石狗倒是在她面前常献殷勤，不过他送的不是鲜花，而是野果。丫丫将鲜花放到鼻子下深深地吸了一口气，她闻到的是整个家乡的滋味："谢谢你，孟军。"这时，她真的很感谢孟军，丫丫向孟军张开双臂，孟军迎了上去……

33

江云涛从大酒店出来，才感到外面的滚滚热浪，夏日的阳光刺得他眯住了眼睛。中午，被采访的企业请他喝酒，这是常有的事。放下酒杯，企业又请他去休闲，他谢绝了。他想起了丫丫，已经十多天没约会丫丫了。钻进烤箱样的桑塔纳，第一件事就是给丫丫打手机。

对丫丫，江云涛是满意的。丫丫的单纯、善良、诚恳常常令他感动。请丫丫吃饭，她说简单一点；给她买衣服，她说买便宜一点；给她买香水，她说不习惯。在床上，许多女人，尤其是身份暧昧的女人，会提出各种各样的理由和要求，而且从脱衣服那会儿就开始了，那些话儿，大同小异：

"……你又来了，上次你答应的白金项链你还没送我呢……"

"……我的手机费快没了，你去给我交吧……"

"……别动……我想和小姐妹合伙做笔生意，你先借我 20 000 元钱吧……嗯……"

"……哎呀，忘啦，这个月房租、水电费还没交呢……轻点，你疯啦！”

“……就这么点，再加点！再加点！”

这样的做爱，简直就是受罪。凡是与妻子以外的女人做爱，男人的耳朵都逃不脱这些话语的骚扰，几乎已成为一夜情女人惯有的床上语式。女人说这些话时是那么娇嗲、乖巧、柔弱，但在男人听来，却似如雷贯耳，颇具震慑与杀伤力。人们习惯上把男女邂逅上床叫一夜情。实际上哪里来的一夜情，还不如叫一夜性；把“情人”称“性对象”或“性伙伴”合适些。老话说得一点不错，上床容易下床难啊。只有和真情相悦的人做爱，听到的才会是和做爱相合拍的甜言蜜语。讲到做爱的健康、和谐和甜美，说到底，应该还是在爱人之间，但人们往往喜欢追求新奇刺激，才演绎出那么多男女之间的恩怨情仇，喜怒哀乐。这是人性的弱点。但是，丫丫从来没有这样。她总是小鸟依人的样子，从来不提任何的要求。江云涛反而会多给她一些钱。丫丫常常露出惊喜的神色，每一次都要说“谢谢”，每一次都说得很真诚，很感动。常听说有些妓女事情刚完就把男人踢下床去，客人的裤子还没穿好就向客人要钱，口气神态又是冷若冰霜、咄咄逼人，甚至穷凶极恶，像个红了眼的讨债人，结果被恼羞成怒的男人杀死卡死害死的事常有发生。

江云涛给有些小姐作了总结，她们在短短的二三十分钟的时间内同时扮演了几种截然不同的角色：开始想做你生意时像个“情人”，柔情蜜意，甜言蜜语；进到包厢像个“忙人”，手脚匆匆，敷衍了事；结束要钱时横眉立目，声色俱厉，像个要索人性命的“敌人”，令人索然悚然。

确实，男人容易激动，容易兴奋。但在一阵喷泻之后，身心的激情也便一泻千里，一落千丈，而处于非常懊恼、非常自责的罪恶感中。因为接下来的是不得不为自己贪求的一时之快付出相应的代价。在这种时候，男人是最脆弱最敏感的。此时的女人如果能换一种口气换一种态度，结局将是天壤之别。所谓退一步海阔天空，大概就是这个道理。

丫丫接到江云涛的手机，给自己做好清洁工作，便骑上江云涛帮她买的自行车往他宿舍赶去。和江云涛的每一次约会，成了丫丫留在港城唯一的理由和藉慰。在小街丽岛洗头房，她从没有向江云涛以外的任何男人展开过她的大腿，因此她的生意并不好。空闲的时候她就想想家乡的山林，爸爸妈妈。当然，六岁的女儿是她想得最多的，那个头顶上竖着两个小辫，两个小辫像蜻蜓一样竖在头顶的女孩，她的女儿，跳跳蹦蹦的，像草地上的蚱蜢。丫丫眼前常跳跃着她女儿的身影，她会情不自禁地微笑起来。当丫丫一个人的时候，尤其是在空空的出租房内时，丫丫常常会这样痴痴地想象。其余的，当她接到江云涛的手机，她就会一阵惊喜，一番激动，一种模模糊糊的希望和安慰。

不错，靠着江云涛，她生活有了保障，江云涛是她生活的来源和靠山。江云涛已经答应，在她起房造屋的时候，他会助她一臂之力。这在丫丫眼前升腾起了朦朦胧胧的一片玫瑰色。除此之外，对江云涛，丫丫的身心也有着自己的渴求。丫丫感到自己其实是一个情欲比较强烈的女人，否则不会一再地和石狗在山林野合。如果江云涛一星期不约她，她就会主动打电话给江云涛。一个人不能太空闲，太空闲了就什么事也不做，剩下的就只有做爱。“真贱！”有时，她自己会骂自己。江云涛已有十多天没约她了，今天终于给她打了手机，她如约而至。

江云涛让丫丫蹲在他上面，他让丫丫躺在床沿，他让丫丫用膝盖跪着，他让丫丫劈开双腿……总之，凡是老婆不愿做的，不曾做过的动作和姿势，他都叫丫丫一一做来。现在，江云涛和丫丫的关系，已发展成情人式的男女关系，互称大哥、小妹、红粉知已、梦中情人，都可以。他们已没有了卖淫嫖娼那样的罪恶感和精神十字架，也没有夫妻间的那种理性的束缚和尊重，剩下的是赤裸裸的皮肉盛宴。

各种各样的道德规范已完全失去了约束，身体的权益得到了完全彻底的尊重，皮肉之间已无任何外在精神沙砾的间隔，性就成了唯一的主题和形式。男人和女人以床为舞台演绎的性喜剧，也就变得更纯粹、更放肆、更精彩、更接近本能，而本能的东西往往更真实，更原始，也更能高潮迭起，出神入化。

现实中传统道德风范伦理的千丝万缕的蛛网早已荡然无存，无影无踪。只剩下一张床，一个男人，一个女人，他们此刻已经粘连成一个人。这是否是男人找外遇找小姐的原因？起码也是原因之一吧！

后来，兴致勃勃的江云涛忽然住了手，诡秘地朝丫丫傻笑。

“又想干吗？”丫丫知道这时候江云涛不会有什么好主意。

“我想……”江云涛自己也感到难以启齿，说得很尴尬的，“我说了……你不会骂我吧？”

“不会的，你说吧，”丫丫直来直去，“你们文化人说话就是不直爽。”

江云涛用手捧住头发已经纷乱的丫丫的脑袋，再问：“我说了你会答应吗？”

丫丫似乎意识到了什么，说：“那你就别说了。”

34

出租屋院内满树雾雪样的刺槐花纷纷飘落了，有近二十天时间，丫丫天天要扫满满一簸箕的刺槐花，雪白雪白，散发着甜津津的馨香。它们原本是那么的洁白、芬芳、美丽，只几天时间，便纷纷飘零，归于养育它们的泥土。原来它们的花期是如此的短暂。“她们的花期就这样宣告结束了！”每次，丫丫都要发出这样的感慨。蜜蜂也越来越少了，它们在残花中稍稍停留，便“嗡”的一声飞得无影无踪，再也不会来了。有好多蝉，躲在高高的树梢上，取而代之似的扯开嗓子在尽情地吟唱，吟唱夏日的骄阳，吟唱似水的绿荫，吟唱这新的生命新的世界。

丫丫打开窗，没有阳光投射进来，一年到头，春夏秋冬，阳光永远都不会光顾这间出屋租，因为它太矮太小了，又龟缩在楼房的下面。现在又是一年一度的黄梅天，小屋地面、墙壁上都长满了青苔，桌上、床铺、衣服上都是湿津津的，一股霉味。一股又闷又热的风掀动窗帘冲了进来，带进一只蜜蜂，沿着墙壁嗡嗡地飞。丫丫正对着镜子梳妆，忽听到“扑楞楞”一阵响，一只麻雀已经在屋里乱窜。丫丫马上关窗，麻雀勇敢地撞向玻璃，差不多撞昏了，丫丫轻而易举便抓住了它。

“妞娃，我抓住了一只麻雀！”

妞娃赶过来看，那麻雀在丫丫的空拳虎口处拼命地转动着灰褐色的小脑袋，“啾啾”地叫。

“好玩，给我吧！”妞娃说。

丫丫没想到妞娃会要麻雀，更没想到妞娃为了一只麻雀会表露出那么动人的惊喜，简直像个孩子。这也难怪山里的人，对小鸟小动物特别有感情。

妞娃特地到花鸟市场买了一只铁丝笼子，将麻雀关进去。傍晚，妞娃提了鸟笼给丫丫看。那麻雀生龙活虎的，在笼里一刻不停地乱扑腾，偶尔在食缸里啄一口食，妞娃特地买了麻雀爱吃的谷粒和小米，分两只食缸盛着，另一只食缸里盛着水。小小一只鸟笼竟放着三只食缸，为了一只小麻雀。

“能养活吗？”妞娃问得很认真。

丫丫觉得有点不可思议，这样一个大大咧咧的人，有时候问她今天接待的客人怎么样，她竟说：男人长得怎么样我不记得，我只记得他那东西很粗，就是短了点。她常常用那东西的粗、细、长、短来取代表述男人的长相。现在听起来妞娃好像要把麻雀长期养下去了。丫丫不想打击她的积极性：“能，能养活的，你待它那么好！”

翌日早晨，妞娃提着鸟笼过来了，丫丫看见，鸟笼里的麻雀肚皮朝天，两只细细的脚伸得笔直笔直，麻雀死了。丫丫也就把这事忘了；忘不了的是，妞娃在死麻雀面前所表露出来的苦痛难受相，像死了爹娘一样。

大概是两三天以后吧，丫丫突然听到妞娃兴奋的喊叫声：“丫丫，快来看，快来！”

丫丫赶过去，看到方桌上放着两只鸟笼，里面的鸟丫丫认识，一只是云雀，一只是画眉，家乡的山林里最多的就是这两种鸟。小时候，丫丫也喜欢养这两种鸟。云雀的叫声婉转悠长，画眉的叫声清脆响亮，这两种鸟的叫声都很悦耳动听，孩子最喜欢了。

“怎么养鸟了呢？”

“喜欢呀！”

又过了两三天，妞娃走到丫丫门口：“丫丫，你看！”

丫丫看到妞娃手里提着一只很大的铁丝笼子，笼子里有一只大尾巴松鼠。这会儿，松鼠正趴在笼子里的一只大圆转盘上踩一根横向的细铁丝，松鼠踩得很快，那转盘也转得很快，像表演杂技节目似的。丫丫定定地看妞娃的脸，那张脸很激动很兴奋，丫丫越看越迷惘，怎么了？一个一天到晚在男人面前夸自己的大腿又白又胖的妞娃，怎么养起小动物来了。

“妞娃，你想开动物园？”

妞娃仍陶醉在她的激奋里，她说得很轻，很投入：

“喜欢呀！”

丫丫怀疑妞娃的神经是不是出了问题。

35

二表姐竹珺来电，要丫丫过去一趟，说是有事。

还好，竹珺并没有躺在床上，她坐在电脑前。丫丫以为二表姐又生病了，一定是被那个苏市长气的。不过，竹珺的脸色比以前苍白多了，也少了往常的神采。丫丫见竹珺正在攻读英语，很不以为然：“竹珺，心情不好，就别认真了。”

竹珺说：“我这个人也怪，平时静不下来，一坐到书桌前，打开书本，我的心反而就静下来了。”

已是下午三点多钟了，竹珺还穿了一件蓝底白花的睡衣，长发用皮筋随随便便束着，一副素面朝天，松松垮垮的样子。丫丫想起刚来港城竹珺在大酒店招待他们时的风光与神采，不免有些伤感。她到卫生间拿了木梳，边帮二表姐梳头边说：“竹珺，真对不起，有一件事我没向你交代，上次我又看了你的日记……”

“我有意让你看的。”竹珺淡淡地说。

“那个苏市长又和你好了吗？”丫丫只管自己问话。

竹珺神态很平静，“还是那样吧！”竹珺说得很淡然。

竹珺放下英语书，到冰箱里取了两瓶冷饮。冰箱开关之间，一阵雾样的冷汽团团包围着竹珺。

丫丫早就听说，竹珺的丈夫说过只要她提出离婚，他同意签字。凡是了解内情的人都在说，都在猜测，早早晚晚，竹珺要和丈夫离婚的。想想看，一个比丈夫年轻近二十岁的妻子，又是那么美丽聪慧，又是江南名城礼仪服务公司的副总经理，还会回到家乡的穷山沟，还会回到那个可以做她父亲的丈夫身边吗？但是竹珺没有，反而回家用辛苦挣来的钱造了三间楼房。有人便说这是竹珺对丈夫儿子的一个交代，是为自己脱身付出的一点良心钱。竹珺内心到底是怎么想的，没人知道。最近，竹珺的丈夫主动提出了离婚，“真诚地祝愿您能找到新的幸福！”这是她丈夫发在竹珺手机上的一条信息。

一个人背运的时候，遇到的都是霉事，竹珺现在就是：

她上小学的儿子成绩下降了。

家乡的尹县长来电，沙山港市给家乡的扶贫项目——山货出口加工有限公司暂不立项，是苏市长打去的电话。

“我要回去一阵子，”竹珺对丫丫说，“我走后，你隔几天来帮我开窗透透风，打扫打扫！”

一直到晚饭后，竹珺切开一只无籽西瓜，让丫丫吃，自己则静静地坐到了钢琴前，在一阵阵悠扬的钢琴声中，丫丫才抓住机会，和二表姐谈她新结识的男朋友孟军的事。

“你告诉他你已经结婚了吗？”

“你告诉他你已是一位六岁孩子的母亲了吗？”

“孟军的爸爸妈妈知道你们的事情吗？”

竹珺听了丫丫的介绍，没有多说，问了三个问题。丫丫说，这三个问题都没有讲清。

竹珺忍不住笑了，说：“你们两个是在玩小孩子过家家的游戏。你跟他讲清你已经结婚了，孩子都六岁了，他还会说要娶你吗？退后一万步，就算孟军要娶你，他爸爸妈妈会答应儿子娶一个外地女子，而且这个女子是一位洗头房的小姐？”

丫丫从头到脚一片冰凉，没等竹珺再说下去，她已暗暗发誓：把真实情况和孟军讲明，断绝和孟军的来往。

丫丫刚要离开时，妞娃打来电话：要竹珺回家乡后帮她将她的儿子带到港城来玩。

“暑假期间是一年中生意最好的时候，儿子出来了，会影响你的生意的。”丫丫和竹珺都这样劝她。

妞娃只说了一句：

“我想我的儿子！”

36

下面是丫丫和孟军的手机短信辑录，是丫丫主动先发：

你好，在忙啥呢?

在云朵上结网（在工地扎钢筋）。

对不起，我骗了你。

你不会骗我!

我是个结了婚的女人。

丫丫不想停下来，紧接着发：

我的女儿已经六岁了。

我们之间的关系是不可能的。

再见!

谢谢你的爱。

你是个好人。

发完，丫丫竟然感到有些紧张。她长长地舒了口气，又有点如释重负的轻松感。她把手机放在桌子上，手机静静地躺着，泛着红光。丫丫忍不住看看手机，隔一段时间又看看手机，耳神经绷得紧紧的。手机仍静静地躺着，没有再响起。一股酸溜溜的感觉从内心泛起，丫丫感到有些失落，一个人好像一下子被掏空了，脑子一片空白。

37

只四五天，竹珺突然返回港城。丫丫一心一意想告诉竹珺，她已经和孟军结束了关系，是她给他发的信息，她心里很……可是竹珺根本没给她机会。

竹珺把妞娃的儿子带来了，交给了妞娃，就急着要走，她说，苏市长出事了。看她紧张焦躁的神色，苏市长恐怕出大事了。就是出事，和竹珺又有多大关系呢？

也不知苏市长究竟出了何等大事……

自从儿子小豹来到港城以后，妞娃一直陪伴在儿子身边，她像完全变了个人。她穿的衣服新了，破天荒到美容店美容了一次。生活也有了规律，该吃饭时吃饭，该睡觉时睡觉。当然，吃饭的菜也丰富了，每天都有鱼、肉、虾，这在以前是不可想象的。妞娃还驮着儿子小豹到港城最繁华的沙山路步行街上玩，驮了小豹乘电梯上了二十一层的港城大厦观光厅欣赏港城的全貌。港城的梁丰花园妞娃驮着儿子去了两次，她驮着儿子看了海关大钟、长江、小型动物园，在梁丰花园的半月湖里划了船。可惜儿子小豹的一条腿不好，否则，妞娃是一定要带小豹到江边浴场游泳的。

儿子小豹长得很健壮，圆脸，大眼睛，胖胖的，就是右腿不好，瘸的。三岁那年小豹发高烧，去半山腰一个私人诊所打了一针，右腿就再也没能站起来。小豹用一块旧轮胎绑住右膝盖，右手弯肘撑一只小板凳，像一只受了伤的癞蛤蟆一样一步一移移着去上学。一年就要磨掉一只小板凳，已经磨掉了五只。大城市的医生说，可以动手术，但手术费用要 5 万元。妞娃已经攒了 4 万多，到今年年底，妞娃决定把儿子送到大城市的医院里去动手术。她今生今世最大的心愿不是造房子，而是要让儿子站起来，要让儿子站起来走着去上初中，就像其他孩子一模一样。她儿子的成绩很好，每次考试都是全班第一名。

早晨，丫丫走出屋，看见妞娃和儿子小豹在院子里的刺槐树下玩。小豹坐在一只小板凳上，在他的面前放着三只铁丝笼子，一只画眉，一只云雀，一只松鼠在铁笼子里闹腾着。小豹将一粒花生塞进笼眼，松鼠用前爪捧住就往嘴里塞，长着胡须的嘴巴就快速地嚅动起来。吃完一粒，小豹便从妈妈手心里再拿一粒塞进去。旁边的画眉鸟和云雀不时会叫几声，叫声特别清脆响亮。妞娃和小豹便会甜甜地笑起来。看到这个场景，丫丫这才明白，妞娃为什么会喜欢她抓到的那只麻雀；又为什么前一阵那么认真细致地喂养这三只小生物，宁愿自己饿肚子，也要先把它们喂饱。天天给它们洗澡。

午后，来了一位客人，穿戴整齐，胳肢窝里夹着一只皮包，一辆豪华型的摩托车停放在院门外。丫丫见到的妞娃的客人中，这一位还是比较上档次的。“妞娃肯定会将小豹打发到我屋里来。”丫丫想。果然，不久，三只铁丝笼被提了出来，不过不是妞娃提的，而是那位客人提的。很显然，客人是想把妞娃的儿子小豹引到丫丫屋里来。客人手里的笼子还没放下，妞娃已从屋里蹿出，抢了客人手中的笼子，仍旧提回了屋里。妞娃的脸色有些愠怒，好像是生气了。

丫丫听到妞娃的声音：“对不起，下次再联系！”客人从里屋悻悻地走出来，一阵摩托车发动的声音，听起来都有点愤怒。

屋里，传出妞娃和小豹快乐的笑声，还有画眉和云雀动人的鸣叫。

自从儿子小豹来到港城，丫丫没见妞娃在出租屋里接待过一个客人。

38

黄梅天一过，天气立刻就热了起来。

丫丫早晨醒来就出了一身汗，肚子有点疼，便开了电扇再躺一会。阳光早早的就很灿烂，明晃晃的，隔着窗帘都能感觉到太阳的热力。有几只蝉在院子里的刺槐树上喳喳地猛叫，丫丫听得有点心烦。好在飘来海关的钟声，那样的轻盈悠扬，一声接一声，像是仙乐，丫丫的心情稍稍平和了一点。

妞娃驮着小豹来看丫丫，发觉丫丫这么晚还没起来，怕她病了，特地过来探视。丫丫说有点肚子痛，怕是昨天冷饮喝多了，不碍事的，妞娃便驮着小豹走了。他们今天要到沙山港市第一中学去。妞娃打听到沙山一中是江南有名的百年老校，学校环境优美，教学质量很高，妞娃一定要驮着小豹去转一圈，现在放暑假了，想来可以进去看看。儿子很快就要进初中读书了。妞娃要让儿子看看初中的学校是怎么样的。

丫丫再没有睡着，感到肚子一阵一阵地疼，一会儿左边，一会儿右边，一会儿又好像在中间，汗又出来了。丫丫将枕头垫在肚子下，半趴侧躺着，感觉好了一点。一个人躺在床上，最容易想东想西。作为一个年轻母亲，最容易想起的自然是自己的女儿。女儿小燕过了暑假也能进幼儿园小班了。那个竖着两条小辫的女儿的形象立刻在眼前跳跳蹦蹦活动起来。听竹珺说，丈夫石狗在家乡不干活，却一天到晚在买六合彩，说不定把她寄回去的几千元钱都白白抛进六合彩了，想到这里，丫丫翻转身拿起手机就要给家里打电话，不过又马上放下了。

她觉得肚子很疼，不像是胃疼，疼得发酸，又酸又疼，丫丫忍不住用手捂住了肚子。这个时候，她想起了江云涛，马上给他打了个电话：

能到我身边来一次吗？

怎么，你身体不好，听口气不对啊？

我肚子疼。

哎呀不巧，我正在外地采访……我争取过来吧！

……

丫丫痛苦地放下手机。

江云涛除了来出租屋吃过一次饭，基本上再没来过。平时，也极少带丫丫上街，逛商店、进饭店、歌厅、酒吧、休闲这些公共场所更是从来不带丫丫进过。最多是在月朗星稀的夜晚，用他的桑塔纳载着丫丫沿着环城马路兜兜圈子。他们一般十天半个月碰一次头（江云涛说，他半个月不做爱就难受）。每次都在江云涛租来休息的房间里，每次都是昏天黑地地做爱，没有一次碰头是不做爱的。说白了，江云涛和丫丫的关系，就是做爱的关系。没有性，也就没了江云涛和丫丫的纽带。

在小街丽岛洗头房一个人闲着时，丫丫就会想起江云涛，想同他说说话。尤其是夜深人静的时候，丫丫一个人在出租屋里听蚊子嗡鸣，听狗和猫在窗外叫春，就感到特别孤独冷清，就觉得自己特别可怜特别委屈。丫丫也打过几次电话，要江云涛来陪陪自己。江云涛一共来过一次，没坐满半小时就被他老婆的一个电话叫回去了。江云涛有权力叫丫丫，丫丫却叫不动江云涛，她没有这个权力。

"我不过是他的性工具而已！"痛苦中的丫丫突然顿悟了自己和江云涛关系中的痛苦，"我用肉体百般抚慰让江云涛的性欲得到释放，而他从来不问问我心里的感受。"

肚子更痛了，好像固定在右下腹，持续不断地疼，又疼又酸，疼得揪心，忍不住呻吟起来。圆领衫已经被冷汗湿透，再这样疼下去不要把人疼死。

丫丫抓过手机，给江云涛打电话。在沙山港市，也只有江云涛可以求助的了。她龇牙咧嘴地举起手机，又放下了，一脸的痛苦与无奈：江云涛在外地采访，他能赶过来吗？要能来，他早就来了。

她开始呕吐，头晕，摸摸额头，发烫发烫，实在坚持不下去了，丫丫给妞娃打了手机，可手机的回音是“暂时无法接通”，可能是没电了。

手机从丫丫的手心滑落在地，丫丫滚倒在床上，她昏过去了。

等丫丫重新睁开双眼，发现自己睡在医院的病床上，眼前是一片白色。吊架上串联着三只盐水瓶同时在往她手上输液。肚子还疼，但已经不那么揪心了。她想用另一只手去摸摸肚皮，这时进来一个男人，对她说：“丫丫，别动，你刚动完手术，急性阑尾炎，已经溃疡了。医生说，再晚来的话，就成腹膜炎了……”

丫丫看清了，进来的男人是自己要和他断绝关系的在丽岛洗头房认识的那个叫孟军的小伙子。

39

丫丫的伤口恢复得很好，八天后就拆线回到了出租屋。竹珺又要回家乡去了，傍晚时分，她过来看丫丫。那辆熟悉的红色本田轿车停在院门外，竹珺身穿一件无袖素色紧身衣，下面是一条短裙，米色碎花的，一条肉色连裤袜把两条修长的大腿衬托得楚楚动人。她迈着时装模特儿惯有的猫步，神态身姿都恢复到原来的风采。

“竹珺，这几天你变化怎么这么大？”

竹珺莞尔一笑。

“苏市长出了什么事？”

“解决啦！”竹珺是一身的轻松。

丫丫和妞娃都急着问：“究竟是什么事？那个苏市长。”小豹坐在小板凳上在玩耍笼中的松鼠。

竹珺没有回答，只是叫妞娃到她汽车里取来了水果营养品之类的一大堆食品，说是给丫丫补养身子的，举手投足间，都流露出竹珺原来的自信和优雅。

丫丫和妞娃静静地看着竹珺。

竹珺的脸色忽然凝重下来，缓缓地说：“苏市长没事啦，是我救了他。”

这一次，确实是竹珺救了苏市长。这一次，苏市长犯的事可大了，处理不好，苏市长要双开。如果再来一次顺藤摸瓜，抽丝剥茧，说不定苏市长就被双规，引发牢狱之灾。领导干部在台上是风光的，有些其实也是十分脆弱。如果自己真有事，只要上下左右的关系户中有一个出事，无论是管政治的还是管经济的牵扯到他，他就完了。只要不被双规，都是好干部。而被双规的领导，背后大都有一个或几个情妇，小蜜和红颜知已，这几乎成了规律。就像要治那些腰缠万贯头脑发热的企业家，只要查查他瞒税逃税这一项就可以了。人都是有欲望的，人都有他的弱点；世界上不存在完人超人，万事留有余地适可而止就是平安，就是健康，就是幸福。偏激、刻意、痴迷、癫狂必定带来灾祸，这是谁也逃不过的一条铁律。无论你是伟人还是凡夫俗子，都一样。

竹珺应该说是年轻漂亮的，但竹珺的徒弟小柳更漂亮年轻，苏市长在有些场合取悦小柳，而小柳年轻张狂，幼稚无知，竟在自己的房间内送走了苏市长之后，又接待了以前早就搭识的港口一位外商，当小柳从外商手中接过一千美金时，当场被破门而入的公安人员抓了个现行。在清查现场时，公安人员意外发现了苏市长的一只公文包。也是苏市长活该出事，那天晚上苏市长连连赶了三个饭局，被路易13，皇家礼炮，红方、蓝方等各种洋酒灌得神魂颠倒，老话说，酒会乱性，苏市长就到了小柳的房间。苏市长本来就是一个粗放型的人，平时都靠秘书在鞍前马后打理，去小姐房间总不能带上秘书吧，苏市长匆忙昏乱之中竟把自己的公文包丢在了小柳的房间里。包里面有沙山港市政府的一些文件，合同，材料；当然也有银行卡、存折、现金。但是并没有某些腐败分子常有的伟哥、安全套之类的敏感物。对这一点，令办案的公安警察都有点失望。但是，在一位小姐的房间里发现了市长的公文包，毕竟是个特有新闻价值的事件，苏市长终于要为自己改不掉的粗心豪放性格付出代价了。

竹珺在家乡接到苏市长的告急电话，当天便赶回沙山港市与苏市长和小柳都见了面。竹珺对公安人员作证，苏市长的公文包是她带过来留在那里的。竹珺是市礼仪服务公司的副总经理，市里的一些重大礼仪活动她都参与。苏市长和竹珺有着工作上的联系，丫丫有一次在电视里都看到竹珺从苏市长手里接过公文包，苏市长才拿起剪刀去剪彩。而出事的小柳又是竹珺的徒弟，在情理上都说得过去。

而这个案子的了结并没有竹珺想象的那么简单、顺利。因为事关重大，公安局局长要她立即到他办公室去一趟。

竹珺顿时就很紧张，拿手机时手都在微微发颤。她出于本能，马上给苏市长打了一个电话。她知道苏市长接通了，却没有声音，静默了好一会，才听到苏市长开口说：“竹珺，别慌，你还是按照开始的口径说。有情况打我手机。”苏市长沉稳、老练的语气多少稳定了一点竹珺惊慌的心绪。

竹珺乘电梯直上八楼公安局局长办公室，和外室的一位公安办副主任、一位公安办主任打过招呼，小心翼翼地步进局长的内室。公安局局长正在批阅文件，见竹珺进来即起身指了指对面的沙发，并亲自去倒了一杯茶。竹珺乘机闪了一眼局长的脸，心里一下子宽松了许多：公安局局长的脸上似乎没有杀气。

局长的谈话是闲谈扯家常式的，竹珺一一应对着，心中的一根弦却绷得紧紧的，紧张地等待着局长真正的核心的问话。核心的问话是这样开始的：

“竹珺，听说你最近回家乡去了一次？”公安局局长很随意地问。竹珺立刻想到苏市长出事那天自己确实已回老家，但到了这一步也只能一口咬到底了：“是的，本来我想回老家一次，后来有点私事，没回成。”

“真的没回去？”

“局长你不相信我！”竹珺的笑脸很妩媚、很灿烂。

“我也只是随便问问。”局长微微一笑，说，“好，不问了……喝茶呀！”竹珺感到局长的那一笑功夫颇深，意味深长。

“竹经理，最近公司忙吗？”局长话锋一转问起竹珺的工作事来。竹珺点点头忽儿又摇摇头。局长不露声色地微微一笑，说：“路是靠自己走出来的，走到这一步不容易，我经常在剪彩的场合见到你，你为沙山港市还是做了一些工作的。”局长自己端起杯子，满满地喝了一口茶，朝竹珺又微微一笑说，“竹经理，苏市长是主管市经济建设的，社交活动比较多，你和苏市长交往也就多一些，这很正常。在沙山港市，苏市长的担子很重，竹经理，你以后还是要多支持苏市长的工作。”

一直到晚上，一直到苏市长走进“凯丽佳苑”的房间，一直到竹珺扑进苏市长的怀抱，竹珺的双腿还在微微颤抖，软得站不起来。公安局局长和她谈话时是一直微笑着的，谈吐也非常随意，但在竹珺听来，却句句像刀子一样扎在她的心里。

苏市长静静地听完竹珺的讲述，没有说话，静思了一会，给竹珺泡了一杯茉莉花茶，忽然就喜笑颜开：“竹珺，弹一会钢琴。”说着就拉竹珺坐到钢琴面前，房间里响起了江南名曲“茉莉花”，那节奏分明弹跳感极强的旋律。

然后，苏市长竟然把竹珺抱起来，久久地注视着竹珺的脸，好像一下子不认识了似的说：“竹珺，真想不到你是这样一个女人！”

很快，市公安局通知竹珺取回了苏市长的包，而不是请苏市长自己去公安局拿。

“说吧，你有什么要求？”事后，苏市长问竹珺。

竹珺提了一个要求：“市里决定帮我家乡建造山货出口加工有限公司的事，你快点办呀！”

苏市长说：“那个公司本来就是沙山港市承诺的一个扶贫项目，我会抓紧办理。”

竹珺最近几天准备再回家乡，把这个好消息报告给尹县长。另外，丈夫要离婚的事，要回去处理一下。

在回去的那一天，妞娃将儿子小豹托竹珺带回去。妞娃另外去买了两只小一点的铁丝笼，将画眉和云雀放一只笼，松鼠单独放一只笼，备足了食物，让小豹带回去。

"小豹，妈妈过一阵就能回家，带你到大医院里动手术。你就能和其他孩子一样，走着去上初中了。"妞娃摸着儿子伤残的右腿，含着眼泪对儿子说，"等着我，小豹。"

40

发现妞娃有些异样，已经好几天了。丫丫睁大眼睛观察起来。

妞娃起得早了。原来妞娃每天上午九点以后才会起来，因为晚上睡得太晚了，一般要过午夜。做这一行的，主要功夫在晚上。遇到包夜，那就整个晚上都得不到安歇。人家是出了钱的，能让你安歇吗！非折腾得人困马翻筋疲力尽不可。现在妞娃清晨五六点钟就起来了。吃过早餐，便坐在院子里刺槐树下织毛衣，那种安闲宁静的样子就像小康人家的良家妇女，完全没了平时的焦躁忙乱。平时，妞娃就像叫春的猫，发情的狗。现在那种样子完全没了。整天都不出去，午后还小睡片刻。

她好像有意在克制自己的跑动，减少两腿之间的摩擦。她常常上卫生间，而且很长时间才出来，出来时目光呆滞，神情黯淡。但总的看起来妞娃显得很平静，闲散，吃饭、织毛衣、看电视、睡觉、悠哉游哉。

"妞娃，我看你是傍上了大款吧？"丫丫忍不住问。

妞娃笑笑："我要能像你一样傍上个大记者就好了，我没有那样的命，也没有那样的福。"丫丫看出妞娃是在苦笑，情绪不好，话也少了，不像平时那样喳喳呼呼大大咧咧的。

妞娃的手机响了，她说："家里有事，不出来了。"

有客人来出租屋，她说，这两天不方便，就送客了，茶也不留。可是妞娃并没来例假，丫丫这几天割了阑尾炎一直在出租屋休养，和她合用一个卫生间，知道。

终于，丫丫发现，妞娃一日三次在认认真真吞吃药片：她病了。

丫丫见妞娃吃了几天药片，病不见好，反而重了，发起烧来，人也没了精神。丫丫要带她到医院里去，妞娃说不用，她已经看过医生。

丫丫看见一个男人，清瘦，下巴的胡子却很长，乱蓬蓬的，提着一只老式的塑料包，包上灰不溜啾的，像是捡垃圾的人。丫丫以为是妞娃的客人。妞娃把这男人引进屋里，门却开着，丫丫就进去了。看到这个精瘦的男子从包里拿出一只脏兮兮的铝盒，打开，里面放满了针筒、棉花。丫丫这才明白，这个就是妞娃请来的医生。所谓医生，用家乡的话来说，就是野郎中，专给外地人看病，便宜。许多打工妹打工仔生了病，都请野郎中。正规医院能随便进吗？就是看个感冒，也要几百上千的，一个月能赚多少，看个病也不够啊。正规医院，外地人看得起吗？

又过了两天，妞娃到丫丫房里坐，丫丫问："好一点了吗？"

"好一点了，不发烧了！"

"再休息几天！"

"恐怕休息几天也不会好！"

"你生的是什么病？"

妞娃沉着脸不响，过了一会，她忽然说："唉，没有听竹珺的话，害了自己！"

丫丫不解地看着妞娃。妞娃说："下身痒，疼！"

丫丫这才明白："妞娃，你得了性病了，为什么不戴安全套，竹珺不是送了几包吗？"

"有的客人不愿意戴，说戴了是隔靴搔痒，不爽，我就依从了。"

丫丫急了，说："妞娃，这性病不是一般的病，看不好，要害自己一生的。野郎中哪能看得好啊，快到正规医院去看，我陪你去。"妞娃大概也感到了毛病的严重性，只好去了。

在医院，经检测，妞娃患了两种性病：淋病、尖锐湿疣。

医生坚持要给妞娃挂盐水，妞娃只肯打针。

"打一针多少钱啊？"妞娃问。

"400元，连打五天。"

"怎么那么贵？"

这时，医生抬起头，眼光直逼妞娃："知道贵，怎么还干那事。这么贵，就是带有惩罚性质。"医生的鄙弃、厌恶、轻蔑全部写在脸上，无遮无拦。妞娃不再声响。

一周后，妞娃感觉病症消失了，她对丫丫别的什么也没说，只说了一句："正规医院打针打掉了我2 135元钱。要是叫野郎中看，就不会要那么多的钱，毛病也看得好的，就是慢一点罢了。"

这话气得丫丫三天没理她。

41

江云涛来敲丫丫出租屋的院门，感到非常委屈。他约丫丫到他宿舍去，丫丫拒绝了，这还是第一次。

是妞娃来开的门。江云涛认识妞娃，上次丫丫招待他吃饭妞娃来陪过。

“江老板，到我屋里玩玩！”这是妞娃的习惯，见到男人就喊老板，见到男人就请玩玩。江云涛听丫丫讲过妞娃当站街女的一些事。嘴上说谢谢，脚却没有进去。妞娃并不在意，大大方方地帮江云涛去敲了门，大喊：“丫丫，江记者来了。”

“丫丫，好一点了吗？”

“好一点了。”

丫丫是在敷衍，江云涛倒确实感到有点内疚。丫丫在医院动手术，他没有送她去，也没有一次到医院去探望过。忙是一个原因，但主要的还是怕，怕遇到熟人。知识分子对名誉还是挺看重的。港城太小，熟人太多。

江云涛从皮包里取出一沓钱递给丫丫。总是这样的，江云涛每感到对丫丫有所歉疚，便会多拿出一点钱给丫丫，用金钱来填补及平衡和丫丫之间产生的摩擦和距离。上次自己提出的口交遭拒，江云涛也同样采取了这种方式。丫丫第一次没去接，只是淡淡地说了一声“谢谢”。她突然想到当时她痛晕在床上，如果没有孟军及时赶到，钱再多也没有用啊！现在，在她生活中，有两个男人和钱紧紧相连着。一个是她的丈夫石狗，今天还打电话来要钱；另一个便是江云涛，现在正给自己送钱。自己在其中扮演着怎样的角色，丫丫感到很悲哀。

出租屋内很静，海关的钟声传过来就十分响亮，有点刺耳。出租屋里的简陋更增加了些许窘迫，有几只苍蝇在飞，院子中刺槐树上的蝉鸣声声入耳。丫丫打开了吊扇，她看到江云涛宽阔的前额上早已沁满了汗珠。

“到床上来吧！”丫丫发出了邀请。

几个月来和江云涛的接触，使丫丫越来越强烈地感到，江云涛和自己的交往，主要是肢体的交往，或者说得更干脆更直白一点，是肉体上的交往，连语言交流都很少，更不用说是思想感情的交往了。和她在一起，江云涛的话都很少。他说，他一天到晚在外采访，说的话太多太多。不采访，他的嘴巴都懒得张开。

江云涛开始抚摸丫丫的乳房，丫丫将那只手推了一下。

“怎么了？”

“我肚子还有点疼……”

丫丫是感到很失望很悲哀。她盼望那只手能按摩一下她右腹的刀疤，轻轻的，柔柔的，她的心会好受一些。可是没有，那只手只对她的性器官感兴趣。丫丫想推开那只大手，这时她的手触到了枕边的那沓钱，她的手又放回了原位。

“我真后悔那么早就结了婚！”丫丫突然开口说道，“我认为，找男人做自己的丈夫，不一定很英俊，也不一定要很有钱，只要他人品好，爱自己的妻子就行！”

江云涛嗯了一声，接着他似乎想起有一次丫丫曾对他讲过，有一个本地小伙子想跟她谈恋爱的事，便问丫丫：“你跟那个小伙子——本地的、想跟你交朋友的那个人关系断了没有？”

丫丫回答得很干脆很坚决：“断掉了！”

那只大手又恢复了在乳房上的动作……

42

黑色雅马哈摩托车在沙山港市区的马路上飞驶。丫丫紧紧地抱住孟军的腰。这样的场景已经有几次了，但前几次丫丫的感觉是怕被摔下来，今天不同了。今天丫丫感受到了孟军身上的体温，闻到了小伙子身上特有的青春的气息，甚至孟军心脏的律动丫丫都感触到了。她把孟军抱得更紧，感受到两只乳房被孟军背部紧紧地挤压感。

除掉沙山路步行街不准车辆行驶外，摩托车在沙山港市区各主要马路上巡驶着：沙山路、报关路、港城大道、环城路、杨沙路……黑色的沥青路面泛着青光迎面扑来又向后闪去，两旁的景观林带叠连成两条色彩斑斓的长虹，映照着飞驶的丫丫和孟军。工业园区、住宅区、市府大楼、政法大楼、文化中心、体育中心、商贸大厦、金港新城一一从眼前闪过，形态各异，巍峨壮观，美轮美奂，每到一处，孟军都给她留了影，丫丫都有了在拍电影的感觉。风很大，太阳很辣，丫丫感到活得很真实很爽快，忍不住大声叫起来，就像她在家乡山林里喊山一样。长期猫在小街丽岛洗头房那光线昏暗的按摩室里，简陋狭小的出租屋里的压抑，还有和7799那种处于地下男女关系的种种悲哀和委屈，今天终于得到了释放。丫丫情不自禁地把脑袋靠在了孟军的肩背上，她在享受孟军的自由与阳光。现在，她太需要阳光和自由了。

在海关钟楼前，丫丫要孟军停车，她要看看发出那么响亮悠扬钟声的大钟。自从到了沙山港市，她一直向往着这座钟楼。每次，听着近似于深山空谷天籁般的钟鸣声，丫丫都有点把它幻化成一名仙女了。海关钟楼比她想象中的还要高大，很壮观，那钟面是白色的，有许多黑色的美丽花纹。里面的三根指针比她的人还长，一根红色的秒针在有规则地跃动着，非常神奇。丫丫都看呆了。

孟军帮丫丫揉了揉长时间仰头看钟楼变得僵硬的脖颈，把丫丫

带到了与沙山隔水相对的鹅山。鹅山三面临水，一面接岸，草木茂盛，风景灵秀，同沙山珠联璧合组成了沙山港市最著名的风景游览区。

丫丫拉着孟军的手，孟军的手搭在丫丫的肩膀上，丫丫感到很自然很甜蜜。她仰起头，嘴巴微微噘着，眼睛热辣辣地望着孟军。这时孟军来吻她，她都不会拒绝。正是这个孟军，在自己发信息回绝她以后，他还捧着鲜花来出租屋看她，刚巧发现正昏晕在床上的她，把她送进了医院，几乎是救了她一命。所有的医疗费用都是他出的，5 000多元钱呢。丫丫把嘴巴噘得更高了，可是孟军并没有垂下脑袋，只是甜甜地笑着。指着鹅山对丫丫说："看，沙山港市有名的鹅山！"

说是鹅山还真像一只鹅，蹲在江边。有一座山峰远远地伸进江面，像伸长脖子在江里饮水的鹅头，人们就把那座山峰称作天鹅峰。鹅头上的球形峰丘离江面有二十多米高，看下去还有点晕乎乎的，隐约能听到江浪拍击山岩的涛声，一簇簇巨大的浪花在山岩间怒放，就像迸射的礼花。

丫丫走近天鹅峰边崖，探身往下看。

孟军慌忙拉住，说："丫丫，当心，掉下去就没命了。有好几对恋人从这里跳下去，都死了。"

"真的吗？"

"真的，不骗你。"

丫丫听到孟军的这几句话，身心都不由自主地震颤了一下，她忍不住环视四周，看到天鹅峰一面临山，三面环水，地势险峻。作为鹅头的峰丘斧砍刀削般地凌空独立，江风从四面八方刮过来，脚下飞溅的浪花看起来是那么遥远，而浪花四溅中的奇石怪峰一个个怪兽似的卧伏着。丫丫突然感到一股凉气从脚直透心底，有种不祥的预感向她袭来，孤独、悲凉、凄然的感觉油然而生，尽管现在正是夏天。她还是感到森森的寒意，危崖临风的险恶以及天老地荒般的幻灭感，整个身子摇晃着，要不是孟军及时抱住她，她真的要坠下深渊了。

在一棵苍翠的松树下，孟军给丫丫讲了天鹅峰的传说：传说很久很久以前，天上银河里的一只雄天鹅下凡到鹅山一游，在江滩卢苇丛里遇到一只凡间的雌天鹅，两情相悦，形影不离，缠绵在如诗如画般的鹅山江水间。这事被皇母娘娘知道了，命雄天鹅返天。雄天鹅不从，皇母娘娘便派遣雷公雷婆将雄天鹅劈死，雌天鹅拼死相救，最后还是眼睁睁地看着雄天鹅慢慢沉入江底。自此，雌天鹅蹲伏江边，将长长的脖子伸入江中，日夜不停地吸水。她要将长江的水吸净吸干，救出沉入江底的雄天鹅。一年又一年过去了，慢慢地，这只雌天鹅便变成了现在的天鹅峰……

孟军把故事讲完了，却不见丫丫的声响，侧看丫丫，见丫丫的脸色很苍白，凝重，目光呆滞地望着滚滚东去的长江。

“你怎么啦？”孟军不解地问。

丫丫说：“我有点怕！”

“怕什么？”

“我不知道！”说着，丫丫便倒在了孟军的怀里。

孟军这时才有所醒悟，拥住丫丫说：“我们俩是真心的，谁也阻挡不了我们……”

丫丫拥在孟军的怀里，听到了孟军怦怦的心跳，那声音是坚定的。她抬头看看天空，天空是蓝莹莹的，白云很轻柔，阳光很灿烂，江鸥在飞翔，一切都是真真切切的，一切都是那么美好。丫丫的一颗揪紧的心渐渐温暖、舒展，脸上恢复了笑意。

有一对情侣刚好也到天鹅峰游玩，丫丫看着孟军提议：我们在一起拍个照……说着又用手指指那对情侣。孟军便把照相机递给其中一位男的：天鹅峰上，留下了丫丫与孟军的一张合影。也是他们相识以来的第一张合影。

刮起了东北风，江风掀起了江浪，一排排呼啸着涌向天鹅峰，在岩山上迸溅起一堆堆飞雪。

“丫丫，我要给你献花。这种花是你从来没收到过的。”

“好啊！什么花？”

“浪花！”

这时，江面上传来几声悠长的叫声，“呀——呀——”，一群白色的江鸥正扇着长长的翅膀，在白浪涛涛的江面上下翻飞。层层叠叠的江浪一排排争先恐后地向江岸涌过来，冲上江滩，飞起一簇簇银光四射的浪花。

“走，我要捧几朵浪花献给你！”孟军拉起丫丫，几乎是冲向天鹅峰，向江边奔去。

他们光着脚，手拉着手，踩着柔软光洁的沙滩，向江水走过去。第一道白花花的江浪冲过来，在他们的大腿上撞开了花，接着是第二道、第三道，他们淹没在浪花中。孟军捧起一捧江水，泼到了丫丫头上；丫丫也用手把江水泼向孟军。在翻飞的浪花中，他们打起了水仗。

回到天鹅峰，他们从头到脚都湿透了。衣服裹在丫丫身上，曲线轮廓纤毫毕现，尤其是她两只饱满高耸的乳房，每走一步都像流沙一样在胸前涌动。孟军看着，但他也只是看着，而且看着看着脸上露出羞赧和尴尬的神色，不但没上去摸丫丫，反而连看也不敢看了。

“咱们把外衣脱掉，放在石头上晒吧！”孟军提议。他让丫丫先脱，自己在石头后面望风。丫丫注意到，整个过程，孟军没朝这边瞄一眼。

他们仍躺在一片隐秘的草地上，不同的是他们全身都只剩下一条小裤衩。孟军发现，丫丫的身材原来是那么苗条、光洁、美丽。乳房周围是那么白皙，浑圆，高高的乳头呈紫红色，像两粒熟透的杨梅。孟军挣扎了好一阵，试了几试，才迟迟疑疑，哆哆嗦嗦地伸出一个指头，在乳头上轻轻地摩挲着。

丫丫的眼睛闭着，心眼却睁得很大很大。她等待着，等待着。轻轻地吸气，轻轻地呼气，等待着那只手，等待着那个身子……可以听到江浪拍打山石的声音，而且越来越响，越来越响。像这种场合，像这种情景，换上石狗，换上江云涛，早把她的裤子扒了。可是孟军没有。孟军不但没伸手，而且把那只摸她乳房的手也缩了回去。丫丫感到有点失望。在她接触到的男人中，孟军是个例外。他们交往已一个多月了，在各种场合相处过，他抱过，吻过，摸过，就是没有一次尝试着脱她的裤子。他说得最多的是：“嫁给我吧！”丫丫想：难道他真的要等自己嫁给他时才……要是这样，说明孟军真的喜欢我，真的爱我，真的想娶我。他跟我好不是在骗我，玩我，他对我是真心的。否则，当这个女人几乎全身裸露在他面前时，男人哪有不动心不动手的。想到这里，丫丫侧过身子，看到的是一个慌张而羞赧的男孩。孟军伸出双手抱住了丫丫，丫丫伸出双手抱住了孟军，将自己热辣辣的两片嘴唇移向孟军。终于，孟军压在了丫丫的身上，很勇猛，可瞬间他又不动了。

“怎么啦？”丫丫很惊讶。

孟军没有回答，一脸的羞涩，像个第一次见女友的男孩。

“快呀！”丫丫催着。

孟军摇摇头，笑着说：“丫丫，等，等到结婚那天吧！”

天上飘过来一片云层，遮住了太阳，将一男一女罩在了阴影里，云朵好像盖在他们身上一样。

43

汽车右座上的手机响了，江云涛减慢车速，右手拿起手机。“一定是丫丫的来电！”江云涛的一颗敏感的心马上感应出这句话。自从他和丫丫用金钱和肉体纽结缠绕在一起后，每次手机的铃声响起，他的第一反应就是丫丫。丫丫虽然不是江云涛生活的全部，她只是他生活的一小部分，是他生活的一种点缀。但就是这些许点缀，给他的生活平添了许多的浪漫和色彩，精神和心灵似乎也得到了某种充实和寄托。哲学家说过，生活是由许多细节构成的，在许多时候，恰恰是这些细节在决定左右着生活，就像一盘菜肴里的味精。味精在这盘菜里所占的比例是很细微的，但它却使整盘菜都鲜美起来。可以这样说，丫丫给了江云涛现时的快乐。江云涛现时很快乐，因为有了丫丫。

打来手机的是妞娃，不是丫丫。妞娃给江云涛打电话并不是第一次。她给他打过的第一次电话，江云涛记得很清楚，那是在一天晚上，她的嗓音很沙哑：“我是丫丫的大表姐，能见个面吗？”

江云涛听丫丫讲过，她的两个表姐都在沙山港市。现在她的表姐来电话，大概有什么事吧。江云涛在他宿舍里接待了她。几句无关痛痒的对答过后，这个丫丫的大表姐便脱掉那双已经陈旧而且落伍的半跟凉鞋，半卧倒床上去了。江云涛马上站起来说：“我还有事，要走了。”

“不玩了？”

“不玩！”

江云涛决不是充当伪君子的角色。不错，在他眼前的妞娃显得粗俗了点，从长相到穿着都没有丽人的风韵，只剩下赤裸裸的肉感。但这不是主要的，主要的是妞娃是丫丫的表姐，一个男人同时搞姐妹俩，总有点出格，这超出了江云涛的道德底线。他很清醒地拒绝了。

妞娃显得很惊讶，但没有丝毫的羞耻感。她从容地穿好那双半跟凉鞋，站起来，抱住江云涛，在他脸上啃了一口，毫不客气地说：“我想去冲个澡！你能赞助一下吗？”

江云涛给了他一百元钱。

从此，妞娃再没有给江云涛打过类似的电话。江云涛倒很希望和丫丫的二表姐竹珺结识一下。

在江云涛的内心，一直以来都向往像丫丫的二表姐竹珺那样风情万种、神态优雅的女人。她们身材柔美，穿着时尚，气质高雅，从你身边走过，会留下一阵馨香。每每遇到这样的女人，江云涛就会情不自禁地多看几眼，心里一阵感叹：“能交往到这种女人，此生足矣！”可是，命运总是捉弄人，在步行街，在商场，在一些场合，江云涛经常能碰上令他心动的女子，但在实际的交往中接触到的女性，总离他心中的形象差距甚远，大多数显得又俗又丑。平时见到的那些优雅的女人不知跑哪里去了。就是和丫丫相交以来，江云涛见到理想中的女人款款走过来，他心里还会又酸又涩。觉得拥有像丫丫这样的情人，有点委屈、郁闷，自己毕竟是个记者，不能说是无冕之王，也是有一定社会地位的人，怎么就找了一个发廊妹呢？但一想到和单位女编辑婚外恋的那段灰色经历，又觉出了丫丫的许多优点和好处，心理便有了些许平衡与暖意。当然，能和丫丫的二表姐竹珺那样的女人相识相交是最理想不过了。可惜，竹珺从来没有来过电话，成了江云涛内心的一个小小的缺憾。

今天妞娃又打来电话，不会又是“见个面”吧！一个熟悉的沙哑的嗓音：“江老板，丫丫在你身边吗？”

“不在，有什么事吗？”

“没有。”

挂了。“大概是在找丫丫吧！”江记者没有多想，加大油门，赶着去采访了。

到了下午，江云涛的手机又响了。这次是丫丫，嗓音慢慢的甜甜的，略带迟疑：“……你……生气了吗？”

“生什么气啊？”

“噢，我大表姐给你打电话了吗？”

江云涛想起了上午那个神秘的电话。

“打了，她问我你在不在我身边？”

“上午我到步行街去了……你不会生我的气吧？”

“不会。”

江云涛仍旧没往深处想，他以为，姐妹俩找来找去罢了。他没有反应过来。

事实上，这一前一后两个电话，有如大洋彼岸强劲的气流，看似风平浪静，实际上正在酝酿一场令人始料不及的急风暴雨，把本书中的所有人物都裹挟其中，历尽了身心两方面的惊悚与挣扎，确像一场灾难，考验砥砺着他们的灵魂，冲刷着他们的人生轨迹和命运。

44

丫丫变了。在妞娃的眼里，丫丫变了，变疯了，变痴了，变坏了，变得不可理喻。

丫丫的头顶上多了一只发夹，带钻的，形状像一只展翅飞翔的大鸟，洁白，闪闪发光。丫丫说那只鸟是天鹅，在鹅山公园买的。好像就是为了那只带钻的天鹅发夹，丫丫每天都花比以前多得多的时间梳头、化妆，在镜子前画眉毛，涂口红，左照右照，就像上轿前的新娘。一整天，都保持着清新秀美艳丽的姿态。

几乎每个晚上都见不到丫丫。有好几天，妞娃回到出租屋已晚上十二点多钟了，去敲丫丫的门，没人。到小街丽岛洗头房去找，也不在。老板说，丫丫最近几乎不到洗头房来上班。

孟军到丫丫出租屋来的次数却是一天比一天多了。孟军一来，一向静寂的院子里就响起了歌声和笑闹声，特尖厉特响亮，听起来有点放肆。有时又无声无息，妞娃去看看，门关着。有一次妞娃在步行街上看到丫丫和孟军相拥着在散步，俨然像一对热恋中的情侣。

瞅准机会，妞娃问丫丫："丫丫，现在你怎么一天到晚和孟军混在一起？"

"你呢，你不是一天到晚和男人在混吗？"

"他们是出钱的，和我混的男人我没有一个是免费的。不能让男人占便宜，玩了就应该付钱！”

“钱，钱，钱，一天到晚你就知道钱！”丫丫想说，你为了钱可以撒谎、可以被染上性病、可以在老公眼皮底下陪男人……我不能，我厌恶，我办不到。话到嘴边，丫丫咽住了，妞娃毕竟是自己的表姐。

“我们出来就是为了钱，不为钱出来干什么？”

“爱，为了爱！”

妞娃笑了，完全忍不住，而且笑得很大声：“爱，什么叫爱，你拿给我看看，爱是怎样的？爱值多少钱？爱能给你饭吃？爱能给你衣穿？还爱呢？”姨妈和石狗曾关照过妞娃，要她照顾好丫丫，他们知道丫丫年纪轻、不懂事、幼稚、单纯、怕她吃亏。妞娃感到自己有责任照顾好丫丫。妞娃的一个根深蒂固的信念，就是女人出来跟男人混，只谈钱不谈情。女人可以和世界上所有的男人睡，但心只能交给一个男人，那个男人便是自己的丈夫。尽管她的丈夫是个酒鬼、烟鬼，还拿着她的钱去玩女人。妞娃还是对丈夫赤胆忠心。因为丈夫代表着自己的一个家。这家中有那个右脚瘸拐的儿子，那是她的全部希望与寄托，是她的命根子。想到这里，妞娃忍不住多说了几句：“丫丫，你看你是疯了，你不想想，你已经结过婚，有了孩子，又是外地人，你和孟军谈情说爱能有好果子吃吗？”

这句话触动了丫丫，她喃喃地说：“孟军爱我，真的，他是真心爱我。我也爱孟军。真的，我不骗你。”

“如果真是这样，我只有一个办法，给石狗打电话。否则，你一家人都要怪我的，这个担子我可挑不起。”

妞娃的这句话像把刀一样刺中了丫丫的痛处：她有丈夫，有家，有孩子，丈夫石狗能同意离婚吗？

父母亲会怎么看？

女儿呢？

这几个问题在她心里像藤蔓一样纠缠在一起，越解越乱，越缠越紧。夜深人静时，她唯有落泪，在海关的钟声里泪水涟涟。连绵不断的泪水能冲淡心中的愁痛，却解不开她重重心结。现在妞娃抽动了她的心结，她在孤灯独眠中，唯有落泪。眼前是一片迷茫，似漫天大雪中，一个人，在旷野上。夜里，丫丫做了一个梦，在漫天大雪中，她一个人在茫茫雪地上走着，身边什么人也没有，没有石狗，没有江云涛，也没有孟军，也不知道他们都到哪里去了，陪伴她的只有漫天飞舞的大雪，还有那凛冽的寒风……

这以后几天，妞娃的眼睛始终注视着丫丫。有时，丫丫上午就不见了踪影。她打丫丫的手机，丫丫说，和江记者在一起。妞娃马上接通了江云涛的手机，江云涛说：不在。妞娃毫不客气地对丫丫说：我已经打电话问江记者了，江记者说，你根本不在他身边。在这个时候，丫丫还不想失去江云涛，于是她战战兢兢拿起了手机，于是江云涛便接到了丫丫吞吞吐吐的电话："生气了吗……"

45

晚饭后冲过淋浴，丫丫把吊扇开了，又打开电视机，一个人很自在地半卧在床上，一张一张翻看前几天在鹅山公园拍摄的照片。她很少拍照，不是不喜欢，是没有条件。从小到大她只拍过三次照，一次是初中毕业照，一次是结婚照，还是丫丫坚持一定要拍的，丈夫石狗说本来可以省掉。另一次拍照就是为了领身份证。有风景的照还是第一次，丫丫很喜欢。当然，丫丫最喜欢的就是和孟军合影的那一张，是她主动提出来要拍的，看起来很般配……

手机响了，丽岛洗头房老板娘要她马上去店里。

已是盛夏，天气干旱而炎热，就是丽岛的老板娘也不再在门楣上插鲜花，而用塑料花代替。插真花，一个小时就枯萎了。

一年之中，洗头房的黄金季节就在盛夏。丫丫对洗头房还是相当的熟悉。早晨，小姐们梳妆打扮的重点不在脸上，因为流汗，浓妆重彩反而成了大花脸，她们会把功夫用在头上——盘出各种各样的发髻来，上面插上带钻的发饰，有的戴着两三朵茉莉或兰花，凉爽、简洁、芬芳、风情十足。

盛夏来了，小姐们不再歪歪斜斜躺在沙发上、转椅里嚼舌头，讲她们的种种轶事趣闻，没这个闲时间了。她们忙着接待、打手机、数钱、进进出出，处于一种集体亢奋状态。

在丽岛洗头房，丫丫仍然坚守着自己的底线，只洗头按摩，对客人敲大背的要求一概拒绝。慢慢客人们也都知道了，反而对丫丫多了一份敬重。好在丫丫勤快，空下来就帮店里擦擦洗洗扫扫，烧水洗碗的事也是丫丫做得多。所以老板娘对丫丫也是另眼相看，有时丫丫不来丽岛上班也不说什么。当然，这里面也有二表姐竹珺的面子。竹珺时常会请老板娘出席市里的一些礼仪活动，送一些纪念品，对老板娘来说，感觉是一件挺风光挺有脸面的事情。

丫丫不想马上就去丽岛，她丢下手机，又拿起一叠照片看起来。

手机又响了，不是老板娘催人的电话，是江云涛打来的。

江云涛一般夜里很少来电话。他家离市区远，夜里一般在家里赶稿子或者陪老婆。今夜来电一定是在市区拼酒局，拼完酒局想来点刺激。果被丫丫猜中，江云涛在电话中要她半小时后到他宿舍去。

她准备去。

江云涛待她不错、厚道、实在，最最重要的，现在丫丫的主要经济来源来自江云涛。不用丫丫开口，江云涛每月都给她送钱，一千两千不等。丫丫家里要钱，江云涛出手就是两千三千，一点都不吝啬。对这些，丫丫很感动，也很在意。这些钱，在家乡靠养鸡养羊，那要多苦多烦多难啊。所以对江云涛，她几乎是百依百顺；即使是一些奇奇怪怪的要求，丫丫也尽可能满足他了。对江云涛，她还能做什么呢？也只有这样来回报他了。

可是，自从那次她阑尾炎呼他没来，甚至她住了一个多星期的医院，江云涛一次都没来看望，促使丫丫重新审视自己与他的关系来。她痛苦地发现，她和江云涛的关系，实际上就是简单、直露、原始、野蛮、放纵的关系。没有情感交流的性接触难免流于下流。丫丫明白，江云涛并不是无情无义到自己生了急病都不愿意来看她，不是的，她很清楚，他不是这样的人。他是怕，怕因此影响到他的名声、他的工作、他的家庭。她曾多次问他："你会娶我吗？"他每次都回答得很干脆很坚决："不能！"也就是说，自己和江云涛的关系，见不得阳光的，只能在地下进行。快半年了，江云涛就没有一次敢拉着她的手在大街上走过一步。想到这里丫丫就感到有点委屈。现在江云涛要她半小时后去他宿舍，一种被动的屈辱感又油然而生。今晚不知又会出什么新花样来？尤其是喝了那么多酒后。丫丫丢下手机，重又拿起那一叠照片。现在，她只对那一叠照片感兴趣。

手机也怪，有时它半天不吭声，有时却接二连三有人打进来，丫丫今晚就是这样。不一会，孟军又打来手机：约她去看电影。

孟军长得并不英俊，更不是富翁，事实上，她早就不拿孟军一分钱了。现在丫丫想得最多的并不是钱。现在丫丫最害怕的是面对男人。面对陌生男人，她常常感到手足无措，尴尬紧张慌乱，心咚咚地跳，手心出汗，就想逃离。她不知道，不适应，也不会去面对男人。许多小姐可以周旋在几个男人之间如鱼得水，邂逅任何一个男人都如遇知己，一分钟之内便能拉着男人的手叫他闻她颈项上香水的味道，而且说得那么动听，做得那么自然，令丫丫瞠目结舌、自愧弗如。丫丫和大表姐住在一个院子里，妞娃和客人的每一次经历和遭遇都让她恶心。不再当小姐，不用再去面对一个又一个陌生男人的愿望在她心里越来越强烈。宁可钱少一点，生活苦一点也不要当小姐。现在，希望来了，孟军就是她的救命稻草。仍旧做石狗的妻子，她就难以摆脱做小姐的厄运，就必须天天去面对陌生男人。是孟军唤醒了丫丫一直沉睡着的爱的情思，是孟军帮她开启了人生新天地的大门，是孟军激发了她追求一种全新生活的勇气。和孟军在一起她真正尝到了爱情的滋味，一种和石狗在山林中做爱不同的滋味。和孟军在一起，她才觉得自然、愉快、幸福、心心相印。

接了三个电话，三个人都急着要她赶过去，三个人对她都有恩，都应该去。哪一个都难以拒绝。丫丫望着头顶上团团转的吊扇，就是下不了决心。

手机又响了。

“哪个打来手机就到哪个身边去！”丫丫在铃声响起的一刹那给自己下了个决定。命运真会捉弄人，一个人的命运冥冥之中好像有一只无形的手在摆布着你。打来手机的不是别人而是今晚出现的第四个人，她的丈夫石狗。

“又一个月了，快寄点钱回来！”石狗对她这样说。

……

丫丫丢下手机，把摊在床上的照片一张一张整理起来。不时有大滴大滴的泪珠滴在照片上。丫丫下了床，用毛巾擦了擦眼睛，又在镜子前照了照，便毅然决然地打开门，消失在夏天热烈而又迷茫的夜色中。

46

竹珺又回到沙山港市，又来到出租屋小院，姐妹仨又在外乡的一个小屋内团聚了。竹珺给妞娃带来了她儿子亲手画的一幅画作。

那是一幅中国画，彩色的。画面上是一只鸟笼，笼门是打开的，一只云雀站在笼门口，小脑袋仰望着天空。天空碧蓝碧蓝，一望无际，有几朵白云在飘。白云间，一群鸟儿在飞翔。

“看看，这画儿是什么意思？”竹珺问。

妞娃：“我儿子小豹想把云雀放了！”

丫丫：“鸟儿在渴望自由。”

只有竹珺看透了小画家内心的秘密，揭示出这幅充满童心的画作的内在主题：现在，小豹和妈妈妞娃都已经站在希望的门口，小豹希望自己能像其他鸟儿一样飞向蓝天，也希望妈妈飞回家乡的山林，各自开始全新的生活。

妞娃忽然就落泪了，她擦了一把眼泪，说：“小豹是希望我早点回去，带他到大医院给他的腿动手术，让他像其他孩子一样走着去上初中。”

真应了心有灵犀一点通那句古话，妞娃没有文化，很愚钝，但面对儿子的画作，她作了很精确的解读。

妞娃捧起儿子的画作细细地看着，一边看一边说：“小豹，妈妈是要回来了，妈妈很快就要回来了。”她抬起头，大声对竹珺和丫丫说：“今天我请客，到大饭店里去，要喝酒，一定要喝酒。”

“这顿酒还是我来请吧！”竹珺说。

丫丫说：“应该是我请，你们都请过了，就是我没请！”

确实，今天三个表姐妹的心情都很好。老话说，人逢喜事精神爽，她们都逢到了各自的喜事。

苏市长对竹珺的许诺果然没有食言，他已在市委常委会议上力促扶贫项目的上马。现在，市政府已正式立项。家乡的尹县长很快就来沙山港市商谈具体事项。不久，苏市长将亲赴家乡考察选址，正式签订协议。家乡的山货出口加工有限公司将正式破土动工。苏市长与尹县长都发了话，到时请竹珺全程陪同。

不便出口的是，苏市长又回到了“凯丽佳苑”，又在竹珺身上展示出他特有的魅力。但是有一点是竹珺理解不了，苏市长交代，让小柳离开市礼仪服务公司。苏市长说得很随意，苏市长对竹珺说，那晚将公文包丢在小柳的房间，是最大的失误。他也许搂过她，也许吻过她，但是并没有跟小柳发生那种关系。他只是在她床上躺了一会……一切的一切，都是酒精惹下的祸根……对苏市长的话，竹珺信任多于怀疑，她内心是信任苏市长的。但竹珺听得出来，苏市长对这件事是很严肃很认真的。

丫丫的喜事也是不便出口的，但她心里觉得很甜蜜，最近她的心情、她的生活一直很甜蜜，这种甜蜜是她以前从未体验过的。她终于有了自己的决定：要与丈夫石狗离婚。世界上最折磨人的使人最痛苦的是遇到自己决定不了解决不了，没有办法没有能力解决了的事；还有便是自己犹豫不决、顾前想后、左思右想、患得患失、颠倒痴狂、优柔寡断而始终下不了决心，无法了断的事。在这种心境下，处在这种精神状态，人会发呆，脑子发胀、心发悸、愁肠百结、千思万虑，食无味、夜不寐，离疯狂也就不远了。这时，人也就失去了正常的心态，工作生活都难以为继。世界上哪里来这么多疯子，都是这样造成的。过分敏感脆弱的人容易发疯，还有便是过分认真偏执的人。那天晚上，当她接到丈夫石狗的电话时，她毅然决然地在夜色中奔向了她心中的目标，她投向了孟军的怀抱。这是她现在面对四个人召唤的属于自己的选择。

妞娃的喜事是可以大声宣扬的，至少在三个表姐妹中间。妞娃就是当着姐妹的面毫无顾忌地说出了她心中想说的话。她说：她快赚满最后欠缺的5 000元钱了，等钱赚够了，快了，可以给儿子小豹的腿动手术，她儿子能够走着去上初中，就像其他孩子一样。

“我就回家乡！”妞娃当众宣布。

丫丫、竹珺、妞娃一起唱起了家乡的一首民歌：

妹妹在山坡放牛羊
哥哥在小河捉鱼虾
风儿吹来妹妹的歌
哥哥拉住了妹妹的手
要想亲嘴开个口
花轿聘礼准备够

我呀我的亲哥哥

咿呀咿唷喂……

也许这是她们远离家乡后最最愉快的一次聚会，丫丫、竹珺在窄小的房间里手舞足蹈又扭又跳，妞娃用一只铝盆敲打着，声音并不合拍，却很符合姐妹三个的心情。

最后，三姐妹决定，买酒买菜自己做饭吃，就在出租屋里吃，自由、爽。

“竹珺姐，我想到你那儿玩。”已喝得半醉时，丫丫很诚恳地对二表姐说。二表姐见丫丫似有事要同她商量，便很爽快答应了：“好啊，有空便来嘛！”临走时，竹珺问，“你们俩到‘东游花苑’去玩过吗？”丫丫和妞娃都摇摇头。“去玩玩吧，挺不错的。”竹珺说，“那是苏市长主持兴建的。”

47

真像二表姐竹珺说的，“东游花苑”确实非常开阔、秀美。丫丫和妞娃相伴游览由苏市长倡导和主持创建的“东游花苑”，自从来到沙山港市以来，还是第一次。

大概时间尚早，才早晨九点多钟，花苑里几乎就没有什么人，像自己家乡的山林一样静悄悄的，鸟儿倒是不少，白头翁、喜鹊、鹁鸪、黄金贝……成群结队，风也似的飞来飞去，树林里到处是鸟儿清脆激越的鸣叫声。

丫丫和妞娃爬上高岗上的东游亭，从这里可以看到花苑的全貌：东游苑、东游寺、东游桥、东游船、东游湖、东游纪念馆、东游港都能看见，不过都是隐隐约约的，整个“东游花苑”太大了。她们走下东游亭时，却见一条青蛇躺在路中央晒太阳。妞娃想要找石头打死蛇，被丫丫阻止了。她俩在鉴清和尚雕像前站了好久。雕像有三四层楼那么高，确实很雄伟端庄。鉴清和尚剃着光头，两条眉毛弯弯的，很长很长，眼睛却是眯成了一条缝，端坐石台，两手向上重叠着安放在腿上，上半身袈裟的一条条弯弯的皱褶清晰可见，十分柔美自然。鉴清和尚的神态很落寞寂然，是不是这里人少了也感到了孤单。妞娃说：“和尚想老婆了。”丫丫说：“你别瞎说，那个时代的和尚是不讨老婆的。”妞娃说：“都像和尚这样，我就赚不到钱了。”

但凡纪念馆、寺庙之类的地方，妞娃一概地不肯进，却把两束贼溜溜、色迷迷的目光扫来扫去，一刻不停地在寻找着什么。“一个男人！”妞娃忽然一阵惊喜，再仔细看时，坐在石凳上的确实是个男人，可惜嘴巴已深深地瘪了进去，一双眼闭着在养神。丫丫骂了一句：“别发骚劲！”

“过来，过来，过来……”这时，正有一个女人在向她俩招手。妞娃突然转身就逃。平时只有男人招她，今天女人招她，她怕是男人的女人认出她来报复。还是丫丫叫住了她。妞娃这才看清，那里站着男男女女有五六个人，其中一个男的肩上还扛着一台很大的摄像机。原来是一个外省的采风组，专程来拍摄早已闻名遐迩的沙山港“东游花苑”。却发现花苑里的游人太少，没有人，画面就没有生气。摄制组就请来保安帮助邀几个游人配合着拍录像。

“发不发钱？”妞娃小声问丫丫。丫丫白了她一眼：“你想钱都想疯了。”

听说没有钱发，妞娃拍了几个镜头就拉着丫丫逃走了。

她们已经在“东游花苑”玩了一个多小时了，可花苑里的人还是不多。不过，所到之处都很整洁，小径上连树叶草茎都没有，花草树木都养护得不错。有时会碰上戴黄帽子、穿黄褂子，胸前佩着白色圆牌的花苑养护工走过，他们手中拿着扫帚和簸箕。

在一大片丛林前的石凳上，坐着一个年轻男子，戴着墨镜，朝丫丫和妞娃吹口哨。她俩没答理他，走过去了。口哨还在响着。“我去会会他。”妞娃说。丫丫说：“你怎么这样啊？”妞娃说：“眼前的钱为啥不赚，我还想早点回去……大白天怕什么！”丫丫拉住她，妞娃挣脱了还是去了。

大约过去二十分钟不到，妞娃回来了，喘着粗气，脸也变了色。

“出什么事了？”丫丫大惊。

妞娃只是喘粗气，吩咐丫丫帮她把后背的胸罩扣上。待气慢慢顺了，妞娃才讲起了她十多分钟的惊险经历。

“玩玩吗？”妞娃走过去就对吹口哨的墨镜问，对男人，她特别敏感。墨镜问：“什么价？”妞娃说：“这里不能搞，就摸摸，30元。”墨镜把她带到了丛林深处，解开了她的胸罩……当妞娃向墨镜要钱时，墨镜从口袋里掏出来的却是一把尖刀。妞娃的“救命”还没喊出来，墨镜已经捂住她的嘴巴：“把钱包交出来，臭婊子！”声音低沉而凶恶。仗着是白天，妞娃先捏住墨镜拿刀的一只手，用膝盖猛地朝墨镜的裤裆狠狠地来了一下子，才乘机逃了出来。

“报警。让警察来抓他。胆也太大了，白天都敢抢劫。”丫丫提议。妞娃朝身后看了看，说：“报警？报什么警啊，警察来了抢劫犯没抓到，反而把我给抓起来。”妞娃摸了一下口袋说，“还好，钱包还在。”

正在这时，树丛里响起一阵急促的脚步声，很响，很快，直朝丫丫和妞娃的身边追过来。她俩的脸都变了色，头皮一阵发麻，心中一片空白……

48

大概是三五天之后吧，丫丫从小街丽岛回到出租屋，已是子夜。看见妞娃房间里黑洞洞的，她顺手敲敲门，没有反应。“唷，到哪里去了？”丫丫想，“会到哪里去呢？”这样想着，也就回房间休息了。

好像有灵性似的，第二天早晨丫丫一早就起来了，什么事也不干就跑到妞娃的屋前敲门，没有人应。丫丫跑到窗口，透过窗帘的边缝看见房里空荡荡冷清清的，一条皱巴巴的被单一半吊在床下，有两只红色的旅行包鼓鼓地放在桌子上。可是屋里没人，感觉妞娃整个晚上根本就没有回来过。丫丫马上给竹珺打了电话，打了几次等了好久竹珺才回了电，想来正在酣睡，竹珺说：妞娃不在她身边。那会到哪里去呢？妞娃不会去包夜吧？不会的，她听说妞娃的5 000元钱已经赚够了，事实上妞娃这两天确实不再接客，在家里洗刷衣服，整理物件，上街买了些本地的特产：豆腐干、油面筋、银鱼干，还专门到花鸟市场买了一些鸟食，她还惦记着她儿子的那几只鸟。妞娃原来准备今天就搭长途汽车回家乡去的，她会到哪里去呢？

丫丫没有到洗头房去上班。一直等到下午两点十七分，妞娃来电了，说马上帮她搞到 5 000 元钱送到城西派出所去。丫丫这才知道，妞娃出事了，妞娃被公安抓了，要用 5 000 元去赎人。被罚款了，妞娃。

前几天在“东游花苑”没被抓住，今天却真的被警察抓了。那天她俩听到一阵急促的脚步声，以为是坏蛋墨镜追来了，吓得差点尿都要撒出来，后来看清，蹿出树丛的是一只灰兔一条黑狗，黑狗在追逐兔子。这才放下心来。现在，丫丫又被妞娃的电话吓住了。丫丫觉得心慌腿软，嘴巴干得舌头都转不起来了。身边只有 2 000 千多元钱，到竹珺那里去拿了 2 000 多元钱。她想叫竹珺一起去，竹珺说公司有事，跑不开，实际上是竹珺不便到那种地方去，去过问那种事。

妞娃被关在派出所底楼最西边的一所房间里，门口有一扇铁门锁着，铁门的上半段装着铁栅栏，每根铁棒都很粗很粗。妞娃站在后窗边，一只手被手铐铐在窗栅上，她的一只手不得不一直吊在半空中。房间的墙壁是白色的，但上面涂满了血红色的手印，那些手印有的很短，就一个手指印，有的却拖得很长很长，有弯的，有直的，有圆弧形的，血红血红，非常醒目，看得丫丫心惊肉跳。当时丫丫以为那是血手印，后来妞娃告诉她那确实是手印，但不是血手印，而是被关在里面的人在交代材料上按手印后涂在墙上的红印泥。

丫丫向派出所交了 5 000 元钱，派出所让丫丫领回了妞娃。

只一夜工夫，妞娃就憔悴了许多，头发乱蓬蓬的，眼睛也凹陷了下去，脸色黄黄的。回到出租屋她就瘫倒在床上，长长地叹了一口气。丫丫发现妞娃的一只右手满手都是血，血红一片，可怕极了。

“那也是红印泥？”丫丫问。

妞娃举起鲜红一片的右手看了看，声音十分低沉凄婉：“不，这不是红印泥，这是我身上的血！”说着，妞娃又指指自己的左手臂，两条大腿，还有自己的脸。丫丫惊讶地发现，妞娃全身都布满了紫红色的血迹，斑斑点点，有的鲜红，有的却是紫黑色的。尤其是在大腿上，满是红色的斑疹，密密麻麻，像是一夜之间生出来的痱子。不过痱子没有这么大，也不会淌出那么多斑斑驳驳的血迹。

“怎么回事？”丫丫的声音有些发颤。

妞娃从床上坐起来，乱蓬蓬的脑袋低垂着，没有回答。过了一会，对丫丫：“给我来点水喝，不要开水，自来水就行，拿大一点的杯子，我渴死了！”

妞娃一连喝了两大杯自来水才肯停下来，大口大口地喘气，有水沿着下巴淌下来，她也不去抹。大约这样坐了一刻钟时间，妞娃才断断续续讲了她昨天下午到今天下午所发生的事情。

昨天下午，妞娃准备到大卖场买些糖果，回家乡也可以送送小孩，儿子小豹也喜欢吃糖果，在平时是吃不到的。走到小街，碰到一位老顾客，也是外地人，是专收垃圾的小老板。小老板约她到他店里玩玩。妞娃说她不玩了，明天就回去。小老板说就坐坐。妞娃也不好回绝，就跟他到店里。店里就一间屋，外面堆垃圾，里边一只角用夹板隔开放了一张床。

小老板跑进去就把妞娃拉进夹板里间一把抱住了。妞娃说，说好不玩的，快放手吧，你店门都开着呢。小老板不从，一只手已经伸进胸脯乱摸……男人是靠不住的，千万不能奢望一个女人跟一个男人进了房间，男人会像三国演义中的关云长一样坐怀不乱，不可能。要拒绝，就别跟男人迈进房间，甚至不要和男人单独待在一起。女人和男人单独在一起，会滋生很多事端。世界上许许多多男女之间的情欲之事，往往都有一个浪漫的开始，但结局大都很狼狈，很悲惨，很残酷，很无奈，很痛苦，甚至很血腥。一句话，男女之间的情欲，结局大都是悲剧，不管他们开始时的喜剧有多浪漫有多新奇刺激。而且很少有人会吸取教训，许多男女被情欲的大海所吞噬，又会有新的男女跳进情波欲海，可以说是前赴后继，勇往直前。男人女人之间情欲的悲喜剧看来是会永远演绎下去的，只要世界上有男人女人存在。

正当小老板在妞娃身上摸得忘乎所以时，门突然被打开了，两个警察站在面前。男人女人被带到了派出所，被分开进行讯问，巧了，其中一个警察妞娃认识，就管小街那一片的治安警，他时不时会到丽岛洗头房来查访，有时会和老板娘一起出去，他们正相好着，这个连妞娃也知道。这个警察有一次还在妞娃屁股上捏了一把。一些常规的审问过后，最关键的一句是：交代你们卖淫嫖娼的经过。

妞娃答："我没有卖淫，我们没有搞。"

事实是他们确实没有搞，男的女的衣裤都还算整齐着呢。

"不老实，给她上铐子。"

妞娃被戴上了手铐，很坚硬，凉飕飕的，感觉很有些分量。

"老实交代！"

"我们确实没有搞，我没有卖淫！"

半个钟头过去了，妞娃翻来覆去还是这句话。

一个警察出去了一回，回来时明显带着愤怒："资格老了，你这个女的。那男的都已交代了，你还想抵赖？"

妞娃目瞪口呆："我们真的没有搞……"

"不老实，关她一夜！"

妞娃被带到底楼的留置室，吊铐在后窗上。铁窗外渐渐暗下来，妞娃刚刚觉得有点凉快，蚊子开始向她发起攻击，她本能地挥起右手拍打起来。这蚊子也怪，身子带花纹的，黑白相间，比一般蚊子大，叮咬得特别疼。每叮一次，就留下一个红斑，慢慢就肿起来，又疼又痒。可怕的是，待天色全暗，屋内的蚊子就挤满了，两耳一片嗡嗡声，从头到脚，从左到右，每一秒钟都有蚊子在攻击着她。

妞娃踮起脚尖往外看，原来窗外是个花圃，花很少，全长满了草。昨夜一场雷阵雨，草丛里积满了水，成了蚊子的乐园。刚才警察打开窗时她内心还挺感激，以为可以凉快一点，想不到遭遇到蚊子疯狂的攻击。她开始还很认真地拍打，慢慢手拍酸了，便不再频频地挥手。待过了一段时间，用右手在大腿上摸了一遍，觉得湿滋滋黏糊糊的，借着灯光一看，一手的血，还有蚊子的尸体。"看来我只有被叮的命。"妞娃想，"不是被男人叮就是被蚊子叮！"

妞娃第一次领教到蚊子的厉害。她是在山林里长大的，但家乡的山林缺水，根本没有这么多蚊子。无助之中，她呼爹喊娘，呼唤起她的儿子小豹来。慢慢地，浑身起了一层鸡皮疙瘩，头皮发麻、恶心、大口大口地呕吐起来。嘴巴张得很大很大，并没有什么东西吐出来。她晕过去，又醒过来，努力站着，不让自己倒下去，尽量把身子靠在墙上，让铐在铁窗上的手舒服一点……

天亮了，铁门打开，警察把妞娃带到讯问室。还是昨天的两个警察，他们的脸色和顺多了，语气也不像昨天那么凶狠：

"一夜想通了吗？"

妞娃点点头。

"要不要将那个收破烂的叫过来对质？"

妞娃摇头，心里在咬牙切齿地骂那个收破烂的："脓包、孬种、缩头乌龟……"

"确实没有搞，为什么要交代呢？"妞娃想，"害我喂了一夜蚊子！"

"他有没有摸你？"

妞娃点头。

"以前你们有没有搞过？"

妞娃点头。

"光点头不行，时间、地点、嫖资都得交代清楚了。"

……

妞娃在讯问笔录上盖了几个手印，心里在不断地大骂那个收废品的小老板：缩头乌龟、杂种……

"对你处罚还是轻的，否则，还得拘留十五天，有可能还要送出去劳教两年。"那个老板娘相好的治安警最后对她说。

……

丫丫回房间拿来一瓶风油精，含着泪轻轻地在妞娃的全身擦着。妞娃躺着，闭眼，一声不响。

"5 000 元钱没有了，我的 5 000 元钱！"突然，妞娃几乎是嚎叫着说出了这句话，并立刻号啕大哭起来，哭声很大，涕泪横流，连小床都颤抖起来。

妞娃被关押一天一夜，没流一滴眼泪，这时她才真正伤心起来。

49

妞娃在床上睡了，她很快就打呼噜，大概是太累太疲乏了，丫丫给二表姐竹珺打手机，还好，二表姐在家里。她要给竹珺讲讲大表姐的事，讲讲她自己心中的不安和害怕。等她赶到“凯丽佳苑”，竹珺却急着要出门，说是苏市长找她有事。临走，竹珺交代丫丫帮她把阳台上几盆花草搬到背阴的地方，屋子里打扫一下，还说冰箱里有草莓、比萨，饿了就吃。

想来竹珺喜欢高雅馨香的花草，她养的几盆大都是兰花与茉莉，丫丫将它们搬到了后阳台，那里凉快，又无阳光。房子里很整洁，比丫丫出租屋不知道要整洁多少，丫丫只是在卫生间、厨房的大理石台面上擦了些水渍，便坐在竹珺的电脑桌前休息了。

房间里没有什么变化，后墙上还挂着那幅苏市长送给竹珺的苏东坡的书法立轴：七律·红梅。客厅里仍放着颇显豪华的钢琴，不过，钢琴是打开着的，那条深绿色的天鹅绒罩被丢在不远处的桌子上，想来竹珺最近的心情不错，经常在弹琴。桌子上放着几本书，丫丫拿起来看看都是英语书，还有的便是工商管理丛书之类的，丫丫便丢下了，顺手拉开旁边的第一只抽屉，竹珺的日记本赫然在目。“你不是看到了吗？”丫丫耳边突然想起那晚表姐妹三个聚在出租屋谈笑时，自己和妞娃逼着竹珺要讲有趣的事情，竹珺曾讲过的这句话。

丫丫的好奇心上来了，她打开二表姐的日记本，很小心地翻阅起来。可是，令她失望的是，她并没有翻看到像她们谈笑时说到的那些奇闻逸事，更多的是竹珺从丽岛洗头房出走以后的艰辛与迷惘——

×月×日

……烦，我真是烦死了。这浅水湾的休闲领班我是不想当下去了。小姐不听话，常常发脾气，管紧了还骂人。客人不埋单，明明给他服务了，硬说小姐服务不到位，满嘴的酒气喷得我都要晕过去。老板什么也不管，只是问："竹珺，今天的营业额不高哇，你要想些办法。"我还能想什么办法，难道要我脱光衣服到大街上去拉客吗？

天啊！我要到什么时候才能不当小姐，也不管小姐！我要到什么时候才能实现自己的梦想！我的梦想是什么？找回自己的青春？实现自己的理想？在我梦中，出现最多还是大学的门牌、教学楼、校园、草坪、礼堂。是的，这一切我自己已经错过了，失去了，错过了的东西可以补回来啊……

×月×日

……确实，当上亚细亚歌厅的业务经理后，能感觉到一些安静。歌厅是比休闲档次高一点，况且亚细亚是沙山港市最高档次的歌厅，来这里的客人也都比较文雅，素质不错的，彬彬有礼。就是在选公主时我十分为难。最近歌厅新来了一位公主，叫小梦，才十八岁，十分俏丽乖巧，客人都要点她，点不到就摇摇头，故意走了。也有的竟然说："点不到小梦，就点你吧！"气死我了。

还有那些外国人，喜欢搂着公主跳舞。韩国人、印度人、新加坡人、澳大利亚人都还好说，最坏的是那些日本人，搂着公主亲嘴、剥衣裳。公主逃出包厢，日本人便追到吧台向我要人，叽里呱啦，板着面孔。我恨不得挥起大刀向鬼子的头上砍去。

现在歌厅正流行裸陪，而且此风越来越盛，有些小姐巴不得脱个精光，因为这样赚钱，钱来得快来得多。也有的小姐逃走了，适应不了。这是否也是森林法则？残酷！

这歌厅的业务经理也不是我久待的地方，不过，在这里，经常和外国人接触，对我的英语会话水平的提高倒是很有帮助的。

丫丫看了这些，内心便对二表姐竹珺多了一些敬重。完全可以想象得到，竹珺从丽岛洗头房走到今天这一步，经历了多少的坎坷、屈辱与辛酸。同时，丫丫也更感到社会的险恶，感到做小姐这一行的悲戚。

丫丫感到嘴巴有点干，到冰箱里挑了一瓶椰奶；又打开电视机，调到戏曲频道。一个人待在这里，她感到很冷清很陌生。她一边喝椰奶，一边翻日记。她看到了竹珺的下面一页日记——

6月5日

苏市长终于从泰国回来了，带回来一瓶神油，我知道他又要玩什么新花样了。他是到新加坡去招商引资的，顺道考察了泰国。

“泰国这个国家很奇怪，他们对宗教很崇拜，很虔诚，可是他们对性又那样开放，这就弄不懂了。”苏市长大发感慨，可想而知，他是大开了眼界了。我倒也很想听听他的见闻。苏市长却一把抱住我，在我脸上、头发上、胸脯一阵狂吻。在国外转了一圈，苏市长似乎变得更浪漫更富激情了。我推开他，要他讲讲外国风情。

苏市长看着我说："这样吧，有机会也带你出去看看！"

我有些不悦。

苏市长轻描淡写地说："那里有不少女人公然在胸口挂一块牌，上书 50＄。当然是 50 美元。"

我问："如果沙山路上站一个挂这牌子的小姐会怎样？"

"抓起来。"苏市长说。

"不挂牌的小姐有没有？"

"有！"苏市长回答得很肯定。

我很吃惊，习惯在主席台上一口官话套话的苏市长，今天讲了真话、实话、人话，讲得如此坦率，诚恳，甚至有点忧虑，在我眼里，在我心里，苏市长反而觉得更亲切，更高大。更令我喜爱和敬重。我拥吻了苏市长，这一次是真正出于我的内心，带着一个女人对男人的感情。

还是老样子，苏市长要我先替他按摩，所谓按摩，实际上是男女调情的代名词。

苏市长办事讲究效率，不喜欢太多的过程，但在做爱上，他却特别喜欢过程。他说，高潮太短暂了，瞬息即逝，应该尽量延长到达高潮的过程，这个过程才是最幸福最愉悦的，就像享受生命过程一样。苏市长所要享受的这个过程就是我用身体各个部位对他进行的按摩、爱抚，也就是男女之间的调情。我感受到，苏市长确实是享受生命，享受生活、享受权力、享受女人的高手。

苏市长闭着眼,忽然又讲起了泰国芭缇雅红灯区一条街的风情。他轻轻地讲述着,好像他又回到了那个男人的天堂:那条街并不宽大,却十分繁华。街两旁全是酒吧,成百上千的年轻小姐在里面向你招手,媚笑,一个个都穿着暴露,艳舞表演厅门口的小姐一扭就露出整个屁股,整条街面豪华艳丽的霓虹灯都是色迷迷的……

“可怕!”大表姐在派出所的遭遇和二表姐的日记给丫丫留下的全部印象就是这两个字。

50

当日晚上,丫丫给孟军打手机:

“在干吗呢,能来一次吗……不,到我住的地方。”

“今晚我有事,明天行吗?”

“有那么重要的事情吗?”

“朋友约好了的。”

“我是你的朋友吗?”

“你是我最好的朋友!”

“那么你就来吧,今晚就来,一定要来,今晚,就现在,我等着。”

孟军推开虚掩着的房门,丫丫斜靠在床头,见孟军进来,也不打招呼,只是用眼睛定定地看着孟军。

“有什么事吗?火烧眉毛似的。”

丫丫仍不响，眼睛盯着孟军，那眼光有点异样，像是刚碰上了陌生人，审视，疑虑，警觉，甚至有点惊恐。

“你怎么啦？丫丫！”

“你会娶我吗？”

“又来了，你问了多少遍了！”

“回答我，你会娶我吗？”

“会的，我会娶你的。”

“真的，不骗我？”

“不骗你！”

“你真的会娶我，和我结婚？”

“真的，不骗你。我会和你结婚的。”

没有任何预兆和暗示，丫丫突然扑到孟军的怀里，抽泣起来，身子剧烈地战栗着，完全不顾孟军的一再劝慰和询问，丫丫只是哀哀地哭，身子不停地起伏震颤着。待丫丫稍稍平静一点，孟军捧起丫丫的头，问：“发生了什么事？”

丫丫抽泣着，答非所问：“我害怕！”

“你害怕什么？”

“我不知道！”说完，丫丫抱住孟军的腰，头仰起，看着孟军，声音很哀怨，一句接一句地倾诉着，“你会嫌弃我这个发廊女吗？”

“我虽是个外地女子，我会好好爱你，相信我，我不会骗你！”

“我不会马上把女儿带过来，女儿有我妈妈带着，你不会厌恶我的女儿吧？”

“我会跟你去找工作，和你一起去挣钱。”

"我不想再到丽岛去了！不想，不想再到那种地方去。"

丫丫不让被抱着的这个男人开口，一句接一句地倾诉。

"发生了什么事？你跟我说。"孟军感到了这个紧紧抱着自己的女人的弱小和可怜。

"你别问我，只要你真的肯娶我。"

"我会娶你，这是一定的。"

"那么你带我到你家里去，我想见你的父母。"

孟军没有马上回答，丫丫仰起头，眼睛一下子睁得很大，眼泪又涌出了眼眶。孟军看出了丫丫的焦虑，但他确实难以马上表态，他是跟父母亲讲过他正在和一个外地女子谈朋友，但没跟父母说丫丫已结过婚，有个女儿，更没说丫丫在洗头房当小姐。

"有机会我会带你去我家。我父母亲已知道你在和我谈朋友。"此时，孟军也只能这样讲，也并不在骗丫丫。

"我要跟丈夫离婚！"丫丫说这句话时，眼睛里已没有了眼泪。

51

妞娃从派出所被放出来的第三天早晨，丫丫看见妞娃在院子里刺槐下捣鼓一堆木板。木板不厚，大概是人家废弃的包装盒，还有几根短木棍，一把生了锈的铁钉。没有榔头，没有锯子，妞娃就用砖头、菜刀代替。

"你在搞什么？"丫丫非常好奇。

妞娃抹了一把脸上的汗，并不停下手中的活，看得出她干得非常投入，可以说是津津有味，吊带衫都湿透了，这活儿并不好搞。见丫丫还愣着，方才说：“等会儿你看。”

已是盛夏，太阳非常刺眼，明晃晃的，显得极有威力，好像要把整个大地烤干，刺槐却生长得越发茂盛，碧绿，浓荫匝地，正张扬着它旺盛的生命力。有几只粉红色的蜻蜓全然不顾树上一群蝉的噪叫，悄无声息地飞翔，在空中寻寻觅觅。

图形出来了，一只长方形的盒子，不大，一尺多一点。不一会，顶头又多了一根木条，木条顶头又多了一块板，板状似人的一个脚印。

“你想去擦皮鞋！”丫丫终于看出来，妞娃钉制的是一只擦皮鞋的箱子。

“我去擦皮鞋总可以吧！”妞娃恨恨地说，“我要去擦皮鞋，擦一双一元钱，我要去擦5 000双皮鞋，把被罚掉的5 000元钱挣回来。我看见穿皮鞋的人就去求求他让我给他擦，拉住他的脚……一双又一双地求，一双一双地擦，擦满它5 000双鞋……”妞娃近似疯狂地说着，将擦鞋箱提回房间，打开一只塑料袋，从里面取出几把刷子、几支鞋油、几条旧毛巾、一只小水罐、一样一样放入箱内。成了，一个新入市的擦鞋师傅的全部当家就齐全了。并且说干就干，妞娃当场就背起箱子走街串巷，加入了外地人擦鞋大军的行列。不过一般擦鞋的都骑一辆破自行车，妞娃没有，但她有两只脚，两只粗壮而有力的大脚。

当淡淡的满月渐渐显现，孤独的北斗星（在当代，在这江南港城的上空，已经很难看到星星了，从前的满天星斗也不知到哪里去了）开始努力闪烁的时光，妞娃回来了。悄无声息。

“妞娃，挣了多少钱？”丫丫对大表姐的这个新行当充满着好奇，等待着一种惊喜。

妞娃打开门，从箱子内取出一只雪碧罐，往桌子上一倒，零零落落一阵硬币落下的叮当声。丫丫一枚一枚地数：一共二十二枚，大都是一元的，只有一枚是伍毛的。妞娃说，有一枚人从口袋里挖出一枚小小的黄色的伍角硬币，说是只有伍角钱，妞娃也没有跟他争，算了。也就是说，妞娃擦了一天的皮鞋，挣到了二十一元伍毛钱。

“路倒是走了有二十多里……”妞娃倒在床上，长长地叹了口气。妞娃哪里知道，夏天是小姐的节日，却是擦皮鞋的末日。在夏天，人们是不大擦凉鞋的。

妞娃还掉丫丫和竹珺的5 000元借款，几乎就身无分文了。今年大半年挣来的钱一个晚上就不见了。这5 000元钱都是她用身体换来的，最低的一次，30元钱也干了。她常常说：“闲着也是闲着，挣一元是一元。”

翌日早晨，妞娃叫丫丫过去。妞娃把一只塑料袋送给丫丫。丫丫打开一看，全是吃的东西：油面筋、豆腐干、银鱼干、糖果，本来这些零食是准备回家乡带给乡亲们和自己的儿子吃的，现在分给丫丫吃了。原来打捆好的几包行李，现在已全部打开，归到了原来的地方。妞娃自己也往口袋里装了一些零食，背上箱子就走出了院子。

以后的几天，妞娃早出晚归，全身心投入了擦皮鞋的行当，人也黑了、瘦了。最要命的，脚也拐了。有一次，为了躲避城管队员的追赶，撞在了小巷的一根水泥管上，摔出去有三丈多远，把脚跌坏了，庆幸的是皮鞋箱没坏，只是家什散了一地。奇怪的是丫丫发现，自从妞娃擦皮鞋那日起，就没见她烧过一次饭。妞娃说：“我都在外面吃了，方便。”

有一次，天快暗了，丫丫从小街丽岛回出租屋，经过小巷拐角一个垃圾房时，突然看到一个人脸孔朝里正在啃一根肉骨头，啃得很快，抓骨头的两只手抓得很紧，骨头很大，看得出肉并不多。那个人啃得很凶但并没见他大嚼大咽，只是快捷地在骨头上啃咬着，像一条扑在骨头上的饿狼。成群的苍蝇在嗡嗡乱飞。一只瘸了腿的黄狗夹着尾巴正恋恋不舍地离开垃圾房，每走一步都要回头看一眼。一只硕壮的大黑猫则朝着垃圾房凶恶地吼叫着，愤怒地发泄着对抢夺它美餐的那个人的强烈不满和神圣的抗议。丫丫站住看着，发现是一个女人，再看，看见了一只皮鞋箱，看见了粗壮高大已变得黝黑的妞娃的后背。这时，妞娃已丢掉骨头，整个脑袋正埋在一只打开的红色塑料袋上，大口大口地吞食着。大概，那塑料袋里装着的是人家丢弃的剩饭。

丫丫怔了，愣了，惊了，痛了，她想喊想哭想叫想诉想嚎想呼，却突然哑了，迅速转身逃也似的奔回了出租屋，手忙脚乱在公用厨房间忙碌起来。丫丫知道妞娃的心理，擦一双皮鞋才一元钱，一盒客饭就要五元钱，那要擦五双鞋才挣得到。妞娃是舍不得的。

大约过了半个多小时，妞娃回到了出租屋。丫丫端过来一碗饭，一碗肉，一碗菜，放在桌子上请妞娃吃。

妞娃看了一愣，又惊又喜，一双筷已经伸进了肉碗里，突然又缩了回来，连忙说：“哇哈，我今天吃得太饱了，吃了快餐，还是八元的，有一块排骨，比我巴掌还大。”妞娃很高兴地告诉丫丫，“今天，我挣到了30元钱。是我擦皮鞋挣得最多的一天。”说完，妞娃看着桌子上方的墙面，脸上漾起了幸福的笑意。

丫丫看到，那墙面上贴着一幅画，一幅中国画，彩色的。画面上是一只鸟笼，笼门是打开的，一只云雀站在笼门口，小脑袋仰望着天空。天空上碧蓝碧蓝，一望无际，有几朵白云在飘。白云间，一群鸟儿在飞翔。

是妞娃儿子小豹的画作，竹珺特地从家乡带出来的那一幅。妞娃把它贴在床对面的墙上，这样她每天就能看到了。

52

江云涛接到丫丫的电话，丫丫的电话总是这样的开场白，总是这样的温婉柔甜："在干吗呢？"但是，今天错了，完全错了。江云涛听到的是："你现在忙吗？能来我身边吗？就现在？"从丫丫的语气中，江云涛感到了一种内在的不安和焦虑。嗓音有点抖颤。有一种悲凉、沉重的味道。

和丫丫没见面已经有近二十天了，单位安排几个记者、编辑到云南去采风，一去就是十天。回来后江云涛就很渴望和丫丫聚一次，说老实话，从心理到身体都很需要，说直白一点，对丫丫有一种情欲的渴求。人都是这样，无论男人还是女人，到外面或出差或旅游十天半个月，都会十分想家，都有和自己的妻子或丈夫温存亲密接触的欲望。

来到出租屋，江云涛发现丫丫眼睛有点潮湿，有点红肿。丫丫用面纸擦了一下，有点勉强地笑了笑。江云涛伸开有力的双手抱住了丫丫，丫丫软软地倒在他的怀里，两眼忧郁地瞧着江云涛宽阔饱满的脸庞，欲言又止。江云涛欣赏着丫丫越来越清秀明丽的脸，恨不得把她一口吞下肚去，忍不住垂下头去吻丫丫，却吻住了丫丫的手，丫丫的手把那贪婪而急迫的嘴推开了。丫丫问：“最近你忙吗？”丫丫第一句还是重复手机中的话。

“还行，老样子。”

“这样就好。其实不必赚很多的钱，不出事就好，平平安安的，就是幸福。”

江云涛听丫丫的口气好像话外有话，忍不住问：“出什么事了吗？”

丫丫不响，江云涛看到了丫丫眼睛深处的忧郁，以为是丫丫在为他这一段时间没来感到伤心，便说：“最近，报社安排我们到云南旅游了一次。”

“这个我知道，你打电话告诉过我了。”丫丫忧郁地看着江云涛，“你们真好，有单位，有保障，出去旅游还不用自己掏钱，我们有的小姐妹连吃饭看病的钱都没有，还东躲西藏的……真是羡慕你们啊！”

“你不是有我吗？”江云涛说这话有点自负和自傲。

丫丫的脸上明显变得阴郁起来：“是有你，但你又不能娶我！”

“为什么一定要娶你呢，现在这样不是很好吗？”

听了江云涛的话，丫丫长长地叹了一口气：“你不会理解我，女人的心，你是理解不了的。”

两个人突然就没有了话说，出租屋寂静得有点陌生，有点隔阂，有点尴尬。江云涛在丫丫脸上啄了一下，开始脱丫丫的吊带衫，胸罩。丫丫又用手推，见江云涛坚持，也就顺其自然。

待江云涛心满意足气闲神定之后，丫丫才轻轻地说：“我明天要回家乡。”

江云涛忽然感动起来，心中充满了温情：原来丫丫是因为要离开他几天才这样忧郁；今天特地邀请他来相聚后才离开的。江云涛被深深地打动了。此时的男人不但对女人的各种要求百依百顺，而且会主动满足女人的各种需求，有些男人在一夜风流之后便赠给女人一幢别墅，一辆奔驰，甚至是为了女人坐牢掉脑袋而不悔，就是这个道理。反之，男人如果觉察到了女人的虚伪，奸诈，贪婪，也会拂袖而去，快刀斩乱麻，在男人的眼中，这个女人已经一钱不值，决不会再碰她一根汗毛。女人也不全都是淑女和贞妇，男人也不全都是恶棍和流氓。有人说女人脱光了都是一样的，也有人说男人脱光了都是一样的，其实男女脱光了全都是一样的。一样的都是人，都有七情六欲、儿女情长。不同的是男人总是把这一切放在嘴上，而女人喜欢放在心里。男人在两性关系中常常表现为直奔主题，表现出皮肉之间的欢愉与金钱的施舍；而女人却容易往心里面去，在感情上产生痴迷与缠绵，甚至一往情深难以自拔。无论男人还是女人，最吸引人的还是他（她）的思想和品质，并不是他（她）的财富和外貌。男人看到美丽的女人会盯着看，贪婪的目光恨不得把眼前这个女人剥个精光，将她的私处看个心满意足。其实，真的脱光了反而会使人大失所望，因为再美的女人和再丑的女人的性别器官完全是差不多的。所以要欣赏美女还是穿衣服来欣赏，穿着衣服的美女才是最美丽的。美女主要美在她的身材外貌、气质、精神。许多人为什么喜欢黄色东西，喜欢裸体，主要是平时看不到，满足一时的好奇心。窥探隐私，也是人所共有的本能。也有的是借裸体来刺激一下自己的性欲罢了。男人对女人，女人对男人都有一种好奇心，都有很强的性意识性欲求，但都不必太沉迷太神秘太贪求。老话说，色字头上一把刀。任其自然，若即若离是最好的境界。当粥当饭，必受其害。所以男人对女人，醉卧花丛，浸淫情欲，祸害无穷，身败名裂是很自然的结果。蜻蜓点水，风过不留声，雁过不留影为好。

以上就是江云涛面对怀中的丫丫，面对赤裸的丫丫的一段心血来潮的胡思乱想。他起身拖来自己的黑皮包，从中取出一沓钱，大概有两三千元吧，交给丫丫："够吗？带回去！今天我只带了这么多！"

"够了，谢谢！"丫丫每次都会这么说。但是，这一次，丫丫一点也没有感激的意思，内心深处，不但高兴不起来，反而有一阵深深的失落和刺痛。本来，今天约江云涛来，是想跟他倾诉一下，听听他的意见，哪怕是安慰两句也好。现在，她有太多的苦恼，太多的情结，太多的包袱。她决定明天回家乡和丈夫摊牌，但是丈夫会同意离婚吗？最后会闹出什么结果呢？自己这样做对吗？她非常希望江云涛能给她指点指点，毕竟他是个记者，是个文化人。可是从江云涛出现在自己面前那一刻开始，就没有那样的机会，没有那样的氛围。

江云涛发现丫丫看着自己给她的那一沓钱时，目光和脸色流露出来的不是喜悦，而是比见面时还要浓重的忧郁和伤感。

"是不是她嫌我给的钱还太少？！"江云涛这样想。

……

翌日上午，江云涛接到丫丫的电话："今天没乘到车，没走成。"再隔一日，丫丫又来电，"我不回去了。"

江云涛感觉到了丫丫的些许反常，由于报社采写的忙碌，也没有去探究。

53

石狗听说丫丫跟沙山港市一个男的在谈朋友，已经是两个月以前的事了，是妞娃打电话告诉他的。他心里觉得很可笑。一个当地男的，怎么可能和外来妹谈情说爱呢，哄哄骗骗罢了。沙山港市男人的这种小把戏，石狗是见得多听得多了。“蠢猪一个！”他忍不住骂了一句那个还没头没脑、影子样的男人。

后来，妞娃告诉石狗，那个男人叫孟军。“怎么，我老婆现在还在和他处朋友，真的在谈恋爱？”石狗想，“不可能啊！丫丫和我结婚六年，女儿都五岁了。再说，老婆那么老实、本分，怎么会呢？六年来，老婆从没和任何一个男的有过瓜葛。”

石狗的这一想法得到了证实，二表姐竹珺回老家了。石狗专门去打听了，竹珺说，也听妞娃讲过这事，玩玩的吧，不必当真。石狗也就放心玩他的六合彩，晚上呼呼大睡。有时觉得躁动和压抑，就自己玩玩解决掉了。虽说这个老婆是他野合来的，说出来有点放肆下流，可石狗除掉和老婆做爱之外，还从没有和任何其他女人沾过边。这一点，连老婆丫丫都很赞许。

妞娃还是不断地打来电话，告诉石狗，那个叫孟军的男人就住在离小街不远的郊区，家里有三间楼房，父母亲都是临时工，孟军本人在工地上扎钢筋，家里的经济条件在沙山港属于差的；而且孟军个子很矮，留着一绺小胡子，像极了电影里的日本鬼子……

听妞娃这么一介绍，石狗反而更放心了。自己的老婆又不是傻子，这个臭男人又丑又穷，丫丫怎么会和他处朋友呢！他有点责怪大表姐姐娃了，真是多心多事，脱裤子放屁，多此一举，但心里也有点责怪丫丫，和这个穷男人相处又得不到多少油水，要骗就骗有钱的男人，最好是老板、大款，比那个江记者更有钱的男人。不过，石狗也有些小小的不安，就是丫丫的电话越来越少了，有时十天半个月才来一个电话，而且只问女儿、爸爸妈妈的身体，对他除了责备就没有什么好话，温存的话更是一句都没有。好在丫丫每月都寄回一两千元钱，对山村的人家来说，这已是一笔不小的财富了，石狗对老婆还是怀着一颗感恩和歉疚之心的。

后来，老婆丫丫在电话中的一句话彻底将石狗打懵了，像一声晴天霹雳，石狗呆了，傻了。丫丫的那句话是："咱们离婚吧！"

"为什么？"

"问你自己！"

"我没有乱搞女人，我对天发誓！"

"但是你把我骗出了家！"

"那是为赚钱……我们不是说好了，只为赚钱……"

"我不想自己骗自己。我要和你离婚！"

"休想！"

……

石狗说马上要到沙山港市来，丫丫怕他来闹事，这是肯定的，婚离不成，反而把事情闹大闹僵。丫丫决定回去，做好父母亲的思想工作，要办离婚手续，是必须在家乡办的。但是这个婚离得掉吗？石狗能同意吗？爸爸妈妈会怎么说……丫丫如迷失在深山密林之中，非常茫然、彷徨而焦虑。正在这身心憔悴之时，她想起是不是该约一下江云涛，听听他会怎么说。可真到了江云涛面前时，丫丫话到嘴边又咽了下去。当着情人的面去讲和另一个男人谈情说爱的事会有什么后果。丫丫虽然急昏了，但还没糊涂到那种程度。毕竟，江云涛待她不错，现在自己的主要经济来源靠的就是江云涛。

正当丫丫一只脚已经跨上返乡的长途汽车时，接到丈夫石狗的电话，口气突然变得非常和气诚恳："我不出来了，爸爸妈妈说了，叫你马上回来。"丫丫马上警觉起来，她知道这是丈夫在引诱她回去，回去后不再允许她出来，死死地看住她。会的，她知道丈夫的脾气。她毅然收回了已经跨出归程的那只脚。

"我不回去，丈夫石狗肯定会出来，出来以后他会怎样的吵闹和折腾呢？"丫丫陷入了新的恐惧之中。丈夫非常倔强，这一点丫丫是清楚的。

54

当孟军突然走进出租屋，出现在石狗和丫丫面前时，丫丫和石狗都异常惊诧，像被施了魔法似的呆立在那里。试想，一个抢了人家妻子的男人怎敢公然去面对人家的丈夫，除非狗胆包天了。

丈夫石狗到沙山港市已经几天了，这是在丫丫预料之中的。孟军知道后，要求面见石狗，丫丫劝孟军千万别来，可是孟军还是来了。

三个人都站着，互相瞪视着，小小的空间静得可怕，空气像要爆炸似的。三个人的脑子却在急速地旋转：

石狗：就是这家伙抢了我老婆，一副熊样，我老婆怎么看上他，真是瞎了眼了。

孟军：这家伙不像个男子汉，是男子汉怎么会把自己的老婆骗出来。今天他要动手，估计自己能对付得了。

丫丫：别打架啊，千万别打起来。

没有声音，没有动作，像暴风雨的前夕。丫丫端起一只方凳，放到孟军面前。

“拿烟给我！”石狗恶狠狠地瞪着丫丫。

丫丫略一迟疑，把桌上的一包烟递给石狗。石狗不接，说：“给我点上！”

丫丫不理他，将烟丢在石狗面前的床上。石狗一把抓住丫丫的胳膊：“给我点上！”

丫丫不从，石狗挥起巴掌要往丫丫脸上掴。孟军上前，从口袋里抓出一包烟，抽出一支，递给石狗，掏出打火机“啪”的一声，一簇蓝色的火苗呼呼地蹿着已经伸到石狗的嘴边。石狗点着烟，猛吸两口，突然鼓起腮帮运足气将香烟朝孟军脸上喷去。烧得鲜红的香烟头烫着了孟军，在孟军脸上留下一个黑斑，还有几条烟丝粘在脸上。

丫丫取来毛巾轻轻地帮孟军擦脸。石狗冷笑着上前一把抓过丫丫，又挥起了巴掌。

“住手！”孟军不卑不亢，“这事怪我，是我找了你老婆。”

“我的老婆你为什么要纠缠？”

“我爱她，我准备娶她，和她结婚。”

“那是我的老婆！”

“既然是你的老婆，你为什么不让她在家里好好过，否则我也不会认识她哩。是你，是你出卖了自己的老婆。”

“我出卖老婆是我的事，我愿意，我高兴。”

“你太自私了，你不爱你老婆！我准备娶丫丫，和丫丫结婚！”

“你敢！”

“不敢？不敢我就不来了。”

石狗跳起来，奔到孟军面前，当胸一拳，孟军跌倒在地。石狗又是一脚，把孟军踢得翻了几个身，撞到墙壁才停止。孟军爬起来，走到石狗面前，面向石狗，很近很近，毫无惧色，两只拳头攥得很紧很紧，微微颤动着，但没有挥出去。看上去，孟军要比石狗粗壮得多，尽管孟军比石狗稍稍要矮一点。

“我喜欢丫丫，真的，我是真心喜欢。”孟军面对面看着石狗，眼睛一眨都不眨。

石狗挥拳朝孟军脸上打去，孟军又仰天倒地。丫丫扑倒在孟军身上，孟军一动不动，血开始从孟军的鼻子、嘴巴汩汩流出，鲜红鲜红的，十分可怕。

丫丫号啕大哭，扑向石狗，在石狗身上一阵乱打。

孟军慢慢爬起来，爬得很艰难，晃了几晃才站直身体。他用手捋了一把脸，一手的血，血胡乱地涂满了脸。孟军攥紧拳头，一步一步走向石狗，面对面地站定，靠得很近，孟军的双目像是疯狂了，几乎要淬出火星来，使得石狗明显在躲闪。孟军举起拳头，石狗向后仰去，孟军的拳头并没有落下去，却听见孟军斩钉截铁的声音：“我爱丫丫，我不想让她这样活着，我要娶她，我会好好待她一辈子。”

丫丫抱住孟军，轻轻抽泣，轻轻帮孟军擦着满脸的血。

这时的石狗反被眼前的情景震住了，他已没有了再次挥拳的力量和勇气。他已看到孟军的决心和丫丫的选择，他有点气急败坏，突然一把抓住丫丫，把她拉到自己身边，对着满脸鲜血的孟军说：“想要讨我老婆，行啊，先拿5万元钱来，要现金！”

55

终于接通了丫丫的手机，江云涛一颗紧缩着的心才得到了舒展：“马上到我宿舍里来！”他对丫丫说。

江云涛和丫丫失去信息联系已整整三天了。三天中，收不到丫丫的信息，收不到丫丫的电话；打过去，不是关机就是不接。“发生了什么事呢？”江云涛有点焦躁。说穿了，他真急的并不是丫丫发生了什么事本身，而是怕因此而失去丫丫。现在，丫丫已成了他生活的一部分，而且是很重要的一部分。

丫丫年轻、美丽、单纯、温柔。尤其是单纯和温柔，是江云涛最欣赏也是最被感动的。在和女人的交往中，江云涛感到女人并不像文学作品中所描写的或者人类学者们所表述的那么重感情，相反，给他印象深刻的是女人的物化、势利、现实。尤其在物欲横流、金钱至上的商品社会中，离开了票子、房子、车子，似乎一切都只好免谈。拉一下手，拥抱一下，接个吻，它的前奏必定是讨价还价，层层加码，最后成了赤裸裸的情钱关系，性钱交易，权色需求，连婚姻都蜕变得像卖淫嫖娼似的。男欢女爱的过程近乎索然无味甚至如临深渊。清纯温柔是女人的品格；女人最恶劣最可怕的德性就是贪婪。对男人而言，所有坏品格的表现形式就是吃喝嫖赌贪，而在所有坏品格中最坏的品格就是没有责任心，没有责任心的男人什么坏事都做得出来，做什么坏事都不怕干。没有了责任心，男人就变成了最可怕也最危险的一种牲畜。

在江云涛的印象中，丫丫是个例外。丫丫从来没在他向她求爱的过程中用金钱作筹码，顺从温存体贴成了他和她做爱的最好的润滑剂。另外江云涛现在感觉到，和丫丫交往，可以让他的心灵和精神得到真正的放松和慰藉。长年累月和采访对象相处，他觉得太累太假太别扭了。他的采访对象不是官员就是大亨，都是有一定社会地位的人。在场面上，他们都表现得那么严肃、正派，一副道貌岸然正人君子的样子。连讲的话都大同小异，充满了豪言壮语，句句是真理，字字为民众。江云涛认真地听，认真地记，但心里面感到特别压抑，特别焦躁。他知道里面许多都是虚的假的，不过是个形式程序面子罢了，但是他是个记者，一家官方报纸的记者，在市政工作，那是他的责任，逃避不了，他也无法逃避。要说逃避，他就只有逃避到丫丫身边。他的生活中已经少不了、离不开丫丫了。像丫丫这样的女子，在现实生活中已经很难找到，可以说是可遇不可求。所以当江云涛连续三天联系不上丫丫时，真有点紧张了。他怕失去丫丫，真的。

当迷失三天的丫丫重新出现在江云涛的眼前时，江云涛有点吃惊。三天，就三天，在三天之中一个人的变化怎么就能够这么大呢！丫丫非常明显地变瘦了变憔悴了，脸色、眼睛、头发都失去了原来的光泽，似乎又回到了原来的山妹子的形象。而更让他吃惊的是丫丫随之讲出的那一番话，不啻于晴天霹雳。丫丫讲得很艰难很犹豫，吞吞吐吐，每讲一句看一眼他的眼色。她说：

我丈夫从家乡赶到沙山港市来了。

孟军真心爱我，我准备同他结婚。

我要和丈夫离婚。

丈夫不同意。现在，他一天到晚折磨我，想尽一切办法折磨，不分白天夜晚，用的那些手段，人是想不出的。

瞅准机会，我逃出去了，住到了孟军家，和孟军姐姐睡一张床。

……

江云涛沉默了，一种被欺骗的感觉风生水起像波纹一样荡漾开来。

不是说和孟军断绝关系了吗？

江云涛想起了上次与丫丫的相聚，她说她明日就要回去了。他见她很忧郁，哭了，他很感动很同情，以为是她舍不得他。其实她的眼泪是为孟军流的，自己也太幼稚太自作多情了。那天一时冲动还给了她 3 000 元钱，早知道，就不应该给她……

"怎么，恨我啦！"丫丫觉察到了江云涛的沉默，"我知道你会不高兴，所以一直瞒你……你能原谅我吗？"

江云涛还是保持沉默。丫丫拥住江云涛，在他胖胖的脸颊上轻轻一吻，江云涛感受到了女人特有的气息和诱惑。江云涛冲动起来，但丫丫缓慢而坚定地推开他，进而又说出一句令江云涛始料不及的话：

"能借我一万元钱吗？"

"干什么用？"

"丈夫要拿到 5 万元钱才同意离婚。孟军只拿得出 3 万，向朋友借了一万，现在还差一万。"

江云涛的眼神立刻就失去了光彩。

不错，江云涛曾经答应过丫丫，待她家造房，他会支持帮助她的。他准备拿 2 到 3 万元钱给她。可是现在不同了，是拿钱支持她离婚，能离得掉吗？离掉了能和孟军结婚吗？万一离出什么风波灾祸来不要把自己也牵扯进去吗？离婚不是什么好事，还是远离是非之地为好。

丫丫又拥住江云涛，几乎是用哀求的语气："借我一万元钱，好吗？我写借条给你。看在我们以前交往的情分上。"

江云涛感觉到，眼前的这个女人真是疯了。为了和孟军结婚，真是什么话都说得出什么事都干得出来了。他开始有些反感了。

江云涛弄不懂，自己待她那么好，给她钱，这是最主要的，她们出来不就是为了钱吗？自己满足了她的这个需求，怎么还会和另一个男人孟军处朋友，甚至要离了婚嫁给他，真是不可思议。他最生气最不可原谅的是：丫丫一直说她最恨最反对也是自己最不屑的就是欺骗，可是现在，他就感受到欺骗，欺骗他的不是别人，正是说痛恨欺骗的丫丫自己。

这件事的不确定性太多，而且正吵得不可开交，不能卷入是非之中。

江云涛推开了丫丫，下床穿上鞋子，在镜子前照了照。

丫丫知道，江云涛要离开这个房间了，这个房间自己也即将离开。隐隐约约之中，丫丫感到自己一旦离开，或许以后再也踏不进这个房间的门槛了。她一阵心酸，一阵心疼，赶上去抱住7799粗壮的腰肢，语气十分哀怨：

"别恨我，原谅我。我知道你是个好人，无论我今后怎样，无论我走到天涯海角，我都不会忘记你，我永远都会记住你对我的好处，永远……"

此时的丫丫已是泪流满面，泣不成声。江云涛看着伏在自己身上的丫丫，感受着丫丫因激动而抽搐的身体，态度非常冷静。待丫丫稍稍平静了一点，江云涛打开房门先在丫丫之前离开了宿舍。

56

江云涛又收到了丫丫的短信：

“在干吗呢？忙吧！”

几天来，江云涛一颗七上八下的心一下子得到了安抚，得到了慰藉，风浪平静了许多，有了阳光。他对着手机看了又看，但是没有回短信，他把手机合上了。

这几天，江云涛的心情非常抑郁，非常痛楚，酸酸的，很疼。他的外表很粗犷、很伟岸、很男子汉，其实他的内心，他的感情非常纤细，非常丰富，表现得敏感而且脆弱。当他那天抛开哭泣的丫丫离开宿舍以后，他的心一直在流泪。当手触到手机，他就想，再也收不到丫丫的短信了。几个月来，他已习惯了丫丫不断发来的短信。这些短信给他的生活平添了许多的温馨和色彩。现在自己拒绝了丫丫，也就表示他已经失去了丫丫。尤其是开始几天，当他看到其他男士拥着丽人款款而行时，他感到了自己的孤单和凄凉。当独自在宿舍午休时，他更深切地感到屋子的冷寂与凄苦，他伏在枕上、被子上寻找着丫丫留下的气息。丫丫并不是他的恋人，充其量只不过是个情人，本质上他们两人的关系是与性和钱纽结纠缠在一起的。现在江云涛痛苦地发现，他对丫丫在付出金钱的同时也付出了感情。对丫丫，他是有感情的。一般地说，由爱产生性，但有时，由性也可能产生爱。江云涛就是个后者。

有那么几天，丫丫断断续续地给江云涛发短信：

"非常怀念以前我们俩在一起的日子。"

"我很痛苦，我想去死！"

"今天丈夫又和我打架了。他还在不断地折磨我。"

"我们还能做朋友吗？"

……

读了丫丫给他发来的这些短信，他精神上、心理上有些满足，得到些许安慰，夹着丝丝缕缕幸灾乐祸的快感。他反反复复地想：谁叫你不知好歹的呢！我给了你钱，给了你生活上的保障，还答应等你造房时支持你，你还不满足，还去找孟军，找爱情，你不是在明目张胆地背叛我欺骗我吗？他恨她妒忌她，希望她跟孟军的事闹翻，尽管他心里在大声呼唤着丫丫，但是他强忍着一直不给丫丫回短信，一个也没回，宁愿让自己的一颗心历尽煎熬。

丫丫坚持着给江云涛发短信：

"你还在生我的气吗？"

"我所受到的惩罚已经够多的了！"

"我到底犯了什么错？我错在哪里？天哪！"

"我的心在滴血！"

所有这些短信并没有唤起江云涛的同情心，反而激起了他的快感，谁叫你去谈恋爱呢？一个已经结了婚、有了孩子的女人还奢谈什么恋爱？他想，现在你一下子得罪了三个男人：丈夫、我还有孟军，活该！

有一次，江云涛收到了丫丫这样一条短信：

"告诉我，我将怎么办？你救救我吧！"

江云涛忍不住回了条信讯：

"事情解决了吗？"

“还那个样。”丫丫这样回。

江云涛的心更舒畅了一点。也就是说，丫丫还没有和丈夫离婚，还没有嫁给孟军。

孟军还没有筹到5万元钱。或许，这纯粹是一场闹剧，或许，丫丫还能回到我的身边，我还能拥有丫丫，就像以往一样。

丫丫的短信从来没提到过孟军，大概丫丫也知道，江云涛的情敌不是她的丈夫，而是孟军，孟军才是他的真正情敌。江云涛觉得孟军的神经有点不正常，一个好好的本地人，为什么要找一个外地女人，而且是一个结了婚有了孩子的女人，傻瓜一个。在这一点上，他的观点倒是和石狗惊人地相似。江云涛又很庆幸孟军不是一个有钱的男人，如果孟军有钱，能拿出5万元钱来，丫丫或许和丈夫的婚就离成了。他觉得丫丫比孟军更傻，要找，就找一个各方面条件好一点的男人，至少这个男人有点儿钱。现在，在当今这个社会上，还有几个男人拿不出5万元钱呢？拿不出5万元钱的男人还算是男人吗？丫丫对孟军那么痴情，她到底看中他的什么呢？

江云涛弄不明白：

孟军既然你没有能力爱丫丫，又为什么去追求丫丫呢！

估计，孟军这小子没处过女朋友。

57

孟军不是没有找过女朋友，找过，而且还找过不止一个两个。

有一次，亲戚介绍了一个女朋友，孟军特地在城里的柒茶馆包了间房，点了一盘本色葵瓜子，一盘椒盐南瓜子，一盘水果拼盘，一支绿箭口香糖，一盆德芙巧克力，两杯龙井绿茶。当姑娘走进包房时，孟军慌忙站了起来，发现姑娘朝自己瞥了一眼。就像千千万万青年男女恋爱前第一次见面一样，这一眼可是非同小可，第一印象往往就决定了一个人的命运。漫漫人生几十年的伴侣可能就在这瞬间的一瞥定下了终身。孟军发现，姑娘这一眼虽然只是相互间对视的一瞬，但是看得相当严肃相当认真。

接下来的一幕是孟军始料未及，终生难忘的。这在很大程度上改变和决定了他对姑娘的看法：冷漠、自私、无礼、势利、浅薄……这些词语就是当时孟军加在那位姑娘头上的定语，从此他对姑娘就有了很深的偏见和戒备心理。

开始孟军并没有觉察到什么，他手忙脚乱地给姑娘倒茶，剥糖，递瓜子，巴结着姑娘，他很激动，有些慌乱，只听见自己的一颗心在咚咚地跳，跳得有点慌。姑娘没有喝茶，没有剥瓜子，没有吃糖，没有吃水果，也没有说话。孟军发现姑娘的脸一直朝向窗外，顺着姑娘的视线，孟军发现窗外的马路上有两只狗，一条黄狗和一条黑狗。黄狗大，黑狗小。黄狗正在小心翼翼地嗅黑狗的鼻子。黑狗不动声色，只是伸长舌头喘气，任黄狗嗅着。黄狗大概嗅出了滋味嗅出了胆量，慢慢就转到黑狗的屁股后面，用鼻子紧紧地贴着黑狗的敏感部位深呼吸。孟军看出来了，黄狗是雄的，黑狗是雌的。这时，黑狗突然一个转身，朝黄狗龇牙咧嘴，非常愤怒地吠叫起来。黄狗非常失望地瞅着黑狗，垂下高耸的尾巴，悻悻地走了。孟军发现，姑娘的眼睛和嘴角透露出一种幸灾乐祸的神色，虽然很隐秘，但还是被处于高度紧张和敏感状态下的孟军发现了。

姑娘站起来，走了。在和孟军相处的二十多分钟里，姑娘没吃一口茶，没说一句话，就在开始进门时看过孟军一眼。后来就一直朝窗外看一只黄狗和一只黑狗调情，就没有再看过孟军一眼。孟军从姑娘高挑挺拔傲慢的后影照见了自己的形象：没有姑娘高，比姑娘胖，一团糟的眼睛、鼻子和嘴巴，上唇的一绺胡子，像个日本鬼子。

孟军伸出手臂将桌子一扫，水果、瓜子、糖果撒了一地。“自己还不如一只狗！”他愤愤地想。

后来，又有朋友为他介绍女朋友，孟军就把姑娘往家里引了。

不错，孟军家有间三层楼。孟军引着姑娘参观自家的房子。房子已经装修过了，但屋顶有几处破了相，油漆像树皮一样卷裂着。客厅屋里放着一张硬口方桌，一张长台，秃头秃脑的，四条长凳倒是漆得鲜红，十分惹眼。楼上显得整洁些，一间房间，一间客厅。客厅里的沙发是假皮制作的，一台32寸彩电放在正中央，显得笨重和庞大，呆头呆脑。姑娘看着电视机，竟转脸看了看孟军的脑袋，好像他们之间有什么共同之处似的。

回到楼下，刚好孟军的爸爸从菜地回来，肩上挑着一副粪桶，手上提着一篮丝瓜。他爸不善言辞，月初说了前半句，后半句要到月底才能听到。他爸见了儿子的女朋友，咧嘴一笑，上唇的浓密的胡子微微抖动着。姑娘又转眼朝着孟军的上唇看，姑娘的心在想，不要多久，孟军那一绺小胡子就会像他爸一样浓一样黑了。接着，孟军的妈妈从工厂下班了，她推着一辆自行车，那辆自行车除掉铃不响，其他各部位都在响着。孟军的妈妈倒很会讲话，当着姑娘的面，说孟军这个人老实，肯做；说下半年家里要为孟军买一台电脑，说一定要请姑娘今天在家里吃晚饭，说着就到厨房里去忙开了。待她从厨房里出来，发现儿子一个人坐在长凳上，耷拉着脑袋，一声也不响。姑娘早没了踪影。

孟军无论是把姑娘安排在茶室还是带到家里，都没能留住姑娘。见过的姑娘有五六个了，可没有一个姑娘回过头。她们和孟军都只是照过一面就消失得无影无踪了。转眼孟军已经二十九岁，“我准备独身。”他对姑娘失去信心，对自己失去了希望，自卑感越来越强，一直到他偶然间遇到丫丫。

孟军记得，那是他第一次骑摩托车带丫丫到长江边的沙山上玩。丫丫坐在他后面，他把摩托车开得飞快，丫丫一把抱住了他的腰。他记得，丫丫抱得很紧，身子紧紧地贴在他的身上。因为是在夏天，两人的衣服都很单薄，孟军非常鲜明非常强烈地感受到了丫丫柔软而又弹性的身子，尤其是丫丫的两只乳房，是那么饱满、丰腴，两个凸点随着摩托车的颠簸不断弹击着他的身子，惊心动魄，他深深地陶醉了，一种男人的虚荣心和自豪感油然而生。他后面坐着的是一个姑娘，是一个姑娘在紧紧地抱着他，在孟军漫长的青春岁月中，这还是第一次。第一次有姑娘肯坐在他的后座，第一次有姑娘自觉自愿地抱住他的腰。

再重复一次，哲人说过，细节决定命运。这话绝对是个真理。尤其是在男女关系上，一次不易察觉的嘴角的笑意，不经意间的一个回眸，两根手指无意间的接触，都足以使性情中的男女深受感动而倾心相爱。丫丫在摩托车后座无意间的自然搂抱却使孟军饱尝了一次女性的无限温柔、芳香和甜美，对孟军来说，简直等同于享受了一场身心与情感的豪宴。丫丫在后座没有发现，当时，孟军哭了，流了泪。丫丫更没有可能知道，当时孟军的内心有多幸福有多甜蜜。男人一般是不掉眼泪的，掉了泪的男人也就铁了心了。就在那一刻，孟军铁了心要爱丫丫，铁了心要娶丫丫，和丫丫结婚。

当丫丫的丈夫石狗开出条件要5万元现金时，孟军忍住被打的痛苦，挣扎着爬起来，连满脸的鲜血也不擦一下就离开了现场。他爸爸妈妈拿出了2万，他自己有一万，向朋友借了一万，还剩下一万，孟军再也没有办法了。不错，沙山港市很富，但孟军家还很穷。他家是纯农户，亲戚朋友中没有富翁，也没有当官的，孟军又老实，那些姑娘所以看不上孟军，家境贫寒是原因之一。现在女孩子找对象已是非常现实非常功利非常物质化。

这几天，孟军无脸去见丫丫，也无理去见丫丫的丈夫石狗，除掉上班，他满世界地在奔跑，探询，求助，不为别的，就为了找钱，就为了那一万元钱。

58

有一天的晚上，丫丫终于接到二表姐竹珺的电话，说她已经回到沙山港市，要她到名流夜总会一聚。前几个电话追过去，竹珺一直在家乡。

电梯到达五楼，慢慢向两边移开的那一刻，丫丫就懵了，傻了，说得俗套一点就是惊呆了，要不是身后的人在轻轻而无奈地推她，她真想乘电梯逃离眼前这个世界。丫丫所在的位置其实是名流夜总会的大厅。大厅不算大，却弧圈形站满了至少有五六十个公主，个个年轻漂亮，穿一律式的吊带连衫裙，左手肘弯处都掛着一只杏黄色的精致小包，都在微笑着轻声说话。早就听说过美女如云、秀腿如林的场景，今天算是亲眼目睹了。大厅里到处是灯，到处都在闪着迷人的光点，五光十色，每一秒都在变幻着。就是丫丫梦想中的天宫也没有眼前这富丽堂皇、美轮美奂，迷幻着丫丫的眼睛。好在吧台旁的二表姐竹珺及时发现了她，她手中提着一个包，款款走来把她带到了包厢。

竹珺点了两杯鸡尾酒，每杯300元。丫丫眼睛瞪得老大，连连摆手："不喝，不喝，我不喝！我喝杯雪碧吧。"侍候一旁的公主笑盈盈地说："我们这里不供应雪碧。"竹珺也笑着说："那就来两杯鸡尾酒。"

"哇，怎么那么贵！"丫丫觉得不可思议。

竹珺淡淡地说："这是最便宜的。这里的洋酒红方、蓝方，5 000元一瓶，皇家礼炮8 000元一瓶，路易13要12 000多元一瓶……"

"谁喝啊！"丫丫不相信。

竹珺笑笑："出钱的人不喝，喝的人不出钱。"

丫丫说："他们都疯了！"

竹珺说："疯子不会到这里来，来的人都很清醒。"

这时，一位公主笑盈盈托着一个银盘走了进来，将两杯鸡尾酒放在豪华水晶玻璃桌面上，又放了个水果拼盘，进口杏仁、腰果、开心果……出门时，公主慢慢把门关上……

"不要关！"竹珺说。

公主迟疑了一下，有点惊讶，便随即又笑盈盈地把门打开了。

丫丫也有点惊讶，二表姐今晚怎么想到会把自己带到这种地方来。

竹珺很悠长地呷了一口鸡尾酒，那酒的颜色很鲜艳，像溶化了的玫瑰花瓣。竹珺放下杯子，随即用修长的手指按了几个黑盒子的按钮，旋即便有了音乐和电视。这个包厢怪怪的，有音响，有电视，还有一个小小的舞池。

竹珺在悠悠地唱着，丫丫不知道歌名，却听得出歌词：

想走出你控制的领域
却走近你安排的战局
我没有坚强的防备
也没有后路可以退
想逃离你布下的陷阱
却陷入了另一个困境
我没有决定输赢的勇气
也没有逃脱的幸运
我像是一颗棋
进退任由你决定
我不是你眼中唯一将领
却是不起眼的小兵
我像是一颗棋子
来去全不由自己
举手无回你从不曾犹豫
我却受控在你手里……

“丫丫，喝酒呀！”这时，竹珺招呼我。我好像感觉到她并没有把这首惆怅的歌唱完，就坐回我身边来了。我举杯喝了一口玫瑰色的液体，又酸又涩，一点也不好喝，至少没有雪碧清爽。但是我还是一口接一口地喝着，那毕竟要300元钱一杯呢！

这时，门口闪过一位靓妹，“小柳……”竹珺马上喊了一声，好像她一直在守候着小柳似的。丫丫知道，小柳就是令苏市长差点出事的那个小姐，丫丫听竹珺讲过。

小柳走进包厢。小柳确实太年轻，太漂亮了，也难怪苏市长对她有好感。丫丫还未来得及细看，小柳屁股一扭就向外走了，和竹珺只是照了一面。“小柳，小柳……”竹珺边喊边追了出去……

竹珺很快就回到了包厢，把门重重地关了，脸色很难看，看来是谈崩了。竹珺举起杯子，把鸡尾酒倾进了嘴巴，杯子落在水晶玻璃桌面而发出很脆的响声。竹珺抽一张餐巾纸在嘴唇上擦了擦，说出了下面令丫丫心惊的一段话：

“细丫头，叫你离开沙山港市你不听，反倒去缠上建设局副局长，还扬言要举报苏市长和我的关系想捞一票。苏市长是你玩的吗？真不知是无知还是装傻……”

从竹珺断断续续的谈吐中丫丫得知，小柳被赶出市礼仪服务公司后，就恨上了苏市长和竹珺，基本上就泡在名流夜总会，后来就搭识了市建设局副局长，在副局长面前有意无意说起了跟苏市长和我的事。小柳想不到的是，副局长又将小柳的话传给了主管他的苏市长，他想将副字拿掉，把自己扶正……

“你这个苏市长确实很精明！”丫丫感叹道，也终于明白竹珺今天来这里的主要原因。

竹珺剥了一个开心果递给丫丫。透过门上的一块磨砂玻璃，可以看到一批批人影来来往往，可以听到公主们的莺声燕语，隐隐约约飘进耳内的是一首又一首缠绵却显卖弄和做作的歌声。

竹珺告诉丫丫，名流夜总会是沙山港市各方名流的俱乐部，进夜总会的不是高官就是富贾，给小姐的最低小费也在 1 000 元以上，要出台的话没有 5 000 是开不了口的。丫丫忍不住仰起头朝包厢看了一眼，确实是满眼尽带黄金甲。

竹珺往自己嘴里丢了一粒杏仁，边吃边说：“其实苏市长还是比较正派的，他除跟我好，并没有和其他女的瞎搞。自从公文包事件以后，他就再也没去找过小柳，他的自制力很强，在我的眼里苏市长是一个比较阳刚的男人，待我也不错，就是有时候有点霸气，我有点怕他。最近听说上头要调苏市长到地级市当副市长，他这个人在政治上好像很成熟。”

丫丫说：“那不是要提升啦！”

竹珺笑笑：“可是苏市长说，他本来是想踏踏实实为沙山港市的老百姓做点实事的。”

“如果苏市长调动，他会带你走吗？”丫丫急着问。

竹珺很矜持地笑了笑：“他说了，会帮我买一幢新房子，找一份工作，好一点的工作，不再搞礼仪服务这一行了。”

“你真幸福！”

竹珺只是笑笑。

“你会离婚吗？”

竹珺的脸立刻陷入了沉思，隔了好久，她才说：“他会娶我吗？”像是在问丫丫，其实是在问自己。

对这个问题，丫丫感到很欣慰，孟军愿意娶她。丫丫抓住这个话头，道出了她最近一直打电话找竹珺的缘由：“我要跟石狗离婚……”丫丫讲了很多很多，讲到后来眼泪都出来了，最后一句话才是，“能借我一万元钱吗？”

竹珺没有回答，用手梳理了一下从肩上滑到脸额上的几丝秀发，眼睛看着丫丫，很沉静很成熟的眼光，向丫丫问了几个问题：

“一个连5万元钱都拿不出的男人能给你幸福吗？”

“石狗真的愿意和你离婚吗？”

“你们的婚姻就值5万元钱吗？”

这么多天来，丫丫一天到晚想的是和丈夫石狗离婚，然后是和孟军结婚。自从石狗开出条件要5万元钱后，怎样尽快筹够5万元钱就成了她最急迫的头等大事。对竹珺提出的那三个问题，她从来没想过。她想得最多的是尽快尽早地逃离目前的处境。最近以来看到的听到的种种奇奇怪怪的事情，更促使她下定这个决心。而为了达到这个梦寐以求的人生目的，最最现实的办法就是嫁给孟军。就是现在，她也不想认真去思考竹珺提出的那三个问题，更无从回答了。她低着头，等待着竹珺的回音。此时，她头脑中反复回响的还是那句话："能借我一万元钱吗？"

竹珺顺手打开包，拿出一只纸袋，沉甸甸的，交到丫丫手上。丫丫打开纸袋，里面装的不是现金，而是她女儿的一叠照片。

"是你爸爸妈妈要我交给你的。"竹珺说。

丫丫再没有什么话可说，她还能说什么呢？包厢外传来一位公主的尖叫，跟随其后的是一群男人的阵阵哄笑。一首又一首含情脉脉的歌又隐隐约约地传入耳内，满眼的富丽堂皇，金碧生辉。丫丫举起杯，把300元钱买来的这杯玫瑰色的液体一饮而尽，满嘴的酸涩。在离开包厢时，竹珺忽然告诉丫丫："家乡的山货出口加工有限公司已经奠基动工建设了。是苏市长亲自和家乡的尹县长剪的彩。"

竹珺又说："丫丫，你最近有什么事，就给我打电话，不要忘掉在沙山港市，还有你的两个表姐妹。"

59

丫丫又回到了小街上的丽岛洗头房。

丈夫石狗给她下了最后通牒：半月之内如果拿不出5万元钱，就带丫丫一起回老家，并且要闯到孟军家讨个说法。

丫丫的回归还是给丽岛造成了小小的轰动和惊讶。老板娘和小姐妹都知道丫丫、石狗与孟军的事，并且丫丫前几天已经向大家告别了，现在又回到丽岛，想来事情不太顺利。对这一点，大家是不会太在意的，这种结局好像是意料之中的事，一点儿也不稀奇。令大家稀奇和惊讶的是丫丫的装扮。丫丫今天穿了一件淡青色的低胸露脐紧身短衫，那两只原来就非常饱满的乳房现在变得更加夺人眼球了，浑圆，挺拔，高高地挺立着。她的下身穿了一条今年才流行的深蓝色无腰超短裙，穿了比不穿更具诱惑力是它的最大效果。

以前的丫丫不是这样的，她从来没有穿如此暴露性感的服装，眉毛，嘴唇也从没涂得如此张扬妖媚。好在老板娘对丫丫的印象一直很好，最近竹珺又给她来过电话，所以老板娘也不太计较丫丫的三心二意。如果换个别的小姐妹，早被老板娘开除了。

经历了那么多的事，二表姐竹珺又带她到名流夜总会走了一遭，可以说天堂地狱都经历过了。现在再回到小街丽岛，丽岛确实太狭小太简陋太粗俗了，连眼前的几个小姐妹一个个都失去了原来的光彩。

丫丫不像以前来到店里就帮着打扫、烧水、洗菜了，她和大家打过招呼就坐在当门的沙发上，眼睛直勾勾地看定洗头房的那扇贴着透明塑料花纹纸的玻璃移门，满眼的急迫和期待。昨天晚上丈夫石狗向她发出最后通牒，她毅然决然地就搬到大表姐妞娃屋里睡了。大表姐比以前更黑也更瘦了。她白天还背着小木箱走街串巷擦皮鞋，晚上一般就在出租屋内织绒线，眼睛看着墙面出神。墙面上，她儿子送给母亲的那幅画作还贴在那儿。一只云雀，站在打开的笼门口，仰头望着天空。天空中，一群鸟儿在蓝天白云间展翅飞翔。不过，丫丫发现，最近几天，大表姐妞娃晚上有时也会出去，而且很晚才回来。她又想起二表姐。二表姐竹珺没借钱给她，丫丫并不生气。竹珺可能有她的道理吧。现在，要筹齐那一万元钱，也只有靠自己了。时间只有十天。

盛夏已经过去，学校也开了学，但天气还是非常地热，隔着朦胧的玻璃移门，还能感觉到太阳的强烈。时不时有轿车与摩托车飞驰而过，留下阵阵无情的喇叭声，十分讨厌。正当丫丫烦躁的时候，“哗”的一声响，玻璃门被移开了，一个男人走了进来。

这是位常客，一进洗头房就朝当门沙发上的丫丫看，眼睛闪闪发光，面露惊喜。常客看了一会，却向一位腰肢特别苗条的小姐走去。丫丫立刻站起来，说：“帅哥，给个面子吧！”

常客说：“你不是不……”

丫丫不等他说完就截住了他的话头：“我下海了，你是第一个！”

60

天刮起了西风，很大。大块大块的云在天上快速地飞奔，一副急迫焦躁的模样。连一向从容镇定的太阳也变得急吼吼的，刚躲进一朵云里，又从另一朵云中闪出。空气凉爽多了，丽岛洗头房里没有再开空调，小姐们正在做着每天必做的早功课：用牙齿咬住把木梳，对着镜子，双手高举着在用彩圈把一束长发扎起来，一圈又一圈，脑袋很有节奏地摆动着。然后是对着镜子梳妆打扮、涂脂抹粉、描眉画唇，漫不经心的气氛弥漫在洗头房小小的空间。老板娘正把一束塑料玫瑰取下，换上一簇鲜艳水灵的凤仙，丽岛洗头房立刻显出了一丝生气与灵秀。

“今天，有一酒家要请一位小姐过去。”老板娘插完花，朝正打扮着的小姐们说。

丫丫马上兴奋起来：“酒家要请小姐干吗？”

一位新来的小姐朝丫丫撇撇嘴，一副不屑的样子：“酒家请小姐还有什么好事，吃花酒呗！”她身材不错，五官也端正，看起来比较顺眼。

“什么叫吃花酒？”丫丫变得十分好奇起来。

新来的小姐瞟了丫丫一眼，没有答话。一位脸孔白净清秀的小姐开了口，她这个人比较柔和：“说到吃花酒，这个名堂就大了。据说是从日本传过来的。但日本人吃花酒要文雅得多，传到中国就走了样，发明创造了像‘高山流水’，‘醉卧花丛’等等的新花样。小姐要脱个精光，躺在桌面上，那桌面就像日本的榻榻米一样。然后呢，将小菜一样样放在小姐的身上，胸口啊，肚皮啊，大腿啊，都放上菜，当然，都是些冷菜，没有汤汁……”

小姐们都笑起来，并且对吃花酒这个话题来了兴趣，纷纷插话提问。

“那样子羞死人了。”

“躺在那里装死猪，没什么好羞耻的。”

“那些男人能老老实实地喝酒吗？”

那位新来的小姐一直没开口，这时她忽然来了兴趣：“开始时，男人一般都还拘谨，只是拿女人说事，相互开些玩笑。几杯酒下肚，脸红了，眼也花了，胆量自然大了。手中的筷子不是去夹菜了，就往朝女人的身上夹了……”

“可怕！”这句话是那位脸孔白净清秀的小姐抢着说的。

“可怕！”

“可恶！”

“臭男人！”

“这不是在糟蹋我们小姐妹吗！”

“呸！”

在一片臭骂声讨声中，响起了一声怯怯的问话：“搞一次花酒能拿多少钱？”这句话是丫丫提的。所有小姐们的目光齐刷刷地都射向丫丫，目光中射出愤怒、鄙弃和憎恨，好像要把丫丫撕了吃了。丫丫不动声色，又问了一遍，“能收多少钱？”

还是那个新来的小姐说了：“这要看你的运气了。运气好的话，两千三千的都有可能。”

丫丫声色不动地对老板娘说：“今天的花酒宴让我去吧！”

老板娘不响，把目光朝向那个新来的小姐，那小姐没开口，倒是那位面目清秀的小姐说了话：“我想去赴花酒宴！”大嘴巴小姐一直没开口，时不时抿住嘴巴笑。

老板娘的目光又朝其他小姐一一扫过，最后，她把目光停留在丫丫身上：“丫丫去吧！”

表面声色不动的丫丫这时像被电击了一般，浑身战栗了一下，脸色也变得像死一样苍白惨淡……

61

俗话说：月有阴晴圆缺，人有旦夕祸福。丫丫连做梦也想不到的是，这顿花酒竟让自己吃进了沙山港市拘留所。

在打开铁门，丫丫被推进监号的那一刻，对丫丫来说真是刻骨铭心，永世难忘。在昏暗的灯光下，丫丫看到地上密密匝匝排满了人，至少也有二十多个，头碰头，嘴对嘴地睡着。墙上的木条上挂满了毛巾，各色各样的杯子放在一条窄窄的木板上。丫丫待自己一颗猛烈跳动的心稍稍平顺一点后才发现，原来那一排人并不是睡在地上，而是睡在一条长长的木板床上，木板很矮，还没有她家小矮凳那么高，所以看起来就像睡在地上一样。

这时，一个囚犯向她走来，丫丫本能地闪开，心又怦怦地剧跳。那个囚犯并不理睬她，拉下裤衩就在她眼皮底下哗哗地撒尿。丫丫这才发现自己正站在便桶旁，赶紧退后了几步，又差点踩上另一囚犯伸出的大腿上。

“自己找位子睡！”那个撒完尿的囚犯对她说了一句。

丫丫见木板床上排满了人，根本就没有了空位，就把便桶盖合上，坐了上去。想起这一天的经历和遭遇，自己都觉得波谲云诡，匪夷所思……

今天傍晚，丫丫如约到酒店赴花酒宴。花酒宴并不像传说中的那样可怕。不过，陪吃花酒的小姐不是丫丫一个，而是五个。也就是说，每个男客都配了一位小姐。令丫丫不安和惊讶的是江云涛也在场，丫丫也发现了江云涛的尴尬。丫丫以为江云涛会把自己换到他的身边，丫丫进去时他的身旁已经拥着一位小姐，那位小姐身材苗条但素质不怎么样，经常笑，嘴巴张得老大，露出的牙齿参差不齐。可是，江云涛并没有提出来换。

大概是有丫丫在场，江云涛在这场放浪形骸的酒宴上自始至终表现得都比较矜持。当双方离开酒席时，丫丫非常强烈地读到了江云涛异样的目光，那目光很复杂、很深刻、很尖锐，丫丫想不出用什么词汇来形容。但有一点丫丫是明白的，从江云涛那异样的目光中，要想再收到他的短信，要想再跨进他的宿舍，难了。好在她现在急需的并不是江云涛，而是钱。她的婚姻，她的人生现在正被一万元钱所左右，所决定。丫丫现在急需一万元钱。

花酒宴临近尾声时，邻座的一个男人拉住了丫丫的手说："小妹，赏个脸，一起走……只是休闲，放松放松……"说这话的男人约莫50岁左右，秃顶，一般秃顶的男人皮肤都很白，这个秃顶男人的皮肤却是棕色的，脸上的肌肉很饱满，鼓鼓的。因为酒喝多了，秃顶男人的脸变成了酱紫色，眼睛很夸张地瞪着，有几条血丝清晰可见。此时的丫丫离开椅子后脚有点飘，心和脑袋都有点晕乎乎，自己刚才的酒也喝多了。进去的是沙山港的一个高档休闲会所。跟一般的休闲浴室不同，会所的包间要大一点，中间放着的不是躺椅，而是一张床，而且这张床很宽。包间说不上奢华，但非常整洁，设备齐全：空调、音响、冰箱，里面还带着卫生间。而在一般休闲浴室，这些设备都是没有的。

秃顶男人并不饶舌，进去后先从从容容地进卫生间冲了个澡，然后重重地倒在床上，长长地舒了一口气，吩咐道："小妹，来来来，先给我按摩按摩！"

丫丫伸出了手。

这时，丫丫的手机响了，孟军那熟悉而亲密的嗓音在丫丫耳边响起：

"在干吗，丫丫？"

"怎么不说话啊？"

"丫丫，丫丫，丫丫……"

丫丫一时愣在那里，开不了口。孟军只是随便的问候，在此时此地的丫丫听来，不啻是五雷轰顶。自己正在干什么？为什么到这个地方来？这个秃顶男人和自己是什么关系？我怎样面对孟军……孟军的电话确似一道雷电，丫丫的头脑开始惊醒，她的一只手开始从秃顶男人身上移开。

“陪客还开什么手机，关掉！”

丫丫马上合上手机盖子，但是秃顶男人恶狠狠的这句话已经通过手机，清清楚楚、明明白白地灌进了孟军的耳里。

丫丫说：“老板，对不起，我不做了！”声音很低微，带着颤音。

“什么？不做！不做来干什么？”秃顶男人越说越愤激，看着面前颇有几分姿色的年轻女人有点不可思议，“你不是个小姐吗？哪有小姐有钱不赚的，啊？！”

丫丫说了句真话：“我就是急着要钱！”

秃顶男人忽然变得和颜悦色起来：“这就对了嘛，来来来，继续……”

“就按摩一下，钱，你看着给！”丫丫怯怯地说。

想不到丫丫的这句话反而激醒了秃顶男人的色欲，秃顶男人的眼光从丫丫毛茸茸的嘴唇，从丫丫鼓鼓的胸脯，从丫丫白嫩挺秀的大腿间一一溜过，那对更加夸张的眼睛里的血丝，丝丝可见。

秃顶男人这时又变得和颜悦色起来，他笑眯眯跳下床，拿起床头的一只手提包，从里面取出笔挺的一沓钱，在丫丫眼前来回晃摆。那沓钱很厚，红色的，至少有5 000元。

丫丫的手机又响了，打开一看，还是孟军打来的。丫丫慌了，惶惶地关了手机，清清楚楚地说：“我不要你的钱！我不做了！”

“钱，你看清了，这是钱，统统给你，做不做？”秃顶男人认真起来。

“不做！”丫丫肯定地说。

秃顶男人挥起手中的那沓钱，朝丫丫的脸上左右抽打，发出很沉闷的“噼啪”声，夹杂着秃顶男人愤怒的叫骂：

“骚货，你给我看清了，这是钱，在你家穷地方一年也挣不到这么多钱，现在都给你。够不够？不够我再给你。”

“你们这些骚货不就是要钱吗？别装啦！装来装去不都是为了多挣几个钱吗？做不做？说？”

丫丫看到秃顶男人脸上的肌肉都凸了起来，形成了满脸的横肉，满嘴的酒气向她喷过来。秃顶男人将一把钱撒到床上，一把抱住了丫丫。

丫丫挣脱出来，逃向了卫生间。正欲锁门，被秃顶男人撞开，又抱住丫丫，扯丫丫的短裙。丫丫奋力一推，秃顶男人猛地倒在地上，一时没了声息。丫丫大惊，马上托起他的脑袋，托了一手的血。秃顶男人的头部撞上了卫生间的大理石台盆上，已没了声息，好像死人。

有那么几秒钟，丫丫头脑一片空白，看着声息全无，头部流血的秃顶男人，毫无选择，也毫无反应。慌乱中，丫丫选择了逃跑。逃出休闲会所，她突然站住，打开手机，向丽岛洗头房的老板娘告知了眼前的一切。当老板娘断断续续、颠颠倒倒从丫丫嘴里知道了这一切时，立马声色俱厉地告知了下面一段话：“丫丫，马上回到休闲会所包房，给公安110打电话，一直等在那里，直到公安警察到来！”老板娘的口气斩钉截铁，不容丫丫有丝毫徘徊犹豫的余地。

最终，丫丫以“故意伤害”罪被警方刑事拘留……

丫丫坐在拘留所监号的便桶上，觉得口干舌燥，她打开旁边的水龙头，狠狠地喝了一肚子的自来水，这才感到浑身从内到外的疲惫。她试着从靠近便桶的木板床边挤出一条可以容身的地方，她终于成功了。丫丫侧着半个身子，躺在木板床上，竟是那么的舒服。她忽然想起大表姐被铐在窗栅上喂了一夜蚊子的经历，很惊讶地发现监房里竟然没有蚊子。这时的丫丫才隐隐约约地闻到一阵阵蚊香的味道。

这时候，丫丫才想了她的恋人，那个正在为他们的爱情而拼命挣钱的恋人孟军。孟军从手机里听到那句话后会是怎么个想法呢?

“陪客还开什么手机，关掉！”

想到这句话，丫丫又痛恨起那个让她锒铛入狱的秃顶男人来。

62

这一阵孟军不大和恋人丫丫约会，不是不想，孟军很想和丫丫见面，非常想，最好每天一次。因为，现在丫丫确确实实成了自己的恋人，现在他们在恋爱，丫丫是他未来的妻子，他们将结为夫妻，合理合法的妻子，长相厮守，永不分开。这样，二十八岁的他终于也讨了个老婆，终于也有了自己的家，将来也会有自己的儿子。谁也不能将他们分开，真的，再也不能了。因为丫丫的丈夫石狗已经答应，只要他拿到5万元现金，他就同意在离婚协议上签字。这是石狗亲口说的，他总不会要赖吧！所以，这一阵的孟军就在一门心思地挣钱：

有天傍晚，在工棚吃饭的时候，有工友和孟军打赌喝啤酒，说在一个钟头里喝掉15瓶啤酒，可赢得500元钱。孟军喝了，喝到第10瓶的时候，他尝到了一个人撑死是什么滋味，他后悔了，真的很后悔。但他还是坚持着喝，喝到眼睛翻白，口吐白沫，他还是喝。最后，孟军赢了工友的500元钱，因为他在一个小时里喝完了15瓶啤酒。夜里，他的肚皮胀得像面大鼓，尿撒在床上都快成河了。他爸爸妈妈吓得要送他去医院，孟军拒绝了。事后孟军感到非常自豪，类似当了英雄那么的自豪，不是为喝下了15瓶啤酒，而是自己在半昏迷状态而对去医院还能那么清醒那么敏感那么果断地拒绝感到自豪。他赢了500元钱，而且没花掉一分钱。

孟军还去献了血。那天他看到有辆市红十字会的车子停在建筑公司门口在接受献血，他就要求卖血。可医生说现在国家禁止卖血，只能无偿献血，给300元钱营养费。有300元也好啊！现在，只要能拿到现金，孟军什么都愿意干。他毫不犹豫地伸出了手臂。

夜里，放工在家，孟军就感到非常可惜，这夜晚的时间就这样白白浪费掉多可惜啊！也可以用来挣钱的啊！看来，人只要有梦想，总能干点事情出来的，有时奇迹就是这样产生了。孟军想到了用摩托车去载客，而且说干就干。当晚他就把摩托车开到了沙山港港区，他真的拉到了两位客人。那一晚，他比平日多挣到60元钱。

有时，实在太想念丫丫了，孟军就给丫丫发个短信，打个电话。那一次孟军给丫丫打手机，丫丫没有接，却听到了一个陌生男人的一句恶话：陪客还开什么手机，关掉！“什么？”当时孟军非常愤怒，“什么陪客？陪什么客？怎样陪……”孟军一时想得很多，很激愤，很怨恨。但到后来孟军转念一想，觉得也许是自己多疑了，错怪了丫丫。丫丫一定是在丽岛正常上班。丫丫也正在为两人的爱情苦苦挣钱，这完全是可能的。对丫丫，孟军还是十分的信任。丫丫在丽岛半年多了，从来没给男人敲过大背，这个是孟军知道的。但是，作为一个男人，作为一个恋人，听到那句恶话，心里总有点不高兴。尤其是热恋中的男人，更不能容忍。许多男女就为了这样的事刀棍相向，闹出了人命。

孟军到出租屋找过丫丫，没找到；打手机，又关机，他有点急了。当孟军一连几天没联系到丫丫时，他只好走进了丽岛的玻璃门，可丫丫不在丽岛。

丽岛的生意好像没有以前那么好，小姐妹也少了两三个，见孟军进来，大家的眼光都直直地看着他，眼神与气氛都怪怪的，有点异样。好在老板娘在，孟军就问："老板娘，丫丫呢？"

老板娘没有回答孟军的问话，她朝孟军瞟了一眼，微微甩了甩一头油光顺直的长发，这才淡淡地告诉孟军："丫丫有点事，这几天没来店里。"说完，再没开口。

"丫丫会不会回家办离婚去了？"走出丽岛发廊玻璃门时，孟军这样想。

63

丫丫记得很清楚，在她被关押在看守所第16天的上午，监号的铁门随着沉重而刺耳的"哗啦啦"的声响被打开了，门口出现一男一女两位警察，其中一位男警察对着监号内喊："丫丫！"

丫丫机械地从矮木板床上站起来，立在那里没有声响，隔了一会才反应过来："报告警官，我在！"声音是怯怯的，很低，带着颤音。

监号内二十多双眼睛一齐射向她，丫丫感到脸上像被喷到了辣椒水。

丫丫已经被叫过几次号了，都是办案民警的例行提审，但有一次却不是警察，那是被关进看守所的第7天，一位戴着眼镜，肩背电脑包的男人隔着铁窗接见了她。丫丫根本就不认识这个人。

“你叫丫丫？”眼镜男人已经打开记录本，边问边记。

丫丫看着他的玻璃镜片，急迫，有时又断断续续地说下去：

“我不是故意要伤害他，我只是想推开他！”

“真的，我没有撒谎，没有狡辩，更不想抵赖……我只打算给客人按摩，不想敲大背……客人说去休闲，我就跟他去了。”

“……”

提审时，警察一直说丫丫是狡辩，是撒谎，是抵赖。

眼镜男人非常熟练地在笔记本上记录着，时不时看丫丫一眼。

丫丫自顾自地说下去：“那个客人也不好，他骂了我，打了我，还动手动脚……”她没有说客人用钞票抽打她的脸。丫丫总感到，那是比剥她的裙子更羞耻的事情。

丫丫忽然收住口，她发觉眼镜男人静静地注视着她，一声不响。反倒让丫丫冷静下来，收了口。

“我叫丫丫！”她这才想起人家刚才的提问。

“我是律师。”眼镜男人自我介绍。

“律师？！”丫丫的眼睛突然瞪得挺大，她一时反应不过来。一会儿又突然大声说，“律师？我没有钱请律师，真的没有钱！律师，我没有请啊，我请不起的！”

眼镜男人笑了，笑容中充满了善意，也很大度。他对丫丫说：

“你有个表姐吧，叫竹珺，是她请我当你的辩护律师。我是沙山港市法律援助中心的律师，专为弱势群体服务的，并且是无偿提供法律援助。为你辩护，我们不收一分钱！”

……

见到律师后的那一晚，丫丫在拥挤不堪的监号里总算是稍稍睡着了一会儿。

今天是进看守所的第 16 天，警察来叫自己，难道又要提审了吗？自从进了看守所，也不知做了多少材料，按了多少手印。一个人，无论是谁，一旦陷入法律程序，那就陷入了人生的另一种状态。高墙、电网、铁窗之下的人生同社会上的人生是那么的不同。这一切，丫丫是深深地体会到了，尽管进看守所仅仅只有十多天的时间。

丫丫还是站着，站得笔直，一动不动，这个功夫，是她在看守所练出来的。丫丫在看守所练就的另一个本领就是“坐板”。所谓“坐板”，就是被关押人双腿盘坐在木板床上反思自己的罪行。上午“坐板”，下午还是“坐板”，晚上接着“坐板”。这时，一男一女两个警察已经走进监号，还是那个男警察说：“丫丫，把东西收拾一下！”

她的东西很简单：牙刷、牙膏、毛巾、拖鞋还有几件换洗的衣服。走到铁门口，丫丫停住了，犹豫了一下，最后还是回转身，到便桶旁边取走了半卷卫生纸。所有这些东西，是进看守所后警察交给她的。开始丫丫不知道是谁送来的，自从律师找过她以后，她才知道那是表姐竹珺给她送来的。

走出监号的丫丫这才知道，她不是被提审，也不是转监号，而是被释放，她可以走出看守所的大门了，按照律师的法律术语是：她被取保候审了。怪不得今天来叫号的两个警察脸色要好看多了。

丫丫径直到了“凯丽佳苑”二表姐竹珺的住所，发现大表姐妞娃也在。丫丫从竹珺及妞娃的眼光和神色里看出了两位表姐内心的惊讶。

“只十多天，你的脸色怎么变得那么苍白？”二表姐真是感到有些不可思议，她马上吩咐丫丫去卫生间洗澡，“好好洗，彻彻底底地洗，洗洗干净！”而后又把丫丫带进来的所有衣服、用品，包括丫丫最后才想到的那半卷卫生纸，统统撂进了垃圾筒。

二表姐竹珺告诉丫丫，丫丫被抓进看守所后，大表姐妞娃就到她的住所来了，来了哭诉个不停，鼻涕眼泪一大把。此时的妞娃听了也不禁扑哧一声笑了起来。竹珺告诉丫丫她当时也急得没了主意，后来只能给苏市长打了个电话，苏市长告诉她最好的办法是请律师。

在即将离开二表姐竹珺住所的时候，竹珺道出了两条信息，这两条信息把丫丫刚刚松弛下来的神经立刻又绷得紧张而脆弱，丫丫只感到头皮一阵发麻。

竹珺告诉丫丫：

被丫丫推倒的那个秃顶男人，不是别人，正是沙山港市建设局副局长。丫丫在名流夜总会听竹珺讲过，那个副局长正和小柳攀小姐妹，为了讨好苏市长创造机会给自己转正，这个副市长又把小柳准备去告发苏市长和二表姐有关系的事情报告给了苏市长。世界是大的，也是小的，丫丫偏偏和这个副局长撞上了。

竹珺还告诉丫丫：

这个副局长躺在医院里还没有苏醒过来，医生还在抢救。如果这个副局长抢救不过来，这个案子就难办了。

听了二表姐竹珺的这两条信息，丫丫没哭出来，大表姐妞娃却又涕泪横流起来。

64

翌日，丫丫天没亮就起来了，起来了也不知道做什么。只是屋里屋外地跑，在院子里转悠。刺槐树浓绿的树阴中明显缀满了斑斑驳驳的黄色，地面上已落满了黄叶。怪不得院子里已听不到蝉叫，听到的已是秋虫浅浅的低吟。

其实丫丫一夜未眠。那个秃顶男人头上的鲜血还在她的眼前闪现。她的心沉甸甸的，压得她透不过气来。

小街竟然还和往日一样，车水马龙，人来人往，别无异常，好像什么事也没发生过一样。初秋的阳光少了些热力，却更灿烂。

走进丽岛，气氛有点异样。十多天不见，小姐妹少了几个，剩下的已不再描眉涂脸。见丫丫进来，她们都用异样的眼神看着她。

老板娘招呼丫丫坐下，给她倒了一杯水。

丫丫很感谢老板娘。那天在休闲会所出事，自己已经逃了出来，是老板娘叫她冷静下来，向110报警，自己才重新回到出事包房。一般老板娘见小姐出事，都惟恐避之不及，躲得比兔子还快。如果那样，从法律上讲就是畏罪潜逃，那是要罪加一等，事情就会更糟。尽管律师据理帮丫丫辩护，丫丫没有卖淫事实，她只是本能地防卫，并没有故意伤害的理由，但如果没有自首的情节，丫丫今天也不可能被取保候审。丫丫非常佩服老板娘的老辣与沉稳，尽管老板娘只有三十岁左右的年纪，到底在社会上混了几年，成熟了。

“那个人怎么样了？”丫丫怯怯地问。她没敢说是秃顶男人。

老板娘神色凝重：“那个人还没苏醒过来，已经十多天了，看来比较严重。”

小姐们开始议论起来：

“那人如果救不活，死掉了，会不会偿命？”

“不偿命起码要被判刑，吃官司是逃不掉的。”

“还要经济赔偿，听说一条人命要赔好几万元钱呢！”

“几万元？那是在你乡下。这里是江南经济发达地区，那人还是个副局长呢，没有几十万哪过得了这一关！”

这时的丫丫已头皮发麻，手脚冰冷，人差点要晕过去。她找机会拨通了二表姐竹珺的电话。竹珺现在不在沙山港市。她回家乡去了，家乡的山货出口加工有限公司已经处于全面施工阶段，听说竹珺现在是公司办公室副主任了。

丫丫走出丽岛，回到了出租屋。

丫丫害怕夜晚，但夜晚还是到来了。

她一个人睡在妞娃的房里。妞娃不在家，已是夜里十点多钟了，妞娃还没有归来。随着秋天的到来，擦皮鞋的生意渐渐好起来，好的时候，一天也能擦到30多元钱。妞娃脸上又有了笑容，前天还去买了一双新皮鞋，素红色的，中跟，款式新潮，花了100多元钱呢！这对妞娃来说，已经很奢侈了。最近，丫丫发现妞娃曾带一个男人来过出租屋。夜晚，妞娃迟迟不归的情形也越来越多了。听说她的房租期快到了。“我准备回老家了！”丫丫听妞娃这样说过，说话的口气很兴奋很自豪，好像她把失去的5 000元钱全都赚回来了。

丫丫关掉灯，闭上眼睛，却更加鲜明地看到那个秃顶男人头上的鲜血。她又打开灯，有一只蛾子快速煽动着翅膀向灯管撞去，撞得很重，一下子跌下来，在被单上蹒跚地爬行，爬行。慢慢地，它的翅膀又振动起来，越振越快，终于又飞了起来，翅膀扇得很快，向灯管飞去。这一次它撞得更重，一只翅膀也被撞断了，重重地跌在地上。蛾子用一只翅膀飞行，在墙角里打转转。这时，爬过来一只壁虎，张开嘴就把它叼走了，速度快得惊人，看得丫丫胆战心惊。丫丫感到，这会儿自己就像那只蛾子。

丫丫啜泣了一会，便关掉灯。她怕灯光会引来公安，引来灾祸，把她重又抓回看守所。还是黑暗能保护自己。她想，要是能有一间密室，在地下，门很厚，用钢板制成，谁也打不开，谁也找不到，她愿意一辈子躲在密室里，永远也不出来。就是变成一条虫也可以，只要不来捉她。她多么渴望能有一个人在身边啊，尽管石狗就在隔壁，可她不想找他。那么孟军呢，能找他吗？能把这一切讲给他听吗？不合适。她只能努力地闭上眼睛。突然一声巨响，非常震撼，简直把她的心都快震出来了。幸亏丫丫听出来了，那是海关的钟声。它不紧不慢，从容不迫地敲了十下。海关大钟是不会发生什么灾祸，不会出事的。不出事就好，平平安安就是福。自从来到沙山港市第一夜听到海关钟声起，丫丫就喜欢上了海关钟声，每夜都要聆听，每夜都在钟声中进入梦乡。那钟声的确十分的洪亮、悠扬，充满了音乐的韵律与质感。可今天听来，却变得那么悲怆、凄凉、幽怨，怎么听，都似给丫丫敲响的丧钟，听得她都有点毛骨悚然、魂灵出窍。钟声停止后，她习惯性地睡了——

一会儿，丫丫好像又被抓回了看守所。她被警察戴上手铐，押回老家。一大帮人在拆她家仅有的三间楼房，说是要拆房给受害者家属作为补偿。丫丫哭喊着说："那三间楼房是我哥哥嫂嫂造的，不是我的，我没有房子，你们别拆，别拆……"那帮人不理睬她，继续拆。瓦、砖、梁堆了一地，飞扬的尘土中，丫丫的妈妈跪在地上求拜着，丫丫的女儿正紧紧地抱住她的大腿号啕大哭……

醒了，原来是个梦。祖宗保佑，这仅仅是个梦。“要真是那样，还不如去死！”丫丫想。这时，她发现自己已是一身冷汗，连枕巾也湿了。她再也睡不着了，也不敢睡了。她起来，用毛巾擦全身的冷汗，却发现冷汗已经干了，湿乎乎地粘在自己的身上，像是涂了一层糨糊。她想用水擦一擦，正端起塑料盆，院门响了。丫丫一惊，静心一听，确实是院门在响，有人在敲院门，一声接着一声，敲得很坚决很有威力。

是谁在敲门呢？妞娃是不用敲门的，她有钥匙。那么是公安警察。丫丫似乎已经看到院门外停着一辆白色的警车，警车旁边站着两名穿深色制服的警察，警察手里拿着一副手铐，那手铐锃亮锃亮，在夜色中发出金属的寒光。

敲门声还在响着，接连不断。

有那么一刻，丫丫差点就晕过去。她撑住墙，待自己稍稍平静一点，才突然蹿到院子里，朝丈夫石狗的房门一阵乱拍。石狗打开房门，丫丫扑上去，紧紧地抱住石狗，轻轻地抽泣呜咽。那哭声不大，是努力压抑着的那种，听起来却特别凄惨，特别恐怖。

这一场景，被刚刚进院门的孟军看到了。孟军看到自己的恋人，正要跟他结婚的恋人却和她原来的丈夫石狗紧紧地拥抱在一起。

刚才，晚归的妞娃看到孟军在敲院门，便帮他把院门打开，陪孟军进来了……

65

两天过后的一个正午，丫丫的手机响了。

“一定又是孟军发来的信息。”丫丫想。这几天，发来信息的都是孟军，孟军的信息每一条都好像在呼喊：

那一万元我正在想办法。

为什么你经常关机？怎么见不到你的人？你在干什么？

千万别做傻事，记住，你是我的人，我全身心地爱着你。

再等我几天。

你说，只要有爱情就行。错了，我们都错了。在当今这个社会，光有爱情是不够的，还要有钱。

我想去偷，我想去抢，为了爱情，为了你。

你在等我吗？你会等我吗？

那个陌生男人的狠话是怎么回事？丫丫，你千万不能做傻事！

……

每读一次孟军的信息，丫丫就想哭，丫丫就想咬咬牙将自己卖掉，卖个好价钱，凑满5万元钱，买得自己的爱情，还自己一个清白和自由。

这一次孟军又会说什么呢？

丫丫打开手机，是江云涛的信息：速来我处。

似落水者捞到了稻草，像掉进黑洞的人见到了光明，丫丫一阵惊喜。她以为江云涛再也不会给她来电了，那天吃花酒时他的眼光给她留下的印象太深刻了。在这个时候有个人说说话也好啊！梳妆打扮一番丫丫马上朝江云涛的宿舍赶去。

江云涛给丫丫的那条短信只有四个字，但经历了怎样的情欲与理智的拼搏挣扎只有他自己知道。

他怨丫丫恨丫丫。他顽固地认为，自己待她不错，每月都给她钱，她的房租水电费也是自己给她付的。给她染了发，给她买了鞋，怎么还不满足，竟然瞒着我又去找了一个男的，还要跟他结婚，神经不正常。还说最恨欺骗，可这个不是在明明白白地在骗我吗？拿了我的钱在骗我，可耻可恨。

江云涛又觉得丫丫太简单太幼稚，要找，就找一个稍微有钱的，偏偏找了个孟军，连5万元都拿不出来，以后能有好日子过吗？白痴。

对丫丫目前的处境，有丝丝缕缕幸灾乐祸的情绪飘忽在他的脑海，使他有些报复后的快感。那天在吃花酒的场合下偶遇丫丫，他从丫丫的神态和眼光中读到了坚定和决心，他的自尊心受到了冲击和伤害。通常情况下，知识分子的这种自尊心是不堪一击的，就像早晨的露珠，风中的蛛网。

吃花酒时，江云涛也有一位小姐陪着。他带她去宾馆开了房间。丫丫的反叛促使他留住了小姐。原来他只是想在场面上敷衍一下，如果丫丫也能拒绝她身边那个秃顶男人的话。他希望看到她的拒绝。可是，他遭到了藐视，丫丫奋不顾身地跟那个男人走了，尽管那个男人脑袋油光光的，已经秃了顶。

江云涛带走的那位小姐长得很娇小，一头金黄的头发，满身香水的味道，非常可人。

小姐开口了："老板，我的一双靴坏了，给我买一双吧，才300多。"

江云涛"嗯"了一声。

"我的肚皮光不光，平不平。"小姐诱导着。

江云涛感到小姐的肚皮确实平滑，他用食指停留在她的脐眼上细细地品味着。

"这两天天气有点凉，我想去买身秋装，你给我500元钱吧，老板。”小姐又开口了。

当江云涛的手滑到小姐的小腹时，小姐却一下子把赤裸的双腿夹得很紧很紧，脸上的笑容却很灿烂妩媚，嗓音出奇的柔美温甜：“哇噻！”她先叫了一声，大惊小怪的样子，然后说，“老板，我看见商厦新来了一批法国香水，500多元一瓶，你给我1 000元钱吧，我自己再添一点。老板，我看你这个人蛮大方的，好吗？”

江云涛从床上坐起来，穿上衣服，离开了那张床。这时的他已经兴趣索然毫无玩下去的心思了。只留下小姐在床上目瞪口呆。

江云涛想起了丫丫。他要重新去找丫丫，他不能失去丫丫，他离不开丫丫，他给丫丫发了短信。当丫丫的一只脚踏进江云涛的宿舍，江云涛已展开有力的手臂将她拥入怀里，紧紧地抱住，脸贴着脸，久久地缠绵。

“想我吗？”江云涛实质上是在表白自己。

丫丫说出了自己的心里话：“你是个好人！”

江云涛把丫丫抱到床上，丫丫看到床柜上放着一沓钱，很厚，中间匝着一条窄窄的牛皮纸，牛皮纸上盖着鲜红的印章，看来是刚从银行里取出来，一个整数，一万元。

江云涛在床上拥着丫丫，问：“5万元钱凑满了吗？那个叫什么的……孟军？”

“没有，还不够！”

“你丈夫拿到5万元钱能同意离婚吗？”

“能的！”

“孟军会和你结婚吗？”

“会的！”

“真的吗？”

“真的！”

“我为你准备了一万元钱！”江云涛并没有放开拥着丫丫的手，只是用眼光示意了一下床柜。床柜上，静悄悄地躺着厚厚一沓钱。

“你是个好人！”丫丫说着抱住江云涛宽厚的肩膀，在他胖胖的脸上啜了一下。

江云涛捧住丫丫的脸，那脸上写着年轻与美丽，7799说得非常动情：“你和孟军结婚后，我们能继续……继续来往吗？”

丫丫松开了抱住江云涛的手，问：“那一万元钱是借给我的吗？”

“不，是送给你的。”

“我不要你送。我写借条给你。我一定还给你。”

“不，不，”江云涛说得很坚决，“我从不借钱给女人，对女人，我只送不借！”

丫丫沉默，默默地推开江云涛，这个时候，正有一块千斤巨石压着她。巨大的石头就是那个秃顶男人，他会醒过来吗？自己会被再抓回看守所吗？一切都在云里雾里。

丫丫说了一声“谢谢”，便头也不回地走出了宿舍。她没有要拿江云涛的那一沓钱。

这一次，轮到江云涛在床上目瞪口呆了。

66

在小街的十字路口，丫丫不断地徘徊、踯躅。

街上的行人来来往往，大都行色匆促而急迫，但他们的脚步却坚定而沉着，透着一种对生活的自信和从容，甚至可以感受到他们心灵和情感深处洋溢出来的一种潇洒与幸福。丫丫心想：他们现在一定很平安，很安全，他们的脚步是有方向的，他们的目的地很明确，可像我这样处于极度恐怖、焦虑、不安状态下的人，是不可能有方向和目的地的。

丫丫在小街的十字路口站住了，她仰头望着天空。初秋的天空居然还是那么湛蓝，就像大海那样纯净湛蓝，白云很淡很轻很薄，很随意地抹在天空。一行大雁无声地在蓝天下飞着，长长细细的脑袋直指南方，就像指南针似的。丫丫终于迈开脚步，朝着孟军家的方向。

丫丫一早就来到小街上的丽岛洗头房，蒙着贴纸的玻璃移门关着，上面挂了一把锁。而其他的洗头房的门都已经开了。门楣上的木芙蓉已经枯萎，瘪瘪蔫蔫地挂着，一看就知道有好几天没有换了。丫丫走进隔壁一家洗头房打听，老板娘见是丫丫，挥挥手就把她打发走了，一句话都没有说，目光怪怪的，似乎丫丫变成了一头怪兽。丫丫跳过几家洗头房再问，有个小姐告诉她：丽岛出事了，听说有一个小姐出台时出了人命案子。

就在昨天，丫丫就收到检察院的一张传唤书：

丫丫：

我院已开始审理你涉嫌故意伤害及卖淫案件，如无正当理由拒绝，请你于九月二十一日到检察院接受询问。在取保候审期间不得离开原住地，否则没收保证金并负相关法律责任。

沙山港市检察院刑事检察科

九月二十日

丫丫按传唤书到了检察院，幸亏老板娘事先再三关照，说得斩钉截铁，丫丫才没有把丽岛洗头房的事情乱说，按照老板娘的口径，一口咬定：我只是给客人按摩。

“丫丫，你卖过淫吗？”检察员问她。这个问题是警察提审时问得最多的一个问题，有时会换另一种口气，“你是卖淫女吗？丫丫！”

对这个问题丫丫回答得很坚决，很肯定，也很自信：“我不是卖淫女，我没卖过淫！”

检察员接着问：“没卖过淫，那你跟客人到休闲会所去干什么？”

丫丫在看守所的时候，警察就死死盯住这个问题不断地审问，并且一再暗示说：“丫丫，你在那个时候，在那个地方，单独跟一个男人在一间包房里，你说没有卖淫，你觉得有谁能相信你？你自己想想看。”

在看守所，丫丫被连续审问过一天两夜，但没有像大表姐那样被喂过蚊子，也没有被打过，当然被踢过两脚，被抓住臂膀推搡是常有的。有一次，当丫丫再三说自己没有卖淫时，那个提审的警察跑上来一把抓住丫丫的头发，挥起手掌就要掴下去。这时不知是丫丫的眼泪让他动了恻隐之心，还是那个负责记录的警察摇头示意劝住了他，那已经高高挥起的巴掌才没有掴下去。丫丫记得，那个提审警察很年轻，长得也很英武，但是脾气很急躁，他好几次说过：你们这些下三烂都是贱骨头，不吃点苦头是不肯招的，我见得多了。他好像对自己的拳头很自信也很迷信。

但是在看守所以后的日子里，大概是十天以后吧，对丫丫的提审就忽然少了，就是提审也不再在“你是不是卖淫女”这个问题上纠缠不休，那个年轻英武的警察也不再踢她，抓她的胳膊，更没有再揪她的头发，态度也变得越来越和气，甚至可以称得上是和善，不再有开头的杀气和恶意。怎么会有这些变化，丫丫觉得有点诧异，有点摸不着头脑。

和在看守所提审时一样，检察官在“有没有卖淫”这个问题上一再追问。隔一会，检察官用冷峻而又犀利的眼光注视着丫丫，长时间地注视，不说话，不发问，就那样长时间地注视。丫丫觉得，那眼光就像刀子、就像鞭子那样厉害。丫丫心想，要是自己真干了那事，肯定坦白交代了。检察员确实也拿不出什么真凭实据，讯问也就转了方向：

“你有没有对受害者故意伤害？”

“受害者有没有骚扰你？”

“说具体点！”

“丫丫，你要对你提供的供词负法律责任！”

……

丫丫如实说了。和看守所的提审警察不一样，检察官没有高声叫骂，也没有拍桌子掴耳光，但是，丫丫还是比较惧怕他。她感到检察官真厉害，真正厉害的人是不会动手打人、开口骂人的。

检察官最后告诉丫丫：“你的事还没完，随叫随到。”讯问结束时，检察官再次核实了丫丫的身份证号码和暂住证地址。

丫丫朝孟军家走去，他家就在离小街不远的城郊结合部。路上，丫丫见两个打扮入时，浓妆艳抹的年轻女子在出租屋前吵嘴，声音十分粗野：

“大头是我的朋友，你为什么要勾引他。”

“你不也是个有夫之妇嘛，大头是你的什么人，你管得着吗？”

“我先认识大头！”

“谁是谁的朋友，由大头定，由不得你说。”

“不要脸！”

开始两个人还是指着鼻子骂，到后来竟然互相拉扯起来。

丫丫真想上去把她们拉开，对她们说：别争了，别吵了，都是可怜的人，好好过日子吧……可丫丫没有上去，她没有力气，没有胆量，也没有心情走上去。她默默地向孟军家走去。

她看到一位年轻母亲正在家门口的香樟树下洗衣服，儿子伏在妈妈的腿上在拍肥皂水。肥皂水溅了一脸一身，母亲甩甩手，在儿子的脸上轻轻地擦着。想不到儿子的一只小手又往肥皂水中一捋，飞起一连串的肥皂泡泡，泡泡一个接着一个地飞起来，在阳光中闪烁出七彩的颜色……

丫丫停住脚步，看着眼前的一幕，心驰神往。她想起了自己的女儿，那个头顶上翘着两个细细小辫的小菊。“现在能见到自己的女儿该有多好啊！”丫丫痴痴地想。可是，女儿远在千里之外，只能在梦中见到。丫丫这才深切地感受到，以前在家里每天都能和自己的女儿、父母在一起，是多么的幸福、温馨，尽管穷一点苦一点，但是一家人平平安安。丫丫这才感受到平安是福的深刻含义。现在一个人远离家乡，走上了要与丈夫离婚，要与另一个叫孟军的男人结婚的不归路，丫丫怀疑自己是不是走得太远，走得太疯狂了，才落得今天的下场。真像俗话所说的，这个下场是太可耻了，对女人来说，比这种更可耻的下场是再没有了，用奇耻大辱来形容也毫不为过。丫丫忽然对丈夫石狗咬牙切齿起来，如果不是石狗骗她出来，她何以会踏上铺满鲜花的歧路，会步入陷阱四伏的危途，会陷入这万劫不复的绝境。现在，她唯一的希望、安慰和依靠就只有孟军了，孟军是她的恋人，孟军是她今后生活的依靠，孟军就是她的生命；她走到今天的这一步也都是为了孟军。丫丫朝眼前的母子亲情场景又投以无限神往的一瞥，转过身，朝孟军家走去。

是孟军的妈妈开的门，他妈说："孟军不在家。"口气非常冷淡。他妈妈的一只手紧紧地握在门框上，好像是在防备丫丫会闯进去的样子。

丫丫的嗓音明显发颤发抖："孟军在哪里？我要找他。"

他妈的回答更加冷淡生硬："不知道！"

丫丫的眼泪夺眶而出："我真的要见孟军，就现在！"

她妈妈似乎被感染了，口气明显软热了一点："孟军到你干活的洗头房去过了，他给你留了一张字条。"他妈的手仍紧紧地非常警惕地握在门框上，似乎在说：这扇门不欢迎你进去！

丫丫读懂了他妈的意思。对他妈今天的举止，丫丫是理解的，自己毕竟是一个外地女子，结婚生子了，又是个发廊女，父母有情绪也是人之常情。但只要孟军爱她，接纳她，就是她生命的全部。而对孟军的爱，丫丫是深信不疑的。

丫丫又回到了小街。她已给孟军打了多次手机，都是关机。现在。唯一的希望和安慰就剩下孟军的信了。她盼望着这封信。

丽岛洗头房的门仍旧锁着，丫丫在门口不断地徘徊。有一家洗头房的小姐发现了丫丫，悄悄对她说："你不要在这里转悠了，快点走吧。听说那个被小姐服务的男人死了，老板娘和小姐都要被抓进去吃官司。"

丫丫只觉得手心发冷，头一晕，天旋地转。

正在这时，丽岛的一位小姐走过来，交给她一封信。丫丫一看，正是她焦急等待的那封信，这封信比她生命还重要，上面有孟军的署名。只不过作者为了让语言风格上接近小说些，稍稍在文字上作了些修饰。后来丫丫的那封绝命书也是如此。

67

丫丫用双手捧住孟军的信，把它贴在脸上，紧紧地，久久不肯放开。她把她整个脸贴在孟军的信封上。当她终于抬起脸时，发现信封上早已沾满了泪痕，几乎是全湿了。丫丫很容易打开了信封，悄无声息地展开了信纸，终于，濡满泪痕的孟军的来信在丫丫面前展开了：

丫丫：

你知道我这一阵子是怎样过的吗？你背叛了我，彻底而残忍地背叛了我。现在，我最感痛苦最难以理解的是你怎么忍心就背叛我，难道世界上真有这样绝情残忍的女子吗？难道是我看错了人？你难道没看出来，我有多爱你。对你的爱，我是真心实意，一往情深，刻骨铭心的。自从有了你，我的梦都充满了温馨和甜蜜。

不错，我父母到现在为止对未来的儿媳妇还有一点疙瘩，但是，只要我们相爱，只要我们勤奋孝顺，两位老人会接受的，会喜欢上你的。这次，他们不是已经拿出多年积攒下来的 2 万元钱了吗？所以，这应该不能成为你背叛我的理由，我想。

我去了丽岛，你的事老板娘还帮你瞒着，但是丽岛的小姐都对我说了：你变了，变得那么无耻、贪婪，竟然到高档休闲会所给客人敲大背。怪不得那天手机里突然冒出来一个男人的狠话："陪客还开什么手机，关掉！"现在我终于明白了，你已经背叛了我，也出卖了自己的爱情和良心。听说你还伤害了客人，被关进了看守所。这又是何苦呢？是嫌钞票太少吗？而在以前，这是你最深恶痛绝的。以前，你真像文学家们所描述的是出污泥而不染，你就像一朵荷花，贞洁、高雅、清新、鲜艳，这也是我那么爱你的一个非常重要的理由。可是，现在，你全变了。世上还有比你更无耻更下流更卑污的女人吗？没有，没有，我想是没有的。可是，你却这样做了。怪不得一段时期以来，我见不到你，甚至连手机都联系不到你。我就有点疑惑。你却说你正忙。你忙些什么，现在我是知道了。亏我以前竟然那么深沉地爱着你，恋着你。真是太可笑太可悲了。你值得我这样爱吗？我为什么还要爱你！

那天晚上，加班放工已经很晚了，但我还是想到你的出租屋去看你，敲了那么长时间的门，就是没有人开门。我以为你不在，可悲的是事实证明你在，你是存心不给我开门。还是后来归家的你的大表姐妞娃帮我开了门。我这么急迫地深夜来敲你的门唯一的原因是，我想告诉你，而且是想尽快地告诉你，要付给你丈夫的5万元钱我已经筹到了，我已经筹齐了。你可以和丈夫离婚了，你自由了，我们可以结婚了，名正言顺地结为夫妻，我们可以终日相守，成为一对名副其实的夫妻了。知道我是怎样凑齐那剩下的5000元钱的吗？那里面的艰难、辛酸和曲折足以作家写一部小说。现在对你说已经没什么意思了。

为了你，有时我真那么想过，就是犯法我也会去干。因为我爱你，爱你，出于内心的爱你。爱你，已达到痴迷癫狂的程度。具有讽刺意味的是，当我在深夜赶到你的出租屋，准备把这一切告诉你，把一颗爱心奉献给你时，看到的却是你和丈夫在房间里紧紧相拥的身影。而且拥抱得那么急迫那么疯狂，那么如痴如醉，对我来说无疑是一场噩梦，这一击是致命的。可悲可叹可笑可恨，这人生，这爱情。

我真傻！我真笨。半年多来，竟被你的表象迷惑了。我现在还佩服你的表演才能。你应该去当演员，而不是在小街当妓女。一直以来，我都把你当做美的化身，当做爱的目标。应当承认，你给人的印象确是那么的单纯、淳朴、温柔、体贴，像你那样善待男人而又善解人意、小鸟依人的女人，现在是少之又少，几乎是绝迹了，你是一个例外。这么多年来，我是尝够了女人的虚伪、势利、奸诈、贪婪与冷酷，直到碰上了你，我才恢复了对女人的信心和爱情。世界上最最残酷的莫过于爱的背叛，这个，又让我再一次碰到了。现在我才明白，我是被骗了。你和你丈夫联合起来，狼狈为奸，先骗我的情，再骗我的钱。怪不得你丈夫那么迫不及待，那么爽快地答应只要拿到5万元钱，就同意离婚。我想，只要我交出那5万元钱，你和你的丈夫就会立即在沙山港市消失，我将又一次面对人财两空的可悲境遇。你和你的丈夫配合得多么惟妙惟肖，亦步亦趋啊！佩服！佩服！事已至此，我只有佩服的份了。

我并不是痛惜那5万元钱，尽管对我来说，5万元钱不是一个小数字，我并没有在你面前刻意隐瞒我家的贫穷。我没有，这你是清楚的。我痛惜的是你的背叛，痛惜的是我曾经付出的那份爱，那份情。世界上再没有什么比爱比情更富有更值钱更值得珍惜的东西了。没有钱可以去挣，钱失去了可以再去挣回来，而爱是可遇而不可求的。世界上最不值钱的就是钱本身。世界上最伟大最美丽最幸福的是爱，而男女之间的爱情是人间一切爱情的基础和顶峰。现在，我是从顶峰上跌落下来的人了，我跌得鼻青脸肿，支离破碎、伤痕累累。

我不愿再见到你，我太累太苦太失望了，对你、对自己、对社会、对人生，都是如此。爱的丰碑已经在我面前倒塌，分崩离析。在你收到这封信时，我已经离开沙山港市。去哪里？我自己也不知道。我只是想离开沙山港市，去一个遥远的地方，去天涯海角。这里，留下了太多的苦涩和回忆。今后，我只有逃避，逃避容易引起爱的回忆的地方，逃避你，逃避爱，也逃避我自己，尽管沙山港市是我的家乡。

尽管如此，我还是要感谢，感谢你曾经给我的单纯、温情与小鸟依人，尽管那是假的，是骗人的。

有一点是肯定的，我不想再见到你，永远！

……

信纸，从丫丫手中滑落，被肃杀秋风卷起，在空中飘飞，恰如秋风扫落叶。

68

丫丫独自把自己关在大表姐的出租屋内。她端坐在桌子前，面对着一面圆镜。圆镜中影映出一张苍白的冷冰冰的脸。丫丫举起一把红色的塑料木梳，给自己梳头。她的心不再乱跳，她的手不再颤抖，她缓慢而从容地将一只白天鹅发夹夹在头顶浓密的秀发中。效果出奇地好。那白天鹅就像在碧波中展翅翱翔，丫丫的嘴角露出了不经意的笑纹。这白天鹅发夹是孟军带她到鹅山游玩时买的。买了两只，另一只孟军留着。他们相约到结婚的那天晚上，将两只白天鹅成双成对地装嵌在精美的镜盒里，挂在他们婚照的旁边，作为永远的纪念。现在看来，这已是不可能的了。丫丫要白天鹅发夹和她的身体一起，扑入江水，沉入江底，就像传说中的天鹅一样。这个传说很凄美，很动人，是孟军讲给她听的，她很感动，一直牢牢地记在她的心里。

丈夫石狗曾建议带她回老家，只要她答应同孟军一刀两断，他就原谅她。

“公安局会派人到老家来抓人的。”丫丫说。

石狗的态度倒挺坚决：“那我就带你逃向远方！”

丫丫拒绝了石狗的建议。现在她是一个落难之人，她不想连累石狗，再说，一个犯了国法的人能逃到哪里，躲过了初一躲不过十五。何况她生来就是胆小怕事，生性羸弱，习惯安静的人。丫丫梳妆完毕，将两封信一个手巾包放在桌子上。那两封信一封是给女儿的，另一封是给孟军的。手巾包里包着 1 800 元现金。本来是想给孟军凑满 5 万元的，这样，自己就能和石狗离婚，和孟军结婚。现在，是已经不需要也不可能了，一切都已乱套，一切都成过去。人生无常，命运多舛，此话不假。

她离开出租屋，来到院子里。这里没有什么值得她留恋的东西。院子里充满了粗野、淫乱、肮脏和下流，值得一提的就只剩下那棵刺槐树了。尽管已是仲秋，但刺槐树仍长得浓密苍翠，浓荫似

水，在秋风中飒爽着它的蓬勃、清新、健康的生命品格。怀着深深的敬意和向往，丫丫向刺槐树投向了最后一瞥。

已过了下班高峰，马路上的车流行人明显地稀少了，马路就显得格外宽阔和宁静。沙山港是南方的一个新兴港城，马路大都是六车道，沥青路面，平整、光滑、闪亮。丫丫在马路上踽踽独行，身上没有背包，那背包通常总是放了些乌七八糟的东西，丫丫通常就很讨厌，今天就不用背了，连口袋都是空的，可以说是赤条条了，除了薄薄的衣衫之外。她感到特别轻松快活。

马路上有一个人，引起了丫丫的注意。这个人约莫四十多岁，是个女的，身上的衣服很特别，是黄色的，中间还有一条绿莹莹的荧光带，灯光照上去会发光的，丫丫以前也见过。她左手提一只很大的黑色塑料袋，右手捏一把火钳样的钢丝长夹，看到马路上有什么就往里面夹。是位马路清洁工，丫丫知道。大多数城市只是在清晨清扫一次，而这座城市几乎是二十四小时保洁。丫丫不禁对这座城市、对这名妇女肃然起敬。

的确，这座城市不是很大，但极整洁、美丽，加上她的富有，确实是一座适宜居住的现代港城。丫丫很喜爱，很想成为城市的一员，她也曾奋力追求过。可是，她终究无法成为城市的一员，这个城市没有接纳她，相反，现在这个城市正在吞噬她。或许，这就是外来妹的命。外来妹的根在外地，在山野中，就只配生活在外地的山野中。谁叫你闯进这个城市的呢？丫丫用非常艳羡的目光注视着眼前的这名马路清洁工："如果能像她一样成为这座城市的一位马路清洁工将是多么幸运的事啊！"她很动情地感慨。

快到妇女身边了，丫丫放慢了脚步。妇女正在把马路上的一枚叶片、一张小纸屑、一个香烟头，一一拾入塑料袋，甚至连不起眼的，常人根本不会在意的一枚细小的叶茎都不放过。这座城市对马路的如此细致入微的关爱，照顾，真可以说到了无微不至的境界，连马路上一条开裂的小缝都用沥青细细地补过。因为沙山港市是全国卫生城市，常常有中央、省市的首长莅临视察。丫丫越来越感到自己的渺小与卑微。她想，她这个大活人如果突然跌倒在马路上，会有人来关心她吗，会有人来救她吗？孟军抛下她已经走了，江云涛会停下小车扶起这个曾经是他情人的小妹吗？或许会有很多围观的人。但到最后来收拾她的人只有警察了。无论你活着还是死掉，来收拾你的就只有警察，或许，这就是小姐的宿命了。连眼前的清洁工也是如此。清洁工的目光只注视着马路，只注视着马路上的垃圾，对眼前的丫丫，对眼前的一个目光呆滞、神情恍惚的一个尚有生命的人，一个年轻的还很漂亮的小姐，清洁工连瞟都没瞟一眼。

“当……当……当……”突然响起了钟声，清脆、响亮、悠远，海关的钟声响了，一共敲了六响，也就是说，现在是六点钟了。马路两边造型别致的豪华路灯霎时亮了，先是黄黄的蒙蒙的一个亮点，慢慢就变白变亮，最后就连成炽白明亮的两条光带，在夜空中大放光华。紧接着，所有高大建筑物上的轮廓灯、景观灯、广告灯全部亮了，红的、绿的、黄的、白的，有静态的，更有动态的，变幻无穷，交相辉映。世人都说天堂好，其实天堂就在人间。触景生情，丫丫这才强烈地感受到人间是多么的美好，活着是多么的幸福。

并不遥远的夜空中，矗立着一幢几十层的高楼，端庄、华丽、美轮美奂，那就是沙山港市的海关大楼。

大楼全身的景观灯全是乳白色的灯光，显得特别洁白，清雅，单纯，在清朗的夜空中确似玉宇琼楼，如仙如幻。丫丫好喜欢好喜欢。半年多来，每天都是海关悠扬的钟声送她进入梦乡，又在黎明时把她唤醒。是海关钟声把她带进了一个全新的世界，也开始了她全新的生活。海关大楼的左后方，便是沙山港市著名的风景旅游景点——鹅山，也就是她今晚的目的地，也是她短暂人生的终点。

一辆乳白色的警车闪着警灯从前面马路上迎面开来，刺耳的警笛响得惊天动地。丫丫直直地看着飞驶着的警车，怀着一种不过一死的快感。现在她不再战栗，不再惶恐，也不再焦虑，自从她作出到天鹅峰向江中一跃这个决定后，她突然感到解脱了，轻松了，人间的一切恩怨情仇、爱爱恨恨、是非曲直、贫穷富贵、高低贵贱、喜怒哀乐、爱好欲望都一了百了了。这时她突然感到：人活着是何等的盲目，是何等的荒谬，是何等的劳累啊！但同时她又发现，自从走出出租屋以来，她的脚步是越走越慢，有时简直就是停留在马路上了。是出于纵身一跃的惧怕，还是对生的留恋，她说不清楚。

“那辆警车也许就是去抓自己的吧！”丫丫想。她努力加快了自己的脚步，朝天鹅峰的方向走去。现在，她已没有退路了。丫丫近乎倔强和疯狂地认为，与其再被抓回看守所，与其被当做卖淫女和凶手被判刑，被罚款，尤其是被罚款，她是宁可死的。老百姓常说，要钱没有，要命一条。因为丫丫实在没钱。对丫丫来说，钱比命重要得多，值钱得多。现时，作为她生命最后支撑的孟军都远离而去了，她还有什么存在这个世界的理由。这是她这个山妹子的生命哲学，简单而又朴实。该交代的她已作了交代。对女儿，她只是交代要认真读书，认真干事，认真做人；对孟军，她没有作过多的辩解和说明，倒是对天鹅峰写了很多的感叹……

孟军，你还记得天鹅峰吗？是你带我去的。我敢说，那是今生今世我见到的最美丽的地方。那山，那树，那花，那江，那水，那草，都很美丽。怪不得那里聚集着成群人间最美丽的天鹅，怪不得上天王母娘娘喂养的天鹅都要流连忘返。在天鹅峰，我们同入长江嬉水，我们拍了合照，我们第一次接吻……天鹅峰带给我太多的回忆太多的浪漫太多的情爱太多的美丽，在天鹅峰，我们美丽过美丽，芬芳过芬芳……命中注定，我恋爱的起点和终点在天鹅峰；我人生的起点和终点同样在天鹅峰。天鹅峰能成为我人生最后的归宿真是太美太好了。当时，当你讲到这里已有好几对痴情男女双双跳江殉情时，我浑身战栗，手脚冰冷，只觉得天旋地转，差点摔下江去。是你一把扶住了我，不知道你是否还记得。那不过是我的预感。可惜，几个月后却变成了现实。也许，这就是我的命，命该如此。

还记得你讲的那一对天上人间的天鹅吗？他们在天鹅峰相识相守，最后又在天鹅峰相互殉情，海枯石烂，长相厮守。

我愿化作一只天鹅，在你到达天鹅峰时，你会看到江面上会有一只天鹅在浪花丛中蹁跹，那就是我，我会为你歌唱，为你祝福。

……

迈上天鹅峰天已经全黑了，在沉沉夜色中可以看到海关大楼、银都大酒店、金港新城一些高楼美丽的轮廓和剪影以及纵横交错排列整齐划一的灯的线条。那是路灯，那是马路，一个新兴的现代化的港城尽显眼底。但是，在这朦胧的夜色中，在这个城市的角落，在小街小巷的边缘，她的大表姐妞娃以及像妞娃一样的小姐们大概正在路灯下，在马路边的洗头房里在揽客，在为客人按摩敲背。江面很阔很宽，在两岸灯光的辉映下闪着万点银光。沙山在江心成了黑黝黝的一片，像是一艘抛了锚的巨轮。看不清江面有多深有多远，但可以听到浪拍江岸，非常有节奏，也非常固执，好像在召唤着丫丫。丫丫向悬崖峭壁走去，手机突然响了。丫丫一个激棱，两眼放出光来。她停住迈向悬崖的脚步，紧张但很激动地掏出手机；仅是一条垃圾信息。丫丫一下子又蔫了，眼睛也黯淡下去。丫丫突然涌起一个欲望，给孟军发个信息。她按动小键，又停止了，还有必要吗？丫丫关上机盖，捏住这个光滑有点冷冰冰的手机，她想起就是这只手机害她走上了歧途，里面窝藏着丈夫石狗自私无耻的灵魂。丫丫扬起手，举得高高的，狠狠地向江中抛去。夜色中，一个闪亮的光点，划出一条美丽的弧线，向浪花簇拥的江面落去。丫丫不再犹豫，走向天鹅峰那翘向江面的最前喙，纵身向江面跳去……

69

像一条孤狼，孟军满城转悠，最后还是转到了小街，转到了丽岛洗头房。自从发现了丫丫的欺骗与背叛，小街和丽岛就成了他的伤心地，他对小街、对丽岛就起了恨心，时时咬牙切齿。但是，鬼使神差似的，他的摩托车还是不由自主地开到了小街，来到了丽岛。“反正，明天就要离开沙山港市，明天就要到海南去了。”这是他走进丽岛洗头房时的思想。

意想不到的是，丽岛的门竟开着，但里面只有两个人，一个是老板娘，另一个是短发小姐，孟军不认识，大概是新来的。原来的几位小姐妹一个也没有了，大概都逃走了吧。日光灯静静地照着，给洗头房蒙上了一层惨淡的阴影。阴影中，老板娘和短发小姐正在吃晚饭。

“来，吃晚饭，一起吃。”老板娘招呼，她的脸色还是那么镇静，大度，她的头发光滑而美丽，像以前一样。

孟军摇摇头，算是回答。今天的晚饭他是吃了，不过只是啃了两个馒头。

短发小姐发现孟军坐在那里，不动，也不说话，神情傻傻的、呆呆的，便问："要不要先给你敲背？"孟军没理她，干脆闭上眼睛靠在椅子上睡起觉来。一直到她吃完晚饭，孟军才睁开眼睛，从口袋取出一只白色天鹅发夹放在手里把玩。

短发小姐看到了，抢着说："好漂亮的发夹啊，送我吧！"

孟军本能地捏紧了发夹，慢慢又放开了手，把发夹丢给了短发小姐。并没有说一句话。老板娘很注意地看了孟军一眼，发现了孟军的异常。

短发小姐对着镜子把发夹别在了前额的一绺下垂的秀发上，马上就增添了一丝妩媚和优雅。那只洁白的天鹅在黑亮的发梢上振翅欲飞。短发小姐离开镜子围着孟军又唱又跳。孟军只是抬眼看着，脸无表情，也不说一句话。正当短发小姐要跳离的时候，孟军一把抓住短发小姐的手，把她拉进了内室的按摩房内。

孟军没有躺到按摩床上，他一把抱住短发小姐，就把脑袋搁在小姐的肩上，长长地叹了口气，好像久久在水中挣扎的溺水者终于抱住了救星一样。就在这时，老板娘出现在门口，叫出了短发小姐。

孟军在里面坐了一下，正要出来，老板娘进来，留住了孟军。

"男人，都像你这个样子吗？"

"男人都像你这样狼心狗肺吗？"

"孟军，你还像个男人吗？"

老板娘的三句问话把孟军问傻了，也把他问醒了。他从老板娘的讲述里知道了事情的一些真相。

丫丫是为了挣钱，为了快点凑满那5万元钱，好早一点跟丈夫石狗离婚，跟恋人孟军结婚。一时心急，才稀里糊涂赴了花酒宴，闹出了人命案子。

现在，老板娘从派出所得到了可靠消息，那个昏迷的男人已经苏醒，具体情节老板娘也不十分清楚。丫丫应该没什么大问题了。

这时，孟军才发现，老板娘的脸色虽然像以前一样清秀明丽，但隐隐之中透出逼人的冷峻，一种大灾大难后才有的那种冷峻和沉静。

老板娘按住急着要走的孟军，取出那只白天鹅发夹，说："孟军，丫丫身边也有一只和这相同的发夹，是吗？"

孟军点点头。

老板娘把发夹交到孟军手里："拿去吧，和丫丫配个对，永远也不要分开！"

孟军接过发夹，移开门，发动摩托车朝丫丫的出租屋开去。

丫丫不在，妞娃正在灯下就着开水啃馒头，见是孟军，眼睛睇视着，又啃了两口馒头，才开口，口气不是很友好："你来了，我也是刚回来。这里好像有你一个包，是丫丫给你的。"说完朝桌子上撇撇嘴，"我还没看呢！"

孟军打开包，里面是一沓钱，还有一封信。孟军打开信，看，看的速度越来越快。突然，孟军拔脚冲出出租屋，发动摩托车，咆哮着冲进沉沉夜色中。

"快！"这时，孟军心中只有一个字，"快……快……快……"他要快一点飞到鹅山，飞上天鹅峰。丫丫信上给他的最后遗言和着呼呼的风声在他耳边响起——

……孟军，这钱留给你，只有1800元钱，太少了。我从来没有想到金钱对人生来说竟是那么的重要。本来我是想挣满5 000元给你凑满5万元，这样我们便可在一起，就可结婚了，就可成为正正当当的合法夫妻了。可是，破屋偏遇连夜雨，我不怨你，可能，这就是人们常说的，是命。今生我们没能成为夫妻，就等来世吧，来世我们再结婚，如果我们仍相爱的话。

……这钱给你留下，孟军，你一定要收下。因为这钱是为我们挣的，请你原谅它太少了，这钱是干净的，就像我的心一样干净。我知道，你家里也穷，穷得一直讨不到老婆。这钱就给你凑个数，能讨一个善良爱你的老婆，我会祝福你的。

……天鹅峰是个美丽而浪漫的地方，是你带我去的，我……我……我今晚就去那里……

生活中有许多事是比小说、电影更生动，更丰富，更奇巧的，作家的想象力和色彩斑斓的生活相比，永远显得是那么的简单和苍白，有时甚至是虚伪的，虚伪到闭着眼否认生活真实存在的程度。就为了迎合政治，传统，还有道德，如此文学也就消亡了，消亡在当下泥泞的此岸，而充满了人性、爱情和隐喻的文学只能产生在飞扬梦想的彼岸。

孟军正在向天鹅峰飞驰，他的心中飞扬着对丫丫深切的爱情。现实中的孟军是幸运的，他及时地赶到天鹅峰，救下了正要跳江入水的丫丫……

70

就在孟军从天鹅峰救下丫丫的第二天，丫丫收到了法院开庭的通知。法官的最后判决令丫丫深感意外，丫丫被法官宣告无罪，当庭释放。丫丫在大表姐妞娃的搀扶下走出了法庭，就在走出法院大门时，意外的事情又发生了：有几个自称是媒体记者的人要采访她，并且已经开始了录像拍照，问题一个接着一个："丫丫，这样的结果你想到吗？"

"你到底有没有推倒客人？"

"你的职业是什么？"

"请说说你的感想？"

……

就在这时，丫丫和妞娃忽然看到了法院大门外高高的台阶下徐徐停下一辆红色的广本轿车，下车的正是二表姐竹珺。竹珺款款地走向人群，向媒体记者打了个招呼：感谢媒体记者的关心，说丫丫累了，需要休息，改日再接受采访。

丫丫坐在二表姐的红色广本车上，感到今天的事情真有点像电视剧的情节，是那样紧张、曲折，而又出人意料……

今天法院的庭审就有点诡异。原告的家属没到庭，原告的律师没到庭，公诉人宣读的一条最最关键的证词出乎所有人的意料之外，连丫丫都感到有点不可思议。公诉人代读了原告的一句证词：原告在休闲会所系自己不慎滑倒受伤，并非被告推倒加害所致。

原来秃顶男人已经苏醒，他清醒过来和办案民警说得最多的一句话是："我在休闲会所系自己不慎滑倒受伤，并非被告加害所致。"这一点和警察当时堪察现场的实况倒颇有几分相似。秃顶男人确实在卫生间刚刚洗完澡，地面瓷砖上有水，秃顶男人摔倒在地上时他还光着脚。警察证实了秃顶男人的供词。丫丫的律师以此为主要证据为丫丫作了无罪辩护，法庭最终采纳了律师的辩护意见，以犯罪事实不清，证据不明宣告被告丫丫无罪，当庭释放。

和丫丫及妞娃的喜形于色不同，竹珺带两姐妹进房间内的表情很冷峻，很严肃，甚至有一点忧愁。竹珺没有往常那样热情地为两姐妹泡茶，请吃各种瓜果点心。没有，这一次没有，竹珺只从冰箱里取出两瓶矿泉水递给了两姐妹。丫丫发现，客厅的钢琴被厚厚的蓝色灯芯绒罩着，上面落满了一层薄薄的灰尘。

“能平安无事就好！”竹珺说得很平静，但两姐妹听出来竹珺说得很认真很严肃。

丫丫还沉浸在刚才法院内外那惊心动魄的一幕，她忍不住问：“二表姐，我明明推了那男人，他怎么反过来说是自己摔倒的呢？”

竹珺瞟了一眼丫丫，这才说：“你以为那个男人是在帮你，救你，那是他在自己帮自己，救自己。你们不要忘记那个秃顶男人是沙山港市建设局副局长。”

丫丫和妞娃无声，相对而望，一脸茫然。

“官场上的事你们就不懂了，”竹珺说，“对这件事，苏市长就看得深透。”听得出，丫丫这场官司，竹珺曾求助于苏市长。

自从丫丫被关进看守所以后，二表姐竹珺就急急地打通了苏市长的电话。苏市长立马表态：自己不宜也不可能介入此事件，最好的办法是请律师。用法律来维护自己的权益。当苏市长得知这个副局长清醒后说的那句证词时，苏市长笑了。他对竹珺说：这个副局长虽然荒淫，但头脑还算聪明。说是自己滑倒的，就和丫丫无关，和嫖娼无关，至少，他就不会被“双开”，保住了党票和公职，就保住了铁饭碗。当然副局长转正是不可能了。“也太不检点了！”这是苏市长对他手下这位副局长的最后评价。

看看那么冷静的竹珺，丫丫这才想起今天主要想说还没说的话：“二表姐，谢谢你，也谢谢你请的那位律师！”这的确是丫丫的心里话，如果没有二表姐竹珺，她这个案子还不知会变成什么性质呢？就是取保候审的保证金也是二表姐帮交的。20 000 元钱呢，丫丫是绝拿不出这么多钱的。

竹珺接下来的一段话对丫丫来说是太突然，太不可思议了，也是丫丫这一生从未经历过的。竹珺的一段话、竹珺给丫丫展示的一切，从此打开了丫丫人生的一个新的窗口。

竹珺淡淡地说：“要说谢，你不用谢我，也不用谢我找的律师，你应该谢谢它！”说完，竹珺往书桌上指了一指。

“谢它，它是什么，不懂！”丫丫和妞娃都摇着头说。

竹珺说：“电脑，应该谢谢电脑！谢谢网络！”

丫丫和妞娃大眼瞪小眼，更糊涂了。

竹珺笑笑，不说话，将两姐妹带到电脑前，开了电脑，打开百度网页，在搜索栏里输入“丫丫”二字，点击搜索。

在丫丫的眼前，电脑屏幕上赫然显现出很多这样的标题：

《丫丫掀官案》

《淫官当掀》

《丫丫属正当防卫》

……

原来，竹珺将丫丫的案子放到了天涯论坛，立刻引起了轰动。网上的文章几乎是一边倒：纷纷谴责攻击那个秃顶男人——沙山港市建设局副局长。文章很多，给丫丫留下深刻印象的是下面一段文字：

丫丫无奈而又勇敢的这一掀，掀中了淫官的要害，也掀中了当今中国社会的要害，打响了人民群众向我们党内、政府里和社会上的腐败堕落等歪风邪气的斗争。丫丫的这一掀使腐败分子惊醒，起到了那些不疼不痒的处分起不到的震慑作用。

丫丫的这一掀，也掀开了向我们社会中腐朽糜烂现象作斗争的序幕。这些年来，泥沙俱下，沉渣泛起，曾经一度绝迹的赌博、贩毒、卖淫、嫖娼和黑恶势力等丑恶社会现象卷土重来。而往往这些地方都受到当地一些腐败分子的保护。

丫丫的这一掀，也掀翻了金钱至上，拜金主义的腐朽观念。淫官之流以为只要有金钱，就可以为所欲为，就可以买到任何东西，包括女人的贞操。而丫丫用自己的勇敢一掀向人们证明了世界上还有比金钱更金贵的东西，那就是做人的尊严和女人的贞操。

丫丫的这一掀，属正当防卫，合理合法，而不是故意伤害。难道只许淫官挑衅强暴，而不许一个弱女子为保护自己反抗吗？我们的司法机关应该分清事实，秉公执法，人民群众将拭目以待。

……

丫丫哭了，看到网上的这些文章，她的内心被深深地感动了。一个普普通通的山村妹，竟然也上了网络，竟然也得到了人们的同情和支持，她感到很意外。尽管丫丫并不完全懂得那些文章中的道理，丫丫也不认为自己有文章中说得那么好，但丫丫明白那些文章都在帮她，为她说话。一直到现在，丫丫才有点恍然大悟，为什么看守所的提审警察对她前后态度那么不一样，为什么今天出法院大门时有记者来采访，甚至今天法官判决结果也多少与网络上的这些文章有点影响。丫丫在她的人生道路上第一次感受到在她的生活圈子之外，还有另一个世界的存在，那就是网络世界。

丫丫哭了，但丫丫感到自己的眼泪流得很舒畅。她小心翼翼地从二表姐竹珺手里取过鼠标，很惊讶地看看这个神奇的像是只小乌龟的东西。说："二表姐，我能学电脑吗？"丫丫的语气中充满了羡慕和向往。

二表姐竹珺看着丫丫，又把目光转向大表姐妞娃，这才说："学电脑并不难，现在不少小学没读完的打工仔都会电脑。现在难的是做人。"说到这里，竹珺的眼光又扫过丫丫、妞娃两姐妹，语气认真而严肃，"丫丫虽说是上了网络，被判了无罪，但对你今后未必是好事。所以你以后尽量不要接受任何媒体的采访。"

"妞娃呢，"竹珺接着说，"你已经被派出所抓过，千万别再被抓第二次！"说这些话时，竹珺的表情还是那么的冷静和严肃，充满了忧愁。

丫丫听懂了二表姐的话。

在这个时候，丫丫特别想见到自己的恋人孟军。是孟军把她从天鹅峰的悬崖峭壁上拉回了人间。今天，孟军要上班，没能参加法院的宣判。丫丫要把今天发生的这一切告诉孟军，而且是越快越好。

71

早晨，丫丫起床刷牙，喝一口水，咸的，带有一点苦涩。丫丫赶紧吐出来，这才意识到自己已不在沙山港市，沙山港市已在千里之外了，这里是自己的家乡，自己的家。

丫丫的家安在山坡下，虽然有山溪绕村而过，但到干旱无雨的季节，泉水就干涸了，只剩下一条石头沟，因此，村上人几乎每家都在门前挖一口井。大概是水质的关系，这里的井水盐碱的含量多一点。以前丫丫没出村庄，感觉不到，在外面喝了一段时间自来水，就觉得特别咸，特别苦涩。

丫丫一边刷牙，一边就想起了远在千里之外的沙山港市，想起了孟军，想起了自己的丈夫石狗……

那天，也就是丫丫从法院回来的第二天，丫丫和孟军一起，把5万元钱交到了石狗的面前。石狗看了看厚厚的一沓钱，又抬眼看着孟军和丫丫，眼光就停在他俩脸上，充满了愤怒与不屑，当然，更多的是忌恨，就这样看了好长时间。丫丫怕石狗又要动粗，内心紧张地防备着。但是没有。石狗没有伸手接钱，也没有动手打人，只是冷硬地说："现在菜市场的萝卜青菜都在涨价，我一个媳妇难道只值这点钱。给我10万，否则免谈！"

孟军马上跳起来，指着石狗的鼻子："你这个人说话怎么不讲诚信，你还是个男人吗？说出的话怎么不算数了呢……"说着就要去揪石狗的胸脯。丫丫慌忙上去拉开了。这一次石狗倒显得冷静沉着；他咧嘴笑了笑说："拿了10万元再来说话！"说完，再也不开口了，也没有拿那5万元钱，尽管5万元钱就垒在他眼前。

石狗对妻子丫丫仍使出了老手段：不许丫丫出门，扬言威胁要到孟军家里闹，并发出狠话，发现丫丫和孟军在一起就打断他俩的腿。

隔了一夜，石狗提出要丫丫回老家去。丫丫内心感到十分愤怒，很想让二表姐竹珺把她离婚的事也发到网上去。但转念一想，这不是当场出丑吗？老话说，家丑不可外扬。这种事看来是不能发到网上去的。丫丫顿感心灰意冷，身心皆疲，当天就踏上了归家的长途汽车。

老家仍旧是那样的安静、朴实、简陋，维持着千百年来山里人居家过日子的最原始的生存状态。父亲一大早已经把自留地上种的蔬菜、瓜果以及山上采拾到的蘑菇到小镇的露天菜市场卖完回家了。母亲一天到晚就没有空的时候，几十年来系在母亲腰上的那块深蓝色腰布仍系在母亲腰上，母亲不断地变换着食桶，在喂猪、喂鸡、喂鸭、喂狗，手不停，脚不住。半年多没见，母亲的背似乎有点弯，有点驼了。母亲近年来身体不好，有高血压，现在又多了一样糖尿病。但家里的活儿一样也没有少干。

丫丫出门来到场上，场上长着一棵碗口粗的楝树。去沙山港市的时候楝树还是光秃秃的，现在已是枝繁叶茂，挂满了一嘟噜一嘟噜青黄色的圆圆的楝树果。母亲每年都要在楝树下种上一塘丝瓜秧，现在丝瓜已爬上树梢，长长短短的丝瓜以及黄色的花朵这里那里挂在浓绿的枝叶间。一群母鸡看到丫丫便扑扇着翅膀纷纷离去，大惊小怪地叫着，半年多没见好像陌生了似的，只有那只威武而鲜亮的大公鸡反而追赶着丫丫要啄她，嘴巴发出挺有威慑的“咯咯”声，同样把她当做了陌生人。惟有那条大黄狗，一步不落地跟着丫丫，不断地朝丫丫的手和脚伸出舌头，表现得特别亲热。

早饭后，像以往一样，丫丫赶着自家的一群羊往山坡走去，女儿小菊在身旁紧紧地拉着自己的手，大黄狗紧跟在身后。半年多没见，山林似乎长高了，变大了，漫山遍野都是草、都是树、都是花。茅草已长半人多高了，已经泛黄，秋风飒飒地从叶片吹过，丫丫感到了久违的舒爽、惬意。

在一条山溪边，丫丫停下来，坐在草地上，任羊儿在山坡上啃草。秋天，天气已日渐少雨，山溪不大，但仍有薄薄的一片水从高处潺潺地淌下来，在石块间溅起一朵朵细碎的小水花，小声呢喃着温顺地朝下流过去，在秋阳下映出一带银光。

丫丫不由自主地想起了在沙山港市见到的长江。那长江太宽阔太浩渺太伟大了，是家乡的山溪没法比拟的。但是长江大，风险也大。相比之下，山溪就十分小巧、舒适与安稳了，丫丫想起了天鹅峰，头就觉得晕乎乎的。她躺在草地上，伸出一只手臂，将女儿小菊的脑袋枕在手臂上。把女儿搂在胸前的感觉真好，那种做母亲的温情、甜蜜和幸福，丫丫是实实在在地感受到了。在沙山港市的多少个夜晚的梦中幻想着这样的场景，今天终于成了现实。丫丫感到很充实、很有安全感。轻轻地拍着女儿的背，山溪在身旁很有节奏地轻轻呢喃……

有一双手在轻轻地抚摸着她，那么温湿、轻漫，少有的温柔，是孟军，只有孟军才能使她有如此的感觉。丫丫睁开眼，却是自家的大黄狗在舔她。发现太阳已经升中，是吃午饭的时候了。丫丫觉得眼睛、鼻子、手、脚都是那么舒适、自在。一颗心不再躁动不安，连呼吸都平和多了。好久好久，丫丫没睡得这么安稳、踏实、舒舒服服了。丫丫从来没感到过如此慵懒，她继续躺着，不想起来。

草地上飞起来几只蚱蜢，扑楞楞从她身边飞过。鸟儿就在她不远处的树林里歌唱，她闻到一阵阵山林的气息，那是山野的泥土、石头、泉水、松脂、草木混合在一起的味儿，很香但不刺鼻，是洗头房那些小姐用的香水也难以比拟的香味。丫丫深深地吸了一口。

现在，在家乡，在家乡的山林里，再也不用呼吸洗头房那股莫名其妙的霉味，不用向男人抛媚眼，不用说那些肉麻的言不由衷的奉承话，不用了。

秋风中，丫丫懒洋洋地又合上了眼睛。

"丫丫，丫丫！"丫丫被一声声焦急的呼喊叫醒，是她的妈妈寻过来了。妈妈急急地说，"快回去，有你的电话，是一个陌生男人打来的！"

72

打来电话的陌生人不是别人，正是沙山港市的孟军。

孟军来电话，丫丫是想到的，但孟军在电话中说要到这里来，丫丫却万万没有料到。遥遥千里之外，自己还没离婚，女儿就在身边，家里有父母，还有哥哥嫂嫂。家里人会怎么看，山村里的人会怎么说，说什么也不适宜啊。

"你来合适吗？"丫丫一再重复这句话。

电话那头的孟军似乎疯了，他是个不善于表达的人，说话木讷，嗓音暗哑，但说得很固执，一句接一句：

"我要来，我一定要来！"

"好想你，想见到你！"

"不远，不远，你就是在天边我也要寻过来！"

"我恨不得现在就过来！"

"难道你不爱我了吗？"

丫丫最受不住的就是这句话，这句话触到了她心灵最软弱最敏感的地方。因为她爱孟军，为了这爱，女人最不愿意做的事她都做了，还差点遭牢狱之灾，连命都差点送了。回到家乡，她想得最多的就是孟军。她能不爱他吗？

丫丫咬咬牙，答应了孟军。

孟军第三天傍晚就到了丫丫的家。

孟军的到来带给一家人的反应，是丫丫始料未及的，孟军也深感意外。丫丫的哥哥嫂嫂没和孟军说过一句话，连招呼也没打。丫丫的老爸到是打了招呼，不过也只是“嗯”了一声，点了一下头。只有丫丫的老妈对孟军还算热情，站在那里看着孟军，眼光躲躲闪闪的，一双手在腰布上不知所措地揉搓着，脸上一会儿笑，一会儿又没有了笑容。最紧张的是丫丫的女儿小菊，孟军踏进家门，女儿便扑进丫丫的怀里，显得有点骇怕。当然最无礼的是丫丫家的那条大黄狗，孟军的脚还没上场，大黄狗已经蹿了上去，朝孟军龇牙咧嘴，一顿咆吼。丫丫上去在大黄狗脑袋上安抚好一会，大黄狗才很不情愿地让孟军进了家门。

孟军给丫丫的爸妈包了1 000元红包，给丫丫的哥嫂包了500元红包，请丫丫转交，结果都被退了回来。

晚上，是睡觉的时候了。丫丫将女儿交给母亲，母亲犹豫着，又想接又不好接。这时老爸发话了：“丫丫，小菊你自己带着睡，你不能和他待在一起。山里人家，不作兴这样。你是有老公的。你不要脸我还要脸呢。我已经给他安了一张床，在堆柴的屋里。”听得出也看得出，老爸的这一席话，是说给女儿丫丫听的，更是说给孟军听的。

山村的秋夜很有些情调，月亮升起来了，弯弯的，像镰刀；月光非常清朗皎洁，洒下一片清辉；风儿很轻很爽，飒飒地从树林中拂过。漫山遍野的秋虫一齐叫起来了，非常雄壮，把秋夜衬托得格外的宁静。孟军一个人睡在柴屋里，心情却无法宁静下来。到这时，孟军才感到自己有点被爱情冲昏了头脑，把问题想得太简单了。孟军从丫丫全家人对他的排斥中隐隐约约看到了他自己的父母见到丫丫后的拒绝。“我的选择对吗？”他开始怀疑起自己来。

后墙有一只蟋蟀的叫声特别响亮，特别悠长，“嚯……嚯……嚯……”，像是整个秋虫合唱队的领唱，非常高亢激越清脆，孟军听得有点烦躁，他朝蟋蟀叫的地方丢一块石头，就在这时，响起了柴门的推动声。柴门是不上栓的，很快就被推开了，进来的是丫丫，尽管是在自己家里，丫丫进来还是蹑手蹑脚，就像大多数初次约会的情侣一样。这是孟军睡在柴屋床上就预料到的一幕。

他们两个紧紧地搂抱在一起。孟军疯狂地在丫丫的脸上吻着，像是要把她吃了。恋爱也快半年了，他们拥抱过，接吻过，抚爱过……但就是没有做过爱，一次也没有，真的。说出来人家都不相信。但这的确是事实。不是没有机会，不，机会肯定是有的。热恋中的男女如果要做爱是总能找到做爱的机会，天地都阻挡不了。就有一对激情男女闯入医院的停尸房做爱，把死人都闹活了。你说，爱情连死神都不怕，还怕找不到机会吗？但他们两人恋爱了半年就是没有做过爱，主要是孟军不主动。丫丫由此感到了孟军的单纯、朴实、善良、温情，感到了孟军对自己的尊重，对自己的认真。尤其是她在男人面前饱受了欺凌与屈辱之后，更感到了孟军这种品德的可爱与可贵，也就更爱孟军了。丫丫常常想，孟军一定是要到正式和她结婚的那天晚上才会和她做爱了。所以刚才孟军说那些提议的时候，丫丫一点也不觉得奇怪与惊讶。

丫丫伸手去摸了一下孟军，非常强烈地感受到孟军强硬的冲击。她猛烈地甩掉胸罩，扯掉了内裤，顺手把孟军托到自己的身上。孟军紧紧地抱住丫丫，在丫丫脸上、嘴唇上一阵狂吻，好像是犹豫了一会，便翻身睡到丫丫的身边。

“怎么啦？”丫丫揪住了孟军的一只胳膊。

孟军不响也没动弹，过了一会才说：“我怕你老爸老妈会来揍我！”

丫丫把孟军的手揪得更紧了：“有我呢！你怕什么？”

孟军说：“你老爸老妈不张口，咱俩的事会很尴尬的。”

“咱俩的事，咱俩定。”丫丫说着，用劲揪孟军的胳膊，其实，这已经不叫揪，用拖比较合适。丫丫使劲把孟军往自己身上拖。

“丫丫……丫丫……丫丫……”孟军叫着丫丫，声音很轻，一声连着一声。

丫丫沉默，只是用手拖着孟军，算是对孟军呼唤的回答。

“丫丫，丫丫……等我们正式结婚了再……丫丫……”

孟军嘴巴坚守着，但心里已经开始动摇了。

也就在这个时刻，柴门响起了敲打声，有一个浑浊嘶哑的嗓音：“丫丫，该回房里睡觉了！”

这是丫丫父亲的声音。

73

孟军听从丫丫父亲的吩咐，将怀中的丫丫送出柴屋。

在和丫丫的半年恋爱中，他也感受到丫丫对他那火热般的情欲与召唤，他已饱尝到丫丫那略带绒毛性感异常的嘴唇，啜吸到丫丫那凝脂般饱满又弹性十足的乳房。孟军怀着一个童男神圣和激情四射的向往曾无数次想尝试男女情爱的禁果，想与丫丫融为一体，那该是多么美妙幸福甜蜜的事情啊！毕竟，说到底，性爱是爱情的基础和动力，也是爱情的最高形式和最美妙的享受。男女双方今天结婚，那就意味他们今晚就会做爱。做爱，就成了今天婚礼的最高潮。从今天开始，男女双方每天每晚就可以合法地自主地尽情享受男欢女爱的快感。这是人生的最高馈赠和享受之一，人生因此而有了活力与情趣。传宗接代不是婚姻的目的，充其量只是婚姻的副产品而已。有些生育了子女的女性，对丈夫伸过来的充满了激情和欲望的手常常粗暴而冷淡地推回去，最后的结果往往就是丈夫的出轨，把自己的男人推向别的女人的怀抱，离婚就成了他们最后的归宿。所有这些，孟军都懂，他已经是二十八岁的人了。正因为他深谙此事的微妙与敏感，他对丫丫便越不敢贸然行动。孟军对跟女人做爱认真得近乎偏执的理念，还要追溯到他与一位恋人的一次性经历。

孟军后来与第三位女朋友相处的时候，接受了前两次沉痛教训，注意自己的形象和服饰，也不随便将女朋友带回家，在女朋友身上舍得花钱。孟军请女朋友上国际著名快餐连锁店必胜客吃比萨，请她到精品商厦买时装，进梦露影楼看大片，到老城隍庙沙山港市分店买了一条铂金项链，6 000 多元钱呢……这位女朋友总算被孟军笼络住了。有一个晚上，两人在滚石酒吧喝了点酒，孟军就把女朋友带到家里，带到床上。两个青春裸体紧紧地纽结在一起，孟军感觉到自己男性的雄起。孟军翻到女朋友的身上，急吼吼地想进入。这时女朋友却突然夹住了双腿，声音很底，但说得很激动，嗓音颤颤的，很动情，很投入，孟军听得出来，一直到今天，到现在，睡在丫丫旁边的当下，孟军都清清楚楚地记得当时的所有细节，这些细节是他一生都难以忘怀的。当时，他身下的那个女朋友说：孟军，咱们早一点结婚吧，先办个订婚酒，也不用花多少钱，我喜欢铂金戒指，带钻的，一万多元钱的那种，就买一个。彩礼嘛，也不要太多，就 88 000 元……女朋友还在说下去，孟军只觉得自己的阳物在一点一点地萎缩下去。而身下的女朋友的嗓音却变得越来越激昂亢奋：到结婚时，一定要把这笨头笨脑的电视机换成 42 寸的液晶电视，最好再买辆汽车，牌子也不要太高档，就买一辆北京现代，我喜欢买红颜色的……讲到后来，女朋友忽然就住嘴了，她觉得不对头，孟军怎么就默不作声一点反应都没有了呢？正要问，孟军已滚下她的身子。

从此，孟军便对拜金女有了更深的反感，对把金钱作为男女润滑剂的性爱产生了本能的抵触。他发誓不跟拜金女恋爱，不用金钱去换取性爱。可惜，青春的骚动还是时时折磨着他，这也是他偶尔进发廊门的缘由。但是，那仅仅是一种休闲，一种释放，一种调剂，从没跟小姐真正敲过大背，这是孟军的道德底线，他一直坚守着。他渴望遇到一位不把金钱放在爱情前面的恋人，后来，一次偶然的机遇让他认识了丫丫。丫丫的单纯、温良、朴实打动了他，使他确信：丫丫是一个自己心系的恋人。

他不远千里赶到丫丫身边，确实不是为了和丫丫缠绵，他是太想念她了，他只是想见到她，告诉她他爱她，要和她结婚。她丈夫要 10 万元钱，他会想尽一切办法，尽最大努力在最短的时间去筹到余下的 5 万元钱。他要丫丫再等等他。他怕丫丫失望，等不及他。他怕丫丫回到家乡和亲生父母、亲生女儿在一起，会很快忘掉他。因此晚上他提出要单独睡决不是戏言，而是他的真心话。

他把一个青春男人的激情和欲望控制住了，他坚守住了自己内心的一个真诚的信念：我要等结了婚才跟自己心系的女人做爱。因为在他过去漫长的青春恋爱期中，他一而再、再而三地遭受到女人的耍弄、欺骗和嘲讽，最主要的原因就是他所拥有的金钱太少了。这是孟军面对现实所作出的一种反弹，尽管这种反弹有点过激，有点偏执，但是孟军固守着。其实，孟军也有点无奈。有时，他自己也这么认为。

74

清晨，丫丫被一阵阵鸡鸣声吵醒。那是她家芦花大公鸡的叫声："喔喔……喔喔……"叫声雄健而响亮。接着是大黄狗沉闷低沉的吠叫："汪汪……汪……汪汪……"大概是门口有陌生人走过了。在鸡和狗叫声的间歇，不时传来一群猪争食的歇斯底里的嚎叫，以及大水牛从容悠远的"哞"叫声。待丫丫完全清醒过来，山林中更多的鸣叫声飘入她的耳鼓。云雀、白头翁、画眉、喜鹊都各自展开自己的歌喉吟唱着，在清晨寂静清朗的晨空中显得特别清脆悦耳。但是，丫丫还在期待着另一个声音的响起，这另一种声音是新鲜的、奇妙的、动听的近似天籁的声音。毫无疑问，这种声音没有响起。它不可能在山林中传响，丫丫在家乡不可能聆听到它，丫丫只可能在沙山港市听到它，那就是海关的钟声。丫丫已经熟悉热爱上了海关的钟声。海关的钟声给了她太多的遐想、太多的希望、太多的憧憬和向往。

"喔喔……喔……"又传来芦花大公鸡响亮雄健的叫声。丫丫似乎看到了它伟岸的身材、满身芦花样鲜明的羽毛；高昂的头和巨大而鲜红的鸡冠。一会儿它又发出轻快喜悦节奏分明的“咯咯”声，那是它跟母鸡调情得逞后自我陶醉自我满足的欢叫。丫丫忽然就想起了孟军。

孟军在山村住了两个晚上。在第二个晚上，在深夜，丫丫又潜回到孟军所睡的柴屋。这一次，丫丫的老爸没有再来敲打柴门，但是孟军还是婉拒了和丫丫的性爱。因为，丫丫的父亲在白天跟孟军讲了：“你不要和我家丫丫好了，我家丫丫有老公，孩子都有了，你也看见了。”丫丫的老爸还问，“小伙子，你到我家来，你父母亲知道吗？”丫丫父亲的话，确实也击中了孟军的软肋和要害。再说，这毕竟是在丫丫的家里，孟军知道山里人的脾气，山里人的脾气是很倔强的，弄不好丫丫的老爸一怒之下会真打断他的腿。说不定丫丫的老爸正在暗处监视着柴屋呢？所以孟军也就难以提起跟丫丫做爱的心情和兴趣。另外，丫丫过分的热情和直接，反而使孟军产生了对丫丫的疑惑，丫丫过于的随便会对“诚心”和“认真”产生怀疑，无论怎么说，丫丫毕竟是个发廊妹。而丫丫呢，也对孟军的一再拒绝产生了疑惑，当今社会，她所听到的看到的遇到的男人，他们中的很多人哪个遇到女人不如狼似虎呢。尤其让丫丫无法接受的是，孟军最后竟离开她去打开了柴房的大门，对孟军的这一无礼举动，丫丫有点怨恨。丫丫有点怀疑孟军有没有爱的能力，孟军是不是一个真正的男人。丫丫内心隐隐约约有了一种女人被男人拒绝后惯有的羞耻与愤恨感。

天未亮，孟军便离开了丫丫的家。丫丫尝试着挽留他，他还是要走。丫丫在送他的路上，仍拉着他的手，他没有抽开，但不说话，一句话都不说，一路上只听得见山路上石子滚动摩擦的“沙啦”声，有时是突然响起的几声狗吠。在村口的一棵老槐树下，丫丫收住了脚步。孟军头也没回地继续走着。走了一段路终于回过身，丫丫向他挥起了手。孟军把手举到一半又放了下去，别转身，继续往前走去。

“我等你，孟军！”丫丫喊。

孟军收住了脚步，但没转身，用手抹了一下眼睛，终于又迈开脚步。

这时的丫丫内心酸溜溜的，看着晨雾中的孟军朝回家的路一步一步走去，秋天的落叶纷纷落在他的头上身上，最后渐渐隐没在一片竹林里……

“妈妈，你怎么哭啦？”

“妈妈，你为什么要哭？”

女儿小菊醒了，一边推着妈妈，一边问。

耳边又响起芦花大公鸡雄浑的鸣叫声。

丫丫赶紧起来。山村里的人，男女老少都起得很早，老话说：“起得早，赛金宝。”这里不是丽岛，在丽岛，你就是睡到中午也是很平常的事。山村不行。丫丫起来，到井边打了一桶水。

她突然想起了沙山港市的自来水：只要龙头一拧，水就哗哗地流出来了，那么急骤、丰沛，源源不断地从龙头喷涌而出，可以嗅到一阵阵淡淡的漂白粉的味道。尝尝，那水却是那么清洌甘甜清爽。那是长江里的水呀，只有长江才有这么好的水。你看那长江多阔多深多长，带给两岸的人民多少的甜蜜和幸福。生活在长江两岸的人民真是幸福啊！

她抬脚走到门口的场上，却不知道怎样迈步。场上，布满了鸡屎鸭屎羊屎甚至是大摊大摊的牛屎，一堆堆、一绺绺，星星点点，遍地都是。以前，丫丫从没注意到，现在，她却看到了，“太脏了！”她在心里叹息，在沙山港市，无论你到哪里，都可以大踏步地前进，不用担心会踩到鸡屎鸭屎，特别是那大马路，是多么干净清爽平坦啊……

父亲到露天市场卖菜已经回来，正把一小塑料袋里的钱倒在桌子上。大都是一元、五角的小纸币，还有许多一分的硬币。父亲一个一个地数着，满脸的笑容与满足。丫丫突然就想起了报社记者江云涛。自己从他手中接过的钱，不是500就是1 000，而且是伸手之间的事。

丫丫又看到了母亲。母亲正提着一大桶猪食向猪圈走去。母亲腰间仍围着那条深蓝色的围布，腰更弯了，背更驼了。从母亲身上，丫丫看到了以后的自己，看到了自己几十年后的影子。

这时，她才忽然明白，外出打工的男孩女孩，为什么不再愿意待在山村。是因为外面的世界太精彩，太具有诱惑力了。走出山村，心就变野了，再也收不回来。一种孤独、寂寞、压抑的情思像晨雾一样慢慢地围拢过来，把她团团围住，她若有所失地急急走出家门。

迎接她的是山林的各种鸟鸣，没有她心灵深处的那洪亮悠扬的钟声，没有，不可能有，因为，山林中没有海关，没有海关，哪里来海关的钟声。

75

丫丫重又登上了去沙山港市的早班长途汽车。连绵不断的山脉在她眼前闪过，深秋的雾很大很浓，朦朦胧胧的，在她眼前幻化成沙山港市林立的高楼大厦；不时响起的汽车笛鸣在她耳里也变成了海关悠扬的钟声，声声召唤着她的返归。汽车行进在山路上，很颠簸，丫丫的思绪却已在沙山港市的情思中翻腾了。

沙山港市注定是她这一生避不开的一站，她决定重回那个小港。因为小港有她的丈夫，还有她的恋人。对孟军，现在有了一种和以前不一样的心情和感觉，也不像以前那样单纯，但是无论怎么说，她还想再见见孟军，等等孟军。但是丽岛洗头房她是坚决也不会再涉足一步了。发生了那么多的事，尤其是看了网上的那些文章，丫丫曾对天对地对自己的良心发誓：这一生决不再当小姐，她要做一个劳动者，用自己的双手养活自己的孩子，养活自己的家人，养活自己。否则，自己就对不起社会，对不起二表姐，也对不起自己。二表姐竹珺曾告诉自己，沙山港市有一家超市在网上发出邀请，愿意接纳丫丫到他们超市当营业员。这次回沙山港市，丫丫准备到这家超市去当营业员。

看来丈夫石狗并不单单是为了钱，先是 5 万，后来又提出 10 万，他是在不断设置障碍，说到底是不愿意和自己离婚，不想失去自己。

不错，石狗的生存能力是比较差，没文化、没技术，喜欢抽烟喝酒，比较懒惰，山里男人的一些恶习在他身上几乎都沾上了。现在好像也在改。

但是，丈夫石狗和大表姐夫牛小牛又有本质上的不同。牛小牛会用老婆卖身得来的钱去玩别的女人，甚至躲在老婆的床下偷盗嫖客的钱财，还企图搞抢劫、绑架，这些违法犯罪的事石狗是决不会做的。丫丫知道，丈夫石狗本质上还是老实的。自从自己提出离婚以后，石狗又开始蹬三轮车了，而且蹬得比以前认真，连刮风下雨的日子也不放弃。有一次，自己曾劝他别出去了，石狗还是推着三轮车驰进了风雨中。他说：“越是刮风下雨，客人越是多，越能赚钱。”

想来想去，最让自己感动的还是石狗对自己的忠诚。石狗长期在外，他没有像大表姐妞娃的老公牛小牛一样拈花惹草，乱搞女人。他一个都没有搞。妞娃就多次在自己面前夸过石狗，他一直和妞娃住在一起，如果他有什么风吹草动妞娃不可能不知道。自己知道石狗是很能玩那一套的，虽然粗野一点，但很有力量很有激情。想到这里，丫丫感到老爸老妈的坚决反对似乎又有点道理，不管怎样，对丈夫石狗，还是可以采取“留家察看”的处理方式。

汽车到沙山港市已是晚上十点多钟。出租屋院子里静悄悄的，高大茂盛的刺槐在月光下显得有点神秘，像是一个高大美丽的剪影，那如水的绿冠就成了一朵云。刺槐树下，停着一辆三轮车，同样静静地蹲在院子里，那是丈夫石狗的。每天每夜，风里雨里，石狗就是蹬着这辆没有牌照的三轮车出外挣钱。丫丫心里一阵温暖，甜甜的，有一种回归的幸福感。

出租屋的钥匙就在手里，丫丫轻轻地打开门，按亮电灯，蓦地，丫丫惊得目瞪口呆，眼前的一幕来得太使她愕然了，她一点也没有这个思想准备：床上多了一个年轻女孩，正枕在石狗的一只手臂上酣然入睡。石狗侧身躺着，另一只手很适意地抱着女人的胸脯。两个人都脱得精赤。

在那一刻，丫丫算是疯了，彻底地疯了。她像野兽一样哭叫一声，扬起手，朝石狗的脸上狠狠地扇去，一下又一下。丫丫没有骂，她不知道骂什么，她骂不出来，只是一边打一边哭，呜呜咽咽地哭。

“别打他，是我找上门来的。要打就打我。”年轻女孩赤裸着身子，坐在床上，从容镇定地看着丫丫，话说得很清楚镇定。

丫丫这才注意到这个年轻女孩，圆脸，大眼睛，看上去还十分年轻，满脸的稚气，但身体已经明显发胖，她的那张脸和她的身段显得十分不协调。这个小丫头偷了自己的丈夫，被自己当场捉住，竟还如此嚣张，丫丫一时傻了，她从来没碰上这等场景。

床上的两人乘此机会速速穿上了衣服。

讲起这个和石狗睡觉的年轻女孩，话就长了，可单独写部小说。她的情节曲折而生动。她姓龙，贵州人，人称小龙，也有叫她龙胖，小胖子的，今年才十八岁。她十六岁就出来混了。她爸爸车祸死了，妈妈改嫁，是哥哥将她带大的。后来哥哥要讨老婆，没钱，小龙就自告奋勇来到了江南。用出卖自己尚未成熟的青春的钱给哥哥讨了个老婆。小龙原来是一位非常苗条俊俏的小姑娘，人见人爱，后来，小龙怀孕了。打了三次胎，后来吃避孕药，三年下来，就胖成现在这个样子了，看了就让人心疼心酸。

小龙与石狗相交，确实不能怪石狗，是她自己送上门来的。那天石狗吃了晚饭出门，看见三轮车上坐着一个年轻女孩，正舒舒服服仰靠在三轮车里。石狗问她要用车吗？她摇摇头。问她叫什么？为什么坐在车里？有什么急难事需要帮忙？她就是闭口不说话。石狗喊她进屋，她就进屋。石狗喊她睡觉，她脱光衣服就睡。在石狗身边已经一个多星期了……

后来，丫丫与石狗离婚后，石狗曲曲折折地找到了小龙。这时的小龙经常发烧、口渴，浑身皮肤异常骚痒，到医院检查为HIV抗体检测为阳性，成为艾滋病感染者。已确诊患上了艾滋病。石狗毅然跟小龙去了贵州，和小龙领了结婚证。石狗是这样想的，自己仅用一捧草莓就骗到和丫丫野合，又用一只手机骗丫丫当小姐，到最后竟想用10万元将自己的老婆卖掉，小龙呢，什么也没用骗，就睡到了自己身边。作为一个男人，一直在利用享受着女人。丫丫、妞娃、竹珺等等许多人都骂他不像个男人，自己想想也完全不像个男子汉。遇上小龙，那是天意，要我向女人还债，也就认了。他要陪着小龙走完余生。临死前他要做一回男人。此是后话。

待石狗和年轻女孩都穿好了衣服，丫丫已失去了继续和丈夫打骂的心思，一边哭，一边走出了房间，打开了隔壁妞娃的屋门。

76

大表姐妞娃不在屋里。上午，当海关钟声报响7点时，妞娃仍旧没回来。

昨夜丫丫是被丈夫石狗气昏了，气疯了，没有在意妞娃屋里的情况。早晨丫丫起来，借着朦胧的晨光，丫丫发觉桌子上，地上满是灰尘，塑料脸盆里非常醒目地躺着五六粒老鼠屎，另一只塑料盆里堆着一些碗筷，饭菜已经霉变，一层长长短短的绒毛覆盖在上面，满屋是潮湿郁闷的霉味。只有桌子上方的那幅画还是那样精神鲜明地贴在墙上：一只鸟笼几乎占据了整幅画纸，那只鸟仍站在笼门口，伸长脖子仰望着天空，天空里，有白云在蓝天上飘……

看样子这屋子有好几天没人住了。

丫丫想到立刻去找房东问个消息，正走出屋门，看到院子里房东正带着两个警察向她走来。有一刹那丫丫的两只脚突然定在那里，动弹不得，一时间世界上所有的声音都消失了，只听得见自己的心跳，跳得浑身打颤。一个念头闪过脑际：那件事不是过去了吗？难道起了什么变化？

“这就是妞娃的表妹！”这时，房东指着丫丫向警察介绍。

其中一位脸孔黑亮的警察对丫丫说：“你表姐出了点事，马上跟我们走一趟。”

事后丫丫才知道，警察从妞娃的身上搜出了一张纸，上面写着和房东的短期临时租房合同，合同上写着地址，房东的姓名，还有妞娃自己的签名。因此，警察很容易就找到了妞娃的出租屋，找到了丫丫。

警车并没有朝公安局开，好像是在向城外开去。先是开出了市区，金港开发区也过去了，慢慢看见了农田，很少的几块农田，车速很快，大概开了二十分钟，三十多里路就过去了。车上，两个警察一言不发，端坐着，由于穿了警服，戴着警帽，腰上拴着皮带，更显得严肃冷峻。丫丫的眼睛一直在警察身上和车窗外扫来扫去：妞娃究竟出了什么事，她不敢问。

在一片小树林前，警车停了。这片小树林很偏僻，看得出这里只有一户人家，而且已经拆迁了，只剩下一堆杂乱的瓦砾。树林却很茂盛，有一半是竹林，树木就生长在竹林间。一个很隐蔽的地方。

丫丫看到，已经有一大群人围在那里，外面都是看热闹的当地村民，被一圈红白相间的宽阔的塑料带隔开了。圈内有两位穿白大褂戴着口罩的人，像是医生，还有一位正端着照相机在转来转去拍照。他们都穿着警服。

仍旧是脸孔黑亮的警察把丫丫带到圈内，指了指地上的一堆说：“看看，是不是你表姐。”

地在动，树在移，天在转，丫丫倒在地上，晕过去了。等她醒过来，发现自己还躺在小树林里。人群越来越多了。脸孔黑亮的警察站在丫丫的身旁问："好一点了吗？"他问得很简单，脸孔仍旧很严肃冷峻。

丫丫挣扎着站了起来。

"是你的表姐吗？"还是那警察问，一张脸在阳光的照射下更显黑亮了，"看清了再说。"他自己说得一字一顿，像铁锤敲钢板似的。

到这个时候，丫丫才有了眼泪，哗哗地流，没有声音，只有眼泪。

这个躺在草地上的是她的表姐妞娃吗？全身已经浮肿，脸色灰白，头发蓬乱地遮住了她大半个脸。有很多苍蝇在她的眼睛、鼻子、嘴巴间贪婪地叮吮着。一只衣角被风吹起来，露出一片肚皮来。妞娃的两条大腿全裸露在外面，仍显得那么粗壮白皙，竟使丫丫想起大表姐常常拍着自己的大腿说："看，我的大腿多白多壮"的情景来。妞娃的肚皮已变成紫酱色，鼓得很大。她的两只脚都光着，袜全破了，一双皮鞋散落在一边。那双鞋是红色的，半跟，正是妞娃不久前花 100 多元钱买的。她很喜欢这双皮鞋，每天都穿着。

妞娃就这样无声无息地躺在树林下，草地上，头发里，衣服上散落着片片落叶。落叶都很枯黄了，小树林也是黄灿灿一片，秋风扫过，又一批枯叶落在妞娃身上。已是深秋季节，秋风十分肃杀。在这个时候，在这样的地方，丫丫忽然记起在夏天的那一日，在"东渡花苑"妞娃被持刀男子抢劫的那一幕。妞娃也太贪心了，也太粗心了，把钱看得太重，把自己看得太轻，才会有今天的灾祸。

丫丫还是想不通，妞娃怎么会倒在远离市区三十多里路的偏僻小树林里，离开了人间。她不是就要回家乡了吗？她不是要给她儿子动手术，亲眼看着她儿子自己一步一步走着上初中吗？她不是已经攒够了5万元钱吗？

妞娃是靠躺着赚钱的，赚钱的时候她大都躺着。现在她就躺在远离家乡的草地上。她不用再爬起来了，她也爬不起来了，她只能这样躺着，永远，永远地躺着。

当丫丫向脸孔黑亮的警察肯定地点过头后，她立刻被带到了公安局。

77

手机突然响了。出来前，丫丫自己买了一部手机，旧的，是曾在沙山港市打工的小姐妹转让给她的。丫丫顿时感到心惊肉跳，她想是公安局来电话了。她迟迟疑疑地打开手机，是江云涛，报社的江云涛发来的短信。前天，在回沙山港市的车上，丫丫曾发给江云涛一个短信：我想重新开始生活。今天江云涛回信了：能见一次面吗？

丫丫没有多想，当即给江云涛回了短信：

再跟你见面是不太可能了。最近，在我身上发生了太多的事，想来你从网络上也看到了，每件事都令人刻骨铭心、痛彻心扉。我错了，我真的错了，我想改，我要重新做人，做一个遵纪守法、自食其力、洁身自好的人，我要重新安排自己的生活，好好活着,好好做人,做一个好女人。

我不能再和你见面了,不能了。请你理解,请你原谅。

你是一个好人,我非常感谢你对我的关爱与照顾。我永远也不会忘记你的。

祝你健康、愉快!

好人一生平安!

再见!

丫丫走出屋门，发现石狗正坐在院子里的三轮车上。见丫丫出来，上前拦住了丫丫，不停地喊：“丫丫，丫丫，你听我说，你听我说……”

丫丫抬眼看着眼前曾经是她丈夫的石狗，发现石狗一下子变瘦变憔悴了，眼睛也凹陷了下去，布满了血丝，但这丝毫也没有激起丫丫的同情心，丫丫的心已经冷了硬了。她说：“现在还有什么可说的，说什么都晚了。”

“那女孩我只是跟她玩玩！”

“那你就跟她玩吧！”

“是她送上门来的！”

“是你接受她的！”

“咱们回老家去吧！”

“回你自己的家，我家的门你别再想进去！”

丫丫说得斩钉截铁，咬牙切齿。石狗突然蹿到三轮车旁，对三轮车拳打脚踢，好像还不解恨，干脆将三轮车掀了个底朝天。丫丫头也不回地走出了院门，只听见三轮车车轮在空中旋转的“咔咔”声。

丫丫要到孟军家去，找孟军。昨天，出公安局大门，她就下了这个决心。

公安局告诉她，她表姐是被人卡住喉咙卡死的，是他杀，法医已经确定无疑了。现在就是要找到这个凶手，将凶手绳之以法。要丫丫实事求是地反映表姐的一些情况，不能撒谎，越具体越好……

丫丫把能说的都说了……表姐妞娃是个接客的小姐……

公安局对丫丫没有多说，对丫丫自个的情况也没有多问，但丫丫的感觉，她已被剥了个精光站在光天化日之下了……

她要找到孟军，越快越好，离孟军家越近，孟军在她眼前的形象越鲜明、越亲切、越温暖……

浩荡江水中的沙山，美丽的鹅山、江滩、浪花，天鹅峰上的草地，传说中的天鹅，在医院，孟军焦灼的眼神，家乡路口的老槐树下孟军远去的背影……一一在丫丫的心中闪过。

即使孟军真的干不成那事，我也要嫁给他，跟他结婚。没有什么理由，就因为孟军爱她，爱得真心实意，爱得踏踏实实。就是没有性的婚姻，我也要和他结为夫妻，跟他过一辈子。和孟军过日子，踏实、安全。踏实、安全才是一家人幸福的根本。

带着人生的感悟，丫丫急急地赶到孟军的家。他妈在家里。他妈告诉丫丫："孟军到海南去了，就在今天早晨！"

传来海关的钟声："当……当……当……"丫丫在钟声里努力撑住自己，不让自己倒下……

78

丫丫给二表姐竹珺打了手机，竹珺刚巧在沙山港市。丫丫赶到了竹珺的住所。

两个表姐妹见面，没有了往常的率性随意，少了惯常的欢乐与笑声。两个人都没有说话，表情都很凝重、悲怆。竹珺从饮水机倒了一杯白开水，默默地放在丫丫面前，连“请喝茶”三个字都没有说。丫丫突然有一个强烈的感觉：大表姐妞娃正在这屋内，而且正横亘在竹珺和自己之间。虽然看不见她，但她确确实实正待在这个屋里，待在她们的心里。一个残酷的事实残酷地摆在她们的面前：大表姐妞娃死了，她给她们留下的阴影也许是一辈子也抹不掉了。因为这个事实太残酷了，这个阴影太深刻，深深地刻在了她们的心上。

丫丫发现，屋子里有些异样：窗台上、床柜前的花瓶里没有插花，是空的；一层厚厚的毛毯裹着钢琴，外面用绳子结结实实地捆着，那幅挂在后墙的苏东坡的立轴书法七律·红梅也收起来了。对那首小诗，丫丫也很喜欢，差不多能背出来了：

怕愁贪睡独开迟，自恐冰客不入时。
故作小红桃杏色，尚余孤瘦雪霜姿。
寒心未肯随春态，酒晕无端上玉肌。
诗老不知梅格在，更看绿叶与青枝。

看着已经被卷起来的书法立轴，丫丫有些伤感，她喜爱上这首诗了。这首诗所描绘的不仅和竹珺的外形相似，更像竹珺的精神品格。丫丫知道，自己在外貌上和竹珺相去甚远，但在精神品格上，自己也应该尽量向这种境界靠近。现在，丫丫知道竹珺正面临着人生的又一次选择，她小心翼翼地问：“你要跟苏市长走了？”丫丫早就听说苏市长要升迁到地级市当副市长了。

“是的。”竹珺讲起了她跟苏市长最近的交往。

苏市长已经到地级市报到，任副市长。省委和地级市领导都很赏识他，称赞他有魄力、能干事，政治上比较成熟，是老百姓和领导都比较喜欢的这样一位市长。但在二表姐谈论到这些话题时，二表姐竹珺的脸上充满了赞赏、敬爱的神情。对苏市长丫丫也是心存感激。在那件案子中，苏市长面对自己的部下和一个并不怎么相干的山村女子，苏市长站在了弱者的一边。

竹珺环视了一圈有些凌乱的房间，继续着她的谈话。竹珺谈了最近一段时间跟苏市长交往的情景：

就在苏市长赴任前的一个晚上，苏市长特地到“剀丽佳苑”和她共度良宵。苏市长说：“竹珺，跟我走吧。我不能没有你。现在，我已经离不开你，我需要你……”

竹珺打断了苏市长，问：“苏市长，你会娶我吗？”

苏市长的眼睛瞪大了，有些惊讶：“为什么非要结婚呢？亏你还是个搞艺术的，你们不是常说，婚姻是爱情的坟墓嘛，没有婚姻的爱情不是更浪漫吗？”

“以前我也这么想。”竹珺说，“现在我不这么认为了。我要有法律保护的爱情……我非常渴望有个安全感，现在。”

“都像你这样，我这个副市长还怎么当！”苏市长变得威严起来，眼睛闪出逼人的光芒。当他看到竹珺那张美丽的脸蛋上飘上阴云，并且停止了对他的按摩，苏市长才醒悟，面前的丽人并不是他的下属，而是他的情人时，他那威严的目光才匆匆换上了些许温柔。苏市长请求竹珺继续帮他按摩。他长长地叹了一口气，对他的情人说出了下面一段话。在竹珺听来，苏市长在情人面前所讲的话，和在主席台上相比，倒大抵讲的是真话。苏市长说：我觉得很累，很烦，也很浮躁。当领导的也要签责任状，条条线线都要考核，各项考核都很具体。还不能出事，出了事就要问责。群众的法律意识现在是越来越强了，动不动就民告官，大事小事都被晒到网络上去。一天到晚忙些什么呢？大都是迎来送往，推杯换盏、觥筹交错、言不由衷。真是大会接小会，一年开到头。饭局天天有，夜夜家不归。有时，省里、部里、中央的领导来了，没请到自己，就感到很惶恐。看到常务副市长当了省级开发区的主任，职务升了半级，自己就很失落。甚至听到有些企业家设宴没请自己，好像就受到了排挤，冷落，就感到很孤独，内心就很愤怒很怨恨。当领导的得天天睁大眼睛，竖起耳朵，注意上下左右的各种动向、信息，得闻风而动，随机应变。每次换届时，就愁就怕，怕被人代会刷下来，怕选举的票数比别的副市长少了面子上过不去。市一把手如果要换主，就得马上找新的关系，做新的工作，找新的靠山。累啊……

说到这里，苏市长拉过竹珺，把她搂在自己的怀里，长长地叹了一口气，久久不说一句话。

这场对话发生以后的第五天，也就是昨天的夜里，苏市长将竹珺带到一个刚刚开盘的楼市“馨雅度假村”。度假村坐落在鹅山风景区，有山有水，园林化环境，特别适宜居住。而且是精装潢好的。竹珺亲眼看到了，新房 120 平米，装潢现代、精细、艺术、典雅，好得没话可说。

苏市长将一串钥匙拎在手里：“这间房是我特地为你买的，办房产证可以写你的名字。条件只有一个，这房里只有爱情，没有婚姻。”苏市长总是喜欢把丑话说在前头。

竹珺没有去接。竹珺突然看到苏市长的脸沉了下来，两只过大的眼睛露出了惊愕、不解和深深的疑惑，这种情绪露得非常强烈，有一种深深的失落感。本来，苏市长在人前人后是不动声色的。

“竹珺，你再考虑考虑。”最后，苏市长这样说。他摇了摇手中的钥匙，脸上恢复了自信和神采，一个男人，一个市长惯有的自信和神采。

竹珺给自己倒了一杯水，喝了，像是自言自语，又像是对丫丫倾诉，声调和表情都很淡漠：“我没有去接苏市长手中的钥匙！”

丫丫想起一件事来，就问：“是不是那个小柳出了什么事故？”

竹珺一惊：“你怎么知道的？”

“上次在名流夜总会我们不是碰到小柳了吗！”丫丫说。

二表姐竹珺突然沉默了，垂下头，一束秀发从耳际滑落。她用细长的手指轻轻一挑，重又抬起头，丫丫看到了一张充满了复杂感情的脸：失落、惆怅、彷徨、挣扎，说不清是哪一种，又像都有一点。二表姐竹珺摆了一下头，好像是下决心似的向表妹丫丫讲了她自己的一些心路历程：

女孩小柳并没有出什么事故，竹珺本以为小柳要出事的，就像许多腐败官员看到从前的小蜜二奶马上要变成定时炸弹，就要炸毁自己的前程和家庭时，就会对小蜜二奶痛下杀手。可是没有。就在前几天，小柳还找到竹珺，一见面就扑到竹珺的怀里，痛哭流涕，抽抽嗒嗒，哭得非常动情。竹珺一惊，以为出了什么大事。小柳哭了好长时间才讲出事情的原委。原来苏市长到地级市任副市长之前约见了小柳，当面向她承认自己对她曾有好感，为此造成对她的伤害表示道歉，请她原谅。临走时苏市长给了小柳 5 万元钱，让她回去做些什么，别在沙山港泡了，要珍惜自己的青春……

小柳决定返回家乡，临行前她希望也能得到曾经是她师傅的竹珺姐的原谅。竹珺面对泪流满面的小柳，抽了几张面纸帮她擦了。竹珺知道小柳曾说过要告发苏市长和自己有关系的事，现在，苏市长把这件事给化解了，竹珺还有什么可说呢！

平心而论，苏市长在竹珺心目中的形象一直是不错的，无论是作为市长还是作为情人。

“竹珺，你现在准备搬家，就是想搬到‘馨雅度假村’去吗？”丫丫问。

竹珺说：“还没有确定！”

屋内又出现了开初时的冷落与凝重。大表姐妞娃的阴魂又弥漫在房子的旮旮旯旯，里里外外。

丫丫想开口提自己与孟军的事，她今天到竹珺这里来，主要就是为了这件事。

昨天，丫丫从孟军家出来，拦了一辆出租车直奔东门车站。不巧的是，丫丫从进口处看到，孟军正抬脚朝那辆开往海南的长途车上迈去，在就要登上去的最后一刻，孟军回转身看到了丫丫。丫丫挥手大呼：“孟军，孟军……”

孟军一脸惊愕，看着丫丫，有那么一阵，一只脚停留在汽车的踏板上。丫丫以为他一定会回来的。她想错了，孟军的一只脚跨了上去。汽车的门随即“嘭”的一声关上，车轮徐徐转动起来。

在这一瞬间，她本能地冲进入口处，奔到那辆已经启动的汽车前，站住，举起了两只手，双手举得很高很高。汽车在丫丫面前停住了。

随着“咣啷”一声，汽车门再次打开。孟军冲下汽车，丢掉行李，奔过去抱住了丫丫，把丫丫抱得很紧很紧，紧得不想放开……

在沙山港市，能帮上忙的就只剩下二表姐竹珺了。现在，竹珺就在眼前。为了见竹珺，丫丫已经想了千百遍了。现在，在这个人地生疏的城市，丫丫也只有竹珺一个亲人了，也只有竹珺能帮上她的忙。她还是想向竹珺借钱。丈夫石狗答应拿到10万元钱，真的同意离婚。但是，丫丫羞于启齿。她怕竹珺为难，怕竹珺拒绝。她没有忘记，开始时，她不是向竹珺提出借一万元钱吗？就是在石狗提出要拿到5万元现金才肯离婚的时候，竹珺不是拒绝了吗？现在大表姐妞娃死了，自己与孟军、石狗的事也闹大了，竹珺不是要更加拒绝吗？丫丫生性孱弱，一想到这些，她更不敢轻易开口了，只是沉默着。

还是竹珺先打破了沉默："丫丫，你和石狗离婚的事怎样了？"

丫丫说："我和孟军想凑满10万元钱给他！"

竹珺忽然盯住丫丫，眼睛瞪得好大，丫丫感到有点惊诧，定在那里，不知道该说些什么。

"丫丫，到现在为止，你怎么还想用钱来解决问题？"竹珺问。

丫丫忽然明白了："请律师，我回家请律师！"

竹珺笑了："聪明，聪明，丫丫变聪明了。不过离婚的事倒并不一定要请律师，但是可以请法院判决离婚。"

丫丫自己也有了一下子变聪明的感觉。

79

老话说得一点也不差，人生苦短、命运多舛、生命无常。几番折腾，一年就过去了。寒冬已到，西北风很凛冽，从群山峻岭间刮过，落叶林已是光秃秃一片，树枝在寒风中啸叫。鸟儿却好像一下子变多了，成群结队地飞过来，飞过去，艰难地寻觅着变得越来越少的花籽与树果。天空布满铅灰色的云层，又密又厚，像堆相拥而成的芦花，轻盈散松得像要飘散下来似的，那东西人们习惯上叫它是雪。

丫丫和二表姐竹珺相约，今天带上大表姐妞娃的儿子小豹一起向妞娃的坟地告别。她们就要离开家乡的山林了。

竹珺后来还是和比她大十多岁的丈夫离婚了。无论从哪方面说，竹珺都无法再接受她这个丈夫。她什么都没有要，儿子、房子都给了她的丈夫。她也离开了沙山港市，离开了已经到地级市当大官的苏副市长。竹珺没有接受苏副市长递给她的新房钥匙。之所以不接受，倒不是对苏市长有什么疑虑，而是竹珺发现自己的心变了，感情变了，而且变得越来越强烈，特别是听到小柳在她怀里哭诉实情以后，那种心情就一直牢牢地牵引缠绕着她，这个心结简单地讲就是：自己爱上了苏市长。爱可以拯救，也可以毁灭。竹珺选择了拯救，她要拯救苏市长，也要拯救自己。也正是这个“爱”字惊醒了竹珺，让她拒绝了苏市长的钥匙。她不能毁了苏市长的前程，不能害了苏市长的家庭，因为苏市长是个好人，他是个男子汉，是个有责任心的男人。女人也应该对男人负点责任，有个感恩之心。

平心而论，在男女关系上，女人好像是个弱者，一旦发生矛盾和冲突，世俗的天平总会向女人倾斜。但是，女人就没有值得反思的地方吗？比如说，一些女孩走出工厂的大门步入小姐的行列，还不是因为上了一个月的班还不如出一次台来得轻松。就是自己从苏市长那里所得到的好处，应该说，和自己的付出也是不成比例的。

这里面有女人的许多弱点，这些弱点腐蚀了男人，同时也腐蚀了女人自己。女人看上去很柔弱，其实女人往往就像一座熔炉，她能铸就一个男人，也能毁掉一个男人。竹珺想做一个好女人，因为她发现自己爱上了一个男人。

竹珺的这些心路历程，都是后来两姐妹相聚时竹珺跟丫丫讲的。二表姐还和她讲了苏市长的反应。

当时，苏市长哭了，当着竹珺的面流眼泪。竹珺帮苏市长擦眼泪，自己的眼泪却簌簌地往下掉。

竹珺知道，苏市长待自己是真心的，说不上是爱，但情是有的，她知道苏市长在官场上活得很累，把她作为了一个私人的港湾，累了就到港湾放松畅游一番。对苏市长来说，身心两方面都有这个需要，而且也习惯了。毕竟，苏市长也是个人，也是一个男人。这个，竹珺懂，也理解。

他们答应做朋友，只是朋友。现在，苏市长已遵照上级组织部门的安排，平平安安、顺风顺水地到地级市任副市长了。在沙山港告别时，苏市长对竹珺说："竹珺，你成就了一个男人。"

竹珺说，不错，自己不仅是一只粮仓里的老鼠，现在，自己吃的已是奶酪了。但吃奶酪的老鼠还是属于鼠辈之流，还是摆脱不了老鼠的生活方式。现在，自己要化蛹为蝶，在阳光下的鲜花中起舞。竹珺回到家乡担任了沙山港市援建的山货出口加工有限公司当办公室副主任。

竹珺的汽车停在山坡下，丫丫驮着妞娃的儿子小豹在曲曲折折的山路上攀登，竹珺在后面托着小豹的背，在小豹手里，提着一只鸟笼，里面有两只小鸟在扑腾。她们已和大表姐夫牛小牛讲定了，决定在寒假由竹珺赞助小豹到医院把瘸脚的手术做了。她们决心要实现大表姐妞娃的遗愿，让小豹自己站着走进初中的大门，并且赞助小豹上学，一直到大学毕业。妞娃赚到的原本给儿子动手术的钱，花在给自己办丧葬的过程中已经所剩无几了。牛小牛要么三拳头打不出一个闷屁，要么似狼似虎地嚎叫哭闹。牛小牛从千里之外赶到沙山港市再见到自己的妻子的那一幕，丫丫直到今天仍历历在目，记忆犹新。牛小牛已经再也不可能在出租屋见到他的妻子了，只能在火葬场殡仪馆的工作人员拉开的长长窄窄的尸柜里见到自己的妻子，透过团团升起的凛冽的白色雾气，妞娃就静静地卧在这柜里。有那一刻，牛小牛像是疯了，不断地抽打自己的嘴巴，涕泪横流。男人这样忘形地嚎叫，丫丫还是第一次看到。

妞娃的案子已经破了。是一个本地的单身汉，在环城路上搭识了妞娃，要妞娃跟他到家里去。说是不远的，摩托车却开出去二三十里地，妞娃也没办法，又不能从摩托车上跳下去。完事后，妞娃要钱。单身汉却没了声，取过一瓶劣质白酒仰头一阵猛灌。过了一会，单身汉提出用摩托车送妞娃回城，钱，到了城里再付。单身汉却将摩托车开进了小树林。待妞娃发觉苗头不对，单身汉已像魔鬼似的用一双手死死卡住妞娃的喉咙，直到妞娃不再动弹，软软地瘫倒在树林里。单身汉很细心地将妞娃搜了个遍，仅搜到 125 元钱，外加一部不能发短信的手机。这使单身汉很失望。他原以为这种女人的钱会很多的。后来，单身汉又扯破了妞娃的衣裙，做出被强奸的假象。想来，这一切，单身汉在仰头喝白酒时就想好了。

那个在休闲会所摔倒昏迷的秃顶男人，也就是沙山港市建设局副局长已完全恢复了健康。不过，他终究还是被“双开”了。市反贪局和检察院经过缜密侦查，以涉嫌受贿将其刑事拘留。

妞娃的坟地在离村庄不远的山坡上，没有墓碑，没有坟圩，只

是孤零零的一个石子堆，四周是高高的茅草和稀稀落落的几棵杉树。冬天了，茅草已经枯黄，杉树也光秃秃的，天空飘起了雪花，雪花在坟堆上团团飞旋，落在乱石堆上，马上消失得无影无踪。

丫丫将小豹放下。小豹自己爬到妈妈坟前，将鸟笼放到坟上，跪着，没有哭，就静静地跪着，慢慢地，眼睛潮湿了，淌下了一连串的眼泪。他从口袋里掏出一幅画，就是小豹亲手画了送给妈妈的，妈妈一直宝贝似的贴在出租屋的墙上：画面上是一只鸟笼，一只鸟蹲在打开的笼口，仰头望着天空。天空中，有白云在蓝天飘……丫丫在清理妞娃的遗物时，特地带回来归还给了小豹。小豹将画展开，用一次性打火机点上火，画纸立刻随火苗卷了起来，化作轻薄的烟灰，和雪花一起在坟头飞舞盘旋。

“阿姨，”小豹用泪眼看着丫丫和竹珺，用颤颤的童音问，“妈妈会变成鸟儿来看我吗？”

丫丫和竹珺都认真地点着头，眼中强忍着泪水。

小豹忽然高兴起来。他用脚膝跪着，提起鸟笼。鸟笼里的两只小鸟是小豹到沙山港市度暑假时妈妈特地买了送给小豹带回家乡的，一只是云雀，一只是画眉，两只鸟鸣叫的声音都很好听，小豹很喜欢，一直悉心养护着。现在小豹要把它们放了，让鸟儿在树林里陪伴着妈妈。要不，妈妈会很寂寞的。小豹把笼门打开，用手高高地举过头顶。两只小鸟迟疑了一下，很快飞出笼门，向山林飞去……

丫丫的眼光越过山林，在漫天飘舞的雪花中，似乎看到千里之外的沙山港市，看到了天鹅峰，看到了孟军……

她和孟军已经约定：就在今年春节结婚，在沙山港市海关大钟敲响六点的时候正式举行婚礼。

家乡的法院刚刚判决：准于丫丫和石狗离婚。丫丫的父母亲也不再反对，但要正式同意女儿和孟军的婚事，有一个前提条件，就是丫丫的老爸老妈要跟丫丫一起到孟军的家里去亲眼看看。这下可急坏了孟军，他马上给丫丫发了个短信：

丫丫，晚一些出来，我准备把自己的摩托车改装成三轮摩的，白天在工地扎钢筋，晚上去港口码头用摩的载客，多赚一点钱将房子重新装修得漂漂亮亮，好让你父母亲看了高兴。

孟军的短信刚发来没满一周，却意外收到孟军的父亲打来的长途电话：孟军在晚上去港口码头的路上出了车祸，孟军受了伤，伤有多重，孟军的父亲不肯说。丫丫不愿再等，便决定明天就乘车赶往沙山港市。不想夜里忽下大雪，大雪封堵了山路，长途汽车停运，丫丫只得熬在家里。待大雪稍稍融化了一点，丫丫便急急地登上了开往沙山港市的长途汽车。在长途车上，她接到了孟军发来的短信：

丫丫，我的伤不重，就要恢复健康了。告诉你两件事，我家的老房子马上就要拆迁了，我们的婚礼将在城市的新房里举行。另一件事，原来在网上邀请你去上班的那家超市，辗转找到了我，要我通知你马上到超市报到。

车窗外又下起了大雪，纷纷扬扬，从天空漫妙地飘洒而下，在车窗口飞舞缠绵，好像这场大雪就是为了车窗口的这个女人而飘落的。丫丫就在这漫天飞舞的雪花中往远在千里之外的港城渐行渐近，在她的耳边，已经响起了港城海关的钟声……

图书在版编目(CIP)数据

姐妹/丁阿虎著.—上海:文汇出版社,2011.1
ISBN 978-7-5496-0076-2

Ⅰ.姐… Ⅱ.丁… Ⅲ.①长篇小说—中国—当代—
Ⅳ.①I1247.5

中国版本图书馆CIP数据核字(2010)第238003号

姐妹

出 版 人/桂国强

作　　者/丁阿虎
绘　　画/丁佳佳
责任编辑/乐渭琦
装帧设计/张　晋

出版发行/文汇出版社
　　　　　上海市威海路755号
　　　　　(邮政编码200041)
经　　销/全国新华书店
照　　排/南京展望文化发展有限公司
印刷装订/上海港东印刷厂
版　　次/2011年1月第1版
印　　次/2011年1月第1次印刷
开　　本/890×1240　1/32
字　　数/210千
印　　张/9

书　　号/ISBN 978-7-5496-0076-2
定　　价/22.00元